高等学校经济管理类数学基础课程系列教材

微积分(下册)

(第二版)

杨淑辉　冯　艳　卢立才　编著

科学出版社

北　京

内 容 简 介

本书是高等院校经济管理类数学基础课程系列教材之一，根据作者多年的教学实践经验，结合经济、管理等专业对微积分课程的基本要求，同时参照教育部最新颁布的研究生入学考试数学三的考试大纲编写而成.

本书主要内容包括：定积分及其应用、无穷级数、多元函数微积分学、微分方程及其应用、差分方程及其应用. 每节都有相应的练习题，每章都有总习题和自测题并配有答案，各章末都有小结. 本书结构严谨，逻辑清晰，注重应用，文字流畅，例题丰富，便于学生自学.

本书可作为经济、管理、会计、旅游管理等专业的本科生或高职生教材，也可用作学生自学考试、报考硕士研究生的参考用书.

图书在版编目（CIP）数据

微积分. 下册/杨淑辉，冯艳，卢立才编著. —2 版. —北京：科学出版社，2018.2

高等学校经济管理类数学基础课程系列教材

ISBN 978-7-03-056473-3

Ⅰ. ①微… Ⅱ. ①杨… ②冯… ③卢… Ⅲ. ①微积分—高等学校—教材 Ⅳ. ①O172

中国版本图书馆 CIP 数据核字（2018）第 019271 号

责任编辑：王胡权　刘艳华/责任校对：彭珍珍
责任印制：吴兆东/封面设计：迷底书装

科 学 出 版 社 出版
北京东黄城根北街 16 号
邮政编码：100717
http://www.sciencep.com

北京盛通商印快线网络科技有限公司 印刷
科学出版社发行　各地新华书店经销

*

2011 年 1 月第　一　版　开本：720×1000　B5
2018 年 2 月第　二　版　印张：14 1/2
2021 年 1 月第十次印刷　字数：292 000
定价：39.00 元
（如有印装质量问题，我社负责调换）

第二版前言

《微积分》教材面世已经六年了. 在此期间, 不少高等院校的同行使用此教材并提出了许多宝贵的意见和建议, 在此对大家的关心和支持表示衷心的感谢. 结合过去六年来我们使用本书的教学实践经验和近年来数学教学改革的一些新动态, 我们对第一版教材进行了大量修订, 主要包含以下几个方面:

(1) 修正了原有教材的疏漏以及排版印刷方面的错误.

(2) 调整了部分内容的顺序, 使其更加符合学生的认知规律.

(3) 每节增加了习题, 用以熟练掌握基础知识和基本概念, 同时丰富了题型.

(4) 每章有总复习题, 以对整章的内容进行巩固和提高.

(5) 突出了数学应用的广泛性, 提高数学应用的深度和技巧.

本教材编写分工如下: 第 6 章、第 9 章和第 10 章由杨淑辉编写, 第 7 章由卢立才编写, 第 8 章由冯艳编写.

本教材在修订过程中, 我们广泛地搜集了读者对第一版的建议, 同时得到了数学同仁和科学出版社的大力支持和帮助, 在此表示由衷的感谢. 希望通过这次修订, 使得本教材在第一版的基础上能够更加完善.

由于编者水平有限, 教材中的不当之处, 敬请读者批评指正.

编　者

2017 年 10 月

第一版前言

本书是作者根据多年的教学实践经验,结合经济、管理等专业对微积分课程的基本要求,并参照教育部最新颁布的研究生入学数学考试的考试大纲编写而成.本书在编写过程中,着重介绍微积分的基本概念、基本理论和基本方法.在编写过程中尽量体现以下特点:

(1) 本书作为一门数学基础课的教材,首先保持数学学科本身的科学性和系统性,教材尽量用实际生活中的例子或经济例子来引入数学中的基本概念,用通俗的深入浅出的语言,展示本学科的主要教学重点和难点,教材内容层次分明,通俗易懂.

(2) 在教学内容及讲解方法上我们进行了必要的调整,适当淡化运算上的一些技巧,降低了一些理论要求,删除了一些不必要的推理论证过程,突出了理论的应用,强化理论与实际的结合.

(3) 本书结构清晰,每章最后均有本章小结,将本章的主要知识点、教学重点和难点进行简明扼要的总结和归纳,并附有知识体系图,更好地帮助学生复习巩固整章的内容.

(4) 本书每章后面编入了比较丰富的两类习题,一类是基础练习题,体现了教学的基本要求,供学生平时的练习和巩固,同时也加入一些研究生入学考试中的部分优秀试题;二类是自测题,供学生进行一章的复习与检验.

本书主要内容包括:函数、极限和连续、导数与微分、导数的应用、不定积分、定积分及其应用、无穷级数、多元函数微积分学及应用、微分方程与差分方程初步,共九章内容.每章都有习题和自测题并配有答案,各章末都有小结.

本书在编写过程中,参考了众多的国内外教材;科学出版社的领导和编辑对本书的出版给予了热情的支持和帮助,在此表示致谢!

由于编者水平有限,书中难免有疏漏和不妥之处,恳请同行、读者指正.

编 者
2011 年 5 月

目 录

第二版前言

第一版前言

第6章 定积分及其应用 ·· 1
  6.1 定积分的概念及性质 ·· 1
  6.2 微积分基本定理 ·· 10
  6.3 定积分的换元积分法与分部积分法 ······················ 17
  6.4 反常积分 ·· 22
  6.5 定积分在几何上的应用 ····································· 27
  6.6 定积分在经济上的应用 ····································· 36
    本章小结 ··· 42
    总习题6 ··· 43
    自测题6 ··· 45

第7章 无穷级数 ·· 48
  7.1 常数项级数的概念和性质 ··································· 48
  7.2 正项级数的审敛法 ··· 57
  7.3 任意项级数 ·· 66
  7.4 幂级数 ·· 72
  7.5 函数展开成幂级数 ··· 82
  7.6 傅里叶级数 ·· 91
    本章小结 ··· 100
    总习题7 ··· 101
    自测题7 ··· 103

第8章 多元函数微积分学 ·· 105
  8.1 多元函数及其极限的概念 ·································· 105
  8.2 偏导数 ·· 112

8.3 多元复合函数的求导法则 …………………………………… 118

8.4 隐函数的导数 …………………………………………………… 124

8.5 全微分 …………………………………………………………… 128

8.6 二元函数的极值与最值 ………………………………………… 134

8.7 二重积分的概念与性质 ………………………………………… 142

8.8 二重积分的计算 ………………………………………………… 148

本章小结 …………………………………………………………… 157

总习题 8 …………………………………………………………… 158

自测题 8 …………………………………………………………… 159

第 9 章 微分方程及其应用 ……………………………………… 162

9.1 微分方程的基本概念 …………………………………………… 162

9.2 一阶微分方程的解法 …………………………………………… 164

9.3 可降阶的高阶微分方程 ………………………………………… 173

9.4 二阶线性微分方程 ……………………………………………… 177

9.5 微分方程的简单应用 …………………………………………… 189

本章小结 …………………………………………………………… 192

总习题 9 …………………………………………………………… 192

自测题 9 …………………………………………………………… 194

第 10 章 差分方程及其应用 ……………………………………… 196

10.1 差分方程的基本概念 …………………………………………… 196

10.2 线性差分方程解的性质与结构 ………………………………… 199

10.3 一阶线性常系数差分方程 ……………………………………… 200

10.4 差分方程在经济学中的应用 …………………………………… 203

本章小结 …………………………………………………………… 206

总习题 10 …………………………………………………………… 207

自测题 10 …………………………………………………………… 207

习题参考答案 ……………………………………………………… 209

第6章 定积分及其应用

在第5章我们研究了求导问题的逆问题,即不定积分问题.本章我们将研究微小量的无限累加问题,即定积分问题.

微积分基本定理是本章的重要内容,该定理建立了定积分与原函数之间的关系,使得第5章的知识在第6章中得到进一步的运用.

6.1 定积分的概念及性质

本节首先由几何问题与经济问题的实例引出定积分的概念,然后探讨定积分的性质.

6.1.1 定积分的概念

1. 引例

用初等数学的知识可以计算多边形、圆形和扇形等规则图形的面积,但对于计算不规则图形的面积却无能为力.由于生产、生活的需要,人们对不规则图形的面积一直抱有浓厚的兴趣.尤其是到了17世纪——文艺复兴时期,随着天文学的发展,天文学家开始对行星矢径扫过的面积等问题进行深入研究.正是对这些问题的深入研究,加快了积分学诞生的历程.

下面介绍德国数学家黎曼求曲边梯形面积的思想方法.

例1 曲边梯形的面积.

设 $y=f(x)$ 在闭区间 $[a,b]$ 上连续,且 $f(x) \geqslant 0$,则由曲线 $y=f(x)$,直线 $x=a$ 与 $x=b$,x 轴所围成的图形称为**曲边梯形**(图 6-1).其中曲线弧称为**曲边**.

分析 (1)若函数 $f(x) \equiv c$(常数),则该曲边梯形实际上是个矩形,面积 $A=(b-a)c$.

(2)若函数 $f(x)$ 是区间 $[a,b]$ 上的连续函数,则曲边梯形对于底边上各点处的高 $f(x)$

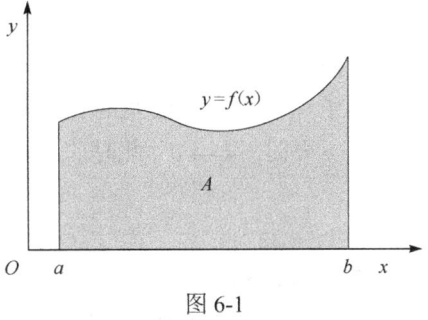

图 6-1

在一段极小区间上的变化很小.因此,将区间 $[a,b]$ 划分为许多小区间,相应地将大曲边梯形划分为许多小曲边梯形.在每个小区间上取某一点处的高来近似代替

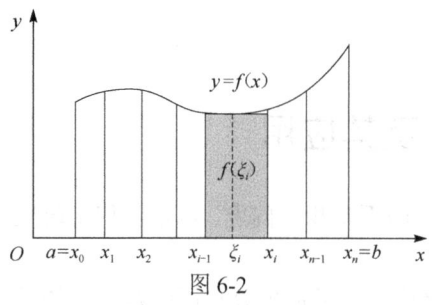

图 6-2

同一小区间上各点处小曲边梯形的高. 于是将每个小曲边梯形近似看成窄矩形. 把所有窄矩形面积之和近似看作曲边梯形的面积. 当把区间[a,b]无限划分, 以至于任意一个小区间的长度都趋于零, 此时所有窄矩形面积的极限就是曲边梯形的面积(图 6-2).

上述方法可分为四步, 不妨称其为**四步法**, 其具体步骤如下:

1) 分割

在区间[a,b]内任意插入 $n-1$ 个分点:
$$a = x_0 < x_1 < x_2 < \cdots < x_{i-1} < x_i < \cdots < x_n = b,$$
将区间[a,b]划分成 n 个小区间
$$[x_0, x_1], [x_1, x_2], \cdots, [x_{n-1}, x_n],$$
长度依次为
$$\Delta x_1 = x_1 - x_0, \ \Delta x_2 = x_2 - x_1, \ \cdots, \ \Delta x_n = x_n - x_{n-1}.$$
经过每个分点作平行于 y 轴的直线段, 将曲边梯形分成 n 个小曲边梯形.

2) 近似代替

在每个小区间$[x_{i-1}, x_i]$上任取一点 $\xi_i (x_{i-1} \leq \xi_i \leq x_i)$. 以$[x_{i-1}, x_i]$为底, $f(\xi_i)$为高的小矩形面积 $f(\xi_i)\Delta x_i$ 近似代替小曲边梯形的面积 ΔA_i, 即 $\Delta A_i \approx f(\xi_i)\Delta x_i$ ($i=1, 2, \cdots, n$).

3) 求和

n 个小矩形的面积和是原曲边梯形面积的一个近似值, 即有
$$A = \sum_{i=1}^{n} \Delta A_i \approx \sum_{i=1}^{n} f(\xi_i)\Delta x_i.$$

4) 取极限

为了保证每个小区间的长度都无限小, 我们记 $\lambda = \max\{\Delta x_1, \Delta x_2, \cdots, \Delta x_n\}$. 要求当 $n \to \infty$ 时, $\lambda \to 0$. 此时曲边梯形的面积
$$A = \lim_{\lambda \to 0} \sum_{i=1}^{n} f(\xi_i)\Delta x_i.$$

例 2 收益问题.

设某商品的价格 P 是销售量 x 的函数 $P=P(x)$, 设 x 为连续变量. 求当销售量从 a 变动到 b 时的收益 R 为多少?

实际上, 商品的价格不是一成不变的, 而是随销售量 x 的变动而变动的, 但是

当销售量变化不大时,其价格的变化也不大,我们也可以用上述的四步法来解决这个问题,其具体步骤如下:

1) 分割

在区间[a,b]内任意插入 n-1 个分点:
$$a = x_0 < x_1 < x_2 < \cdots < x_{i-1} < x_i < \cdots < x_n = b,$$
将区间[a,b]分成 n 个小区间,每个小区间上的销售量为
$$\Delta x_i = x_i - x_{i-1}, \quad i = 1, 2, \cdots, n.$$

2) 近似代替

在每个小区间$[x_{i-1}, x_i]$上任取一点$\xi_i (x_{i-1} \leq \xi_i \leq x_i)$,把$P(\xi_i)$作为该段的近似价格,则收益近似为$\Delta R_i \approx P(\xi_i)\Delta x_i (i = 1, 2, \cdots, n)$.

3) 求和

n 段销售量所对应的收益的和,是销售量从 a 变动到 b 时的收益 R 的近似值,即
$$R = \sum_{i=1}^{n} \Delta R_i \approx \sum_{i=1}^{n} P(\xi_i)\Delta x_i.$$

4) 取极限

记$\lambda = \max\{\Delta x_1, \Delta x_2, \cdots, \Delta x_n\}$. 要求当$n \to \infty$时,$\lambda \to 0$. 此时销售量从 a 变动到 b 时的收益为
$$R = \lim_{\lambda \to 0} \sum_{i=1}^{n} P(\xi_i)\Delta x_i.$$

四步法除了适用于求曲边梯形的面积和经济学上的收益问题,还可以解决许多其他问题,如求变速直线运动的路程、求函数的均值等.

抛开这些问题的具体意义,我们要抓住它们在数量关系上的共同本质:

(1)解决问题的方法步骤相同——分割、近似代替、求和、取极限;

(2)所求量极限结构式相同——特殊乘积和式的极限.

由此引出下述定积分的定义.

2. 定积分的定义

定义 1 设$f(x)$在闭区间[a,b]上有界,在[a,b]内任意插入 n-1 个分点
$$a = x_0 < x_1 < x_2 < \cdots < x_{i-1} < x_i < \cdots < x_n = b,$$
把[a,b]分成 n 个小区间$[x_{i-1}, x_i](i=1,2,\cdots,n)$,在每个小区间$[x_{i-1}, x_i]$上任取一点$\xi_i(x_{i-1} \leq \xi_i \leq x_i)$,记$\lambda = \max\{\Delta x_1, \Delta x_2, \cdots, \Delta x_n\}$,若存在一个数 I,使得不论如何划分区间[a,b],不论ξ_i如何选取,都有

$$\lim_{\lambda \to 0} \sum_{i=1}^{n} f(\xi_i) \Delta x_i = I$$

存在, 则称 $f(x)$ 在 $[a,b]$ 上是**可积的**, 而称 I 为 $f(x)$ 在区间 $[a,b]$ 上的定积分, 将 I 记作 $\int_a^b f(x)\mathrm{d}x$, 即

$$\int_a^b f(x)\mathrm{d}x = \lim_{\lambda \to 0} \sum_{i=1}^{n} f(\xi_i) \Delta x_i, \tag{6.1.1}$$

其中符号 $\int_a^b f(x)\mathrm{d}x$ 读作"**从 a 到 b, $f(x)$ 对于 x 的积分**". 其中各个组成部分名称如下: $\int$ 称为积分号, a 是积分下限, b 是积分上限, $f(x)$ 称为被积函数, $f(x)\mathrm{d}x$ 称为被积表达式, x 是积分变量.

注 (1) 定积分 $\int_a^b f(x)\mathrm{d}x$ 表示一个数值, 只与被积函数 $f(x)$ 和积分区间 $[a,b]$ 有关, 而与积分变量用什么字母表示无关. 如

$$\int_a^b f(x)\mathrm{d}x = \int_a^b f(t)\mathrm{d}t = \int_a^b f(u)\mathrm{d}u.$$

(2) 定义中区间 $[a,b]$ 的划分方法和 ξ_i 的取法是任意的.

定积分 $\int_a^b f(x)\mathrm{d}x$ 的这种符号表示是德国数学家莱布尼茨首创的. 他把极限形式下的希腊字母"Σ"换成了拉长的罗马字母"$\int$"(Sum 的首字母), 这样 $\int_a^b f(x)\mathrm{d}x$ 体现了定积分等于"和"这一意义. 在极限过程中 ξ_i 挤在一起, 我们可以认为 ξ_i 是 a 到 b 之间的一个连续取样, x 是 a 到 b 之间的任意一点. 而 Δx 在微分中可以记作 $\mathrm{d}x$. 如此看来, 莱布尼茨将定积分记作 $\int_a^b f(x)\mathrm{d}x$ 绝对是恰如其分的.

微积分自诞生以来, 因其逻辑基础的不严密而备受诟病, 甚至由此引发了第二次数学危机. 在分析严格化的进程当中, 柯西尝试对微积分的基本概念进行定义, 用四步法给出了定积分的定义, 不过柯西将 ξ_i 固定取在每个小区间的左端点 x_{i-1} 上. 德国数学家黎曼推广了柯西的定义方法, 将 ξ_i 取为区间内任意一点处, 并进一步给出了定积分的现代化定义. 为了纪念黎曼, 把积分和 $\sum_{i=1}^{n} f(\xi_i) \Delta x_i$ 称为**黎曼和**, 把定积分称为**黎曼积分**.

3. 函数 $f(x)$ 在闭区间 $[a,b]$ 上可积的条件

问题 定积分的定义要求函数 $f(x)$ 在闭区间 $[a,b]$ 上有界, 只要积分和的极限存在, 则定积分就存在, 那么定积分存在的函数应满足哪些条件呢?

定理 1（充分条件）　若函数 $f(x)$ 在闭区间 $[a,b]$ 上连续，则 $f(x)$ 在 $[a,b]$ 上可积.

定理 2（充分条件）　若函数 $f(x)$ 在闭区间 $[a,b]$ 上有界，且只有有限个间断点，则 $f(x)$ 在 $[a,b]$ 上可积.

定理 3（充分条件）　如果函数 $f(x)$ 在 $[a,b]$ 上单调且有界，则 $f(x)$ 在 $[a,b]$ 上可积.

需要注意，函数的可积性和原函数的存在性是两个不同的概念.

可积函数的原函数可能存在. 闭区间上的连续函数既可积又存在原函数；闭区间上的单调有界函数既可积又存在原函数；闭区间上有界且只有有限个既非第一类间断点也非无穷间断点的函数，既可积又存在原函数.

可积函数的原函数也可能不存在. 如函数 $f(x) = \begin{cases} 0, & x \in \left[0, \dfrac{1}{2}\right) \cup \left(\dfrac{1}{2}, 1\right], \\ 1, & x = \dfrac{1}{2}, \end{cases}$ 该函数在闭区间 $[0,1]$ 上有界，只有一个间断点 $x = \dfrac{1}{2}$，由定理 2 可知，$f(x)$ 在 $[0,1]$ 上可积. 但点 $x = \dfrac{1}{2}$ 是 $f(x)$ 的第一类跳跃间断点，$f(x)$ 在 $[0,1]$ 上无原函数. 可在学习变上限函数之后证明.

不可积的函数，原函数可能不存在，也可能存在. 如函数

$$f(x) = \begin{cases} 2x\sin\dfrac{1}{x^2} - \dfrac{2}{x}\cos\dfrac{1}{x^2}, & x \neq 0, \\ 0, & x = 0 \end{cases}$$

在 $[-1,1]$ 上的原函数为 $F(x) = \begin{cases} x^2 \sin\dfrac{1}{x^2}, & 0 < x \leq 1, \\ 0, & x = 0, \end{cases}$ 但 $f(x)$ 在 $x=0$ 点附近无界，故在 $[-1,1]$ 上不可积.

定理 4（必要条件）　若函数 $f(x)$ 在闭区间 $[a,b]$ 上可积，则 $f(x)$ 在 $[a,b]$ 上有界.

4. 定积分的几何意义

定积分 $\int_a^b f(x)\mathrm{d}x$ 在几何上表示介于 x 轴、曲线 $y=f(x)$、两条直线 $x=a$ 和 $x=b$ 之间各部分面积的代数和. 在 x 轴上方的面积取正号，在 x 轴下方的面积取负号（图 6-3）.

本节例 1 曲边梯形的面积，可用定积分表示为 $\int_a^b f(x)\mathrm{d}x$. 例 2 收益问题的收益，可用定积分表示为 $\int_a^b P(x)\mathrm{d}x$.

例3 利用定积分的几何意义计算定积分 $\int_0^1 \sqrt{1-x^2}\,dx$.

解 如图 6-4 所示,定积分的值就是图中阴影部分的面积,即四分之一圆的面积. 由圆形面积公式有

$$\int_0^1 \sqrt{1-x^2}\,dx = \frac{\pi}{4}.$$

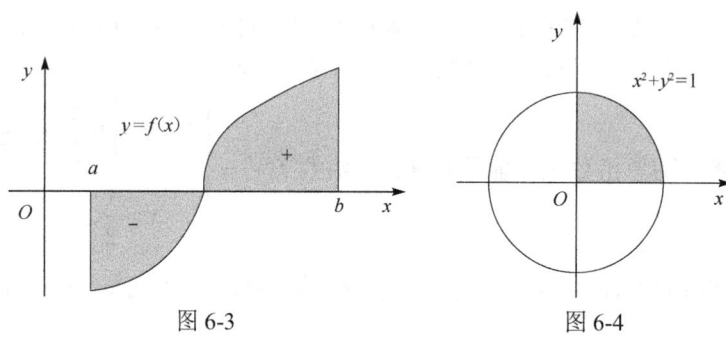

图 6-3 图 6-4

例4 利用定积分的定义求极限 $\lim\limits_{n\to\infty} \dfrac{\sqrt{1-\left(\frac{1}{n}\right)^2}+\sqrt{1-\left(\frac{2}{n}\right)^2}+\cdots+\sqrt{1-\left(\frac{n-1}{n}\right)^2}}{n}$.

解 定积分定义的本质是 n 项和式的极限,对区间的划分和 ξ_i 的选取都是任意的. 根据该极限的特征,可将其看作闭区间[0,1]上的定积分,将区间均分为 n 个小区间,则每个小区间的长度为 $\dfrac{1}{n}$,选取每个小区间的右端点作为 ξ_i. 被积函数 $f(x)=\sqrt{1-x^2}$. 故

$$\lim_{n\to\infty} \dfrac{\sqrt{1-\left(\frac{1}{n}\right)^2}+\sqrt{1-\left(\frac{2}{n}\right)^2}+\cdots+\sqrt{1-\left(\frac{n-1}{n}\right)^2}}{n} = \int_0^1 \sqrt{1-x^2}\,dx = \frac{\pi}{4}.$$

6.1.2 定积分的性质

在探讨定积分的性质的过程中,我们总假定所讨论的函数 $f(x)$ 在给定的闭区间上是可积的. 如不特别指明,对积分区间$[a,b]$,总假定 $a \leqslant b$. 对于定积分的性质,我们侧重于应用,除积分中值定理外都不加证明.

性质 1 $\int_a^a f(x)\,dx = 0$.

性质 2 $\int_a^b f(x)\,dx = -\int_b^a f(x)\,dx$.

性质 3 $\int_a^b 1 \mathrm{d}x = b - a$.

性质 4（线性性） $\int_a^b [k_1 f(x) \pm k_2 g(x)] \mathrm{d}x = k_1 \int_a^b f(x) \mathrm{d}x \pm k_2 \int_a^b g(x) \mathrm{d}x$ （k_1, k_2 为常数）.

性质 5（区间可加性） $\int_a^b f(x) \mathrm{d}x = \int_a^c f(x) \mathrm{d}x + \int_c^b f(x) \mathrm{d}x$.

例 5 已知定积分 $\int_1^4 f(x) \mathrm{d}x = 3$，求

$$\int_2^2 2f(x) \mathrm{d}x + \int_1^2 f(x) \mathrm{d}x - \int_4^2 f(x) \mathrm{d}x + \int_1^4 5 \mathrm{d}x$$

的值.

解 由定积分的性质有

$$\int_2^2 2f(x) \mathrm{d}x + \int_1^2 f(x) \mathrm{d}x - \int_4^2 f(x) \mathrm{d}x + \int_1^4 5 \mathrm{d}x$$
$$= 0 + \int_1^2 f(x) \mathrm{d}x + \int_2^4 f(x) \mathrm{d}x + 5 \times (4-1)$$
$$= \int_1^4 f(x) \mathrm{d}x + 15$$
$$= 3 + 15 = 18.$$

性质 6（保号性） 如果在区间 $[a,b]$ 上，$f(x) \geq 0$，则

$$\int_a^b f(x) \mathrm{d}x \geq 0.$$

推论 1（保序性） 如果在区间 $[a,b]$ 上，$f(x) \leq g(x)$，则

$$\int_a^b f(x) \mathrm{d}x \leq \int_a^b g(x) \mathrm{d}x.$$

推论 2（绝对可积不等式） $\left| \int_a^b f(x) \mathrm{d}x \right| \leq \int_a^b |f(x)| \mathrm{d}x$.

例 6 利用保序性比较下列定积分的大小：

(1) $\int_1^2 x \mathrm{d}x$ 与 $\int_1^2 x^2 \mathrm{d}x$；   (2) $\int_0^1 \ln(1+x) \mathrm{d}x$ 与 $\int_0^1 \ln^2(1+x) \mathrm{d}x$.

解 (1) 当 $x \in [1,2]$ 时，$x \leq x^2$，由保序性可知

$$\int_1^2 x \mathrm{d}x \leq \int_1^2 x^2 \mathrm{d}x.$$

(2) 当 $x \in [0,1]$ 时，$\ln(1+x) \geq \ln^2(1+x)$，由保序性可知

$$\int_0^1 \ln(1+x) \mathrm{d}x \geq \int_0^1 \ln^2(1+x) \mathrm{d}x.$$

性质 7（估值定理） 设 M 和 m 分别是 $f(x)$ 在闭区间 $[a,b]$ 上的最大值和最小值，

则
$$m(b-a) \leqslant \int_a^b f(x)\mathrm{d}x \leqslant M(b-a).$$

例 7 估计定积分 $\int_1^2 x^3 \mathrm{d}x$ 的值.

解 因为被积函数 x^3 在闭区间 $[1,2]$ 上是单调增加函数,所以其最小值 $m=1^3=1$,最大值 $M=2^3=8$. 由有界性可知
$$1\times(2-1) \leqslant \int_1^2 x^3 \mathrm{d}x \leqslant 8\times(2-1),$$
即
$$1 \leqslant \int_1^2 x^3 \mathrm{d}x \leqslant 8.$$

性质 8(积分中值定理) 若函数 $f(x)$ 在闭区间 $[a,b]$ 上连续,则在 $[a,b]$ 上至少存在一点 ξ,使得
$$\int_a^b f(x)\mathrm{d}x = f(\xi)(b-a) \quad (a \leqslant \xi \leqslant b).$$

证 由闭区间上连续函数的性质可知,$f(x)$ 在 $[a,b]$ 上有最大值 M 和最小值 m,由性质 7 可知
$$m(b-a) \leqslant \int_a^b f(x)\mathrm{d}x \leqslant M(b-a),$$
即
$$m \leqslant \frac{1}{(b-a)} \int_a^b f(x)\mathrm{d}x \leqslant M.$$

根据闭区间上连续函数的介值定理可知,在 $[a,b]$ 上至少存在一点 ξ,使得
$$\frac{1}{(b-a)} \int_a^b f(x)\mathrm{d}x = f(\xi),$$

其中 $a \leqslant \xi \leqslant b$,从而有
$$\int_a^b f(x)\mathrm{d}x = f(\xi)(b-a).$$

注 实际上,积分中值定理中的 ξ 在开区间中也一定存在,将在学习了牛顿-莱布尼茨定理之后给予证明.

积分中值定理的几何意义 以闭区间 $[a,b]$ 为底边,曲线 $y=f(x)$ 为曲边的曲边梯形面积,等于同底而高为 $f(\xi)$ 的矩形面积,其中 $a \leqslant \xi \leqslant b$ (图 6-5).

积分中值定理的代数意义 $\frac{1}{(b-a)}\int_a^b f(x)\mathrm{d}x = f(\xi)$,$f(\xi)$ 称为函数 $f(x)$ 在区间 $[a,b]$ 上的平均值.

例 8 设函数 $f(x)$ 在闭区间 $[a,b]$ 上连续，在开区间 (a,b) 内可导，且存在 $c \in (a,b)$，使得

$$\int_a^c f(x)\mathrm{d}x = f(b)(c-a).$$

证明在开区间 (a,b) 内存在一点 ξ，使得 $f'(\xi)=0$.

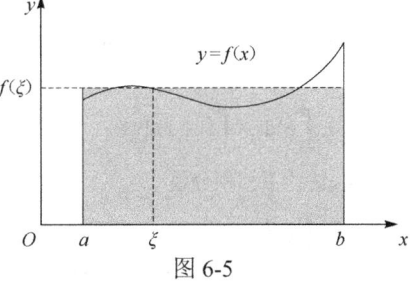

图 6-5

证 由函数 $f(x)$ 在 $[a,b]$ 上连续，$c \in (a,b)$，可知 $f(x)$ 在 $[a,c]$ 上连续，又由积分中值定理可知，存在 $\eta \in [a,c]$，使得

$$\int_a^c f(x)\mathrm{d}x = f(\eta)(c-a).$$

可见 $f(\eta)=f(b)$ 且 $\eta \neq b$. 由罗尔中值定理可知，存在一点 $\xi \in (\eta,b) \subset (a,b)$，使得 $f'(\xi)=0$.

性质 9（对称性） 若 $f(x)$ 是奇函数，那么对任意常数 a，在闭区间 $[-a,a]$ 上，

$$\int_{-a}^a f(x)\mathrm{d}x = 0;$$

若 $f(x)$ 是偶函数，那么对任意常数 a，在闭区间 $[-a,a]$ 上，

$$\int_{-a}^a f(x)\mathrm{d}x = 2\int_0^a f(x)\mathrm{d}x.$$

证 当 $f(x)$ 为奇函数时，曲线 $f(x)$ 关于原点对称，与 x 轴及 $x=\pm a$ 所围的几何图形的代数和为零，故

$$\int_{-a}^a f(x)\mathrm{d}x = 0;$$

当 $f(x)$ 是偶函数时，$f(x)$ 关于 y 轴对称，与 x 轴及 $x=\pm a$ 所围的几何图形也关于 y 轴对称，故

$$\int_{-a}^a f(x)\mathrm{d}x = 2\int_0^a f(x)\mathrm{d}x.$$

在 6.3 节，我们将用换元法再次证明性质 9.

习 题 6.1

1. 利用定积分的几何意义计算下列定积分：

   (1) $\int_{-1}^0 (x+1)\mathrm{d}x$；   (2) $\int_0^{2\pi} \sin x\mathrm{d}x$.

2. 利用性质计算定积分 $\int_{-\pi}^{\pi} x^4 \sin x\mathrm{d}x$.

3. 利用定积分的性质判别下列各式是否成立：

(1) $\int_0^{\frac{\pi}{2}} \sin^2 x \, dx \leqslant \int_0^{\frac{\pi}{2}} \sin x \, dx$;

(2) $\int_{\frac{1}{2}}^{1} x^2 \ln x \, dx > 0$;

(3) $\int_0^1 e^x \, dx > \int_0^1 (1+x) \, dx$;

(4) $\int_0^{\frac{\pi}{2}} \sin^3 x \cdot \cos^3 x \, dx > 0$.

4. 估计下列积分值:

(1) $\int_1^4 (x^2+1) \, dx$;

(2) $\int_0^2 e^{(x^2-x)} \, dx$.

5. $\lim_{n \to \infty} \ln \sqrt[n]{\left(1+\frac{1}{n}\right)^2 \left(1+\frac{2}{n}\right)^2 \cdots \left(1+\frac{n}{n}\right)^2} = ($ $)$.

A. $\int_1^2 \ln^2 x \, dx$ B. $2\int_1^2 \ln x \, dx$ C. $2\int_0^1 \ln(1+x) \, dx$ D. $\int_0^1 \ln^2(1+x) \, dx$

6. 设函数 $f(x)$ 与 $g(x)$ 在 $[0,1]$ 上连续, 且 $f(x) \leqslant g(x)$, 则对任意的 $c \in (0,1)$ 有( ).

A. $\int_{\frac{1}{2}}^{c} f(t) \, dt \geqslant \int_{\frac{1}{2}}^{c} g(t) \, dt$

B. $\int_{\frac{1}{2}}^{c} f(t) \, dt \leqslant \int_{\frac{1}{2}}^{c} g(t) \, dt$

C. $\int_c^1 f(t) \, dt \geqslant \int_c^1 g(t) \, dt$

D. $\int_c^1 f(t) \, dt \leqslant \int_c^1 g(t) \, dt$

7. 设 $I = \int_0^{\frac{\pi}{4}} \ln \sin x \, dx, J = \int_0^{\frac{\pi}{4}} \ln \cot x \, dx, K = \int_0^{\frac{\pi}{4}} \ln \cos x \, dx$, 则 I, J, K 的大小关系是( ).

A. $I < J < K$ B. $I < K < J$ C. $J < I < K$ D. $K < J < I$

6.2 微积分基本定理

微积分真正诞生的标志是牛顿与莱布尼茨分别独立发现积分与微分是一个互逆过程. 本节我们通过微积分基本定理揭示这种互逆关系, 进而把求定积分的问题转化为求原函数的问题.

6.2.1 积分上限函数及其导数

1. 积分上限函数

定义 1 设函数 $f(x)$ 在闭区间 $[a,b]$ 上连续, x 是区间 $[a,b]$ 上任意一点, 则以 x 为积分上限的定积分 $\int_a^x f(t) \, dt$ 是关于 x 的函数, 记作 $\varphi(x)$, 即

$$\varphi(x) = \int_a^x f(t) \, dt, \quad (6.2.1)$$

称 $\varphi(x)$ 为积分上限函数(或变上限定积分).

2. 积分上限函数的导数

定理 1 若函数 $f(x)$ 在闭区间 $[a,b]$ 上连续, 则积分上限函数 $\varphi(x) = \int_a^x f(t) \, dt$ 在

$[a,b]$ 上可导，且它的导数是 $f(x)$，即

$$\varphi'(x) = \frac{\mathrm{d}}{\mathrm{d}x}\int_a^x f(t)\mathrm{d}t = f(x). \tag{6.2.2}$$

证 根据导数的定义，有

$$\varphi'(x) = \lim_{\Delta x \to 0}\frac{\varphi(x+\Delta x)-\varphi(x)}{\Delta x}, \quad x \in [a,b].$$

左端点处有右导数，右端点处有左导数.

当 $x \in (a,b)$ 时，要求 Δx 的绝对值足够小，使 $x+\Delta x \in (a,b)$，由此可得

$$\varphi'(x) = \lim_{\Delta x \to 0}\frac{\int_a^{x+\Delta x}f(t)\mathrm{d}t - \int_a^x f(t)\mathrm{d}t}{\Delta x}$$

$$= \lim_{\Delta x \to 0}\frac{\int_a^x f(t)\mathrm{d}t + \int_x^{x+\Delta x}f(t)\mathrm{d}t - \int_a^x f(t)\mathrm{d}t}{\Delta x}$$

$$= \lim_{\Delta x \to 0}\frac{\int_x^{x+\Delta x}f(t)\mathrm{d}t}{\Delta x}.$$

由积分中值定理可知，至少存在一点 ξ 属于 x 与 $x+\Delta x$ 之间，使得

$$\int_x^{x+\Delta x}f(t)\mathrm{d}t = f(\xi)\cdot\Delta x.$$

故当 $\Delta x \to 0$ 时，$\xi \to x$，有

$$\varphi'(x) = \lim_{\Delta x \to 0}\frac{f(\xi)\cdot\Delta x}{\Delta x} = f(x).$$

当 $x=a$ 或 $x=b$ 时，相应地将 $\Delta x \to 0$ 分别改为 $\Delta x \to 0^+$ 与 $\Delta x \to 0^-$，于是得到 $\varphi'_+(a) = f(a)$ 与 $\varphi'_-(b) = f(b)$.

由定理 1 可知，$f(x)$ 构成的变上限函数 $\varphi(x) = \int_a^x f(t)\mathrm{d}t$ 是 $f(x)$ 的原函数，由此可引出下面定理.

定理 2（原函数存在定理） 若函数 $f(x)$ 在闭区间 $[a,b]$ 上连续，则在 $[a,b]$ 上必存在原函数，变上限函数 $\varphi(x) = \int_a^x f(t)\mathrm{d}t$ 就是 $f(x)$ 在 $[a,b]$ 上的一个原函数.

变上限函数作为一种比较特殊的函数，常见的求导数形式有如下五种情形：

情形 1 $\varphi(x) = \int_a^x f(t)\mathrm{d}t$，$\varphi'(x) = f(x)$.

例 1 设 $\varphi(x) = \int_0^x \sin(1+\mathrm{e}^t)\mathrm{d}t$，求 $\varphi'(x)$.

解 由定理 1 可知

$$\varphi'(x) = \frac{\mathrm{d}}{\mathrm{d}x}\int_0^x \sin(1+\mathrm{e}^t)\mathrm{d}t = \sin(1+\mathrm{e}^x).$$

情形 2 $\varphi(x) = \int_x^a f(t)dt$, $\varphi'(x) = -f(x)$.

例 2 设 $\varphi(x) = \int_x^0 e^{-t^2} dt$, 求 $\varphi'(x)$.

解 先将 $\varphi(x)$ 变换成变上限函数的形式, 即
$$\varphi(x) = -\int_0^x e^{-t^2} dt,$$
由定理 1 可得, $\varphi'(x) = -e^{-x^2}$.

情形 3 $\varphi(x) = \int_a^{g(x)} f(t)dt$, $\varphi'(x) = f[g(x)] \cdot g'(x)$.

例 3 设 $x > 0$, $\varphi(x) = \int_0^{x^2} \sin\sqrt{t}\, dt$, 求 $\varphi'(x)$.

解 $\varphi'(x) = \dfrac{d}{du}\int_0^u \sin\sqrt{t}\, dt \cdot \dfrac{du}{dx} = \sin\sqrt{u} \cdot 2x = 2x\sin x \ (x > 0)$.

情形 4 $\varphi(x) = \int_{h(x)}^{g(x)} f(t)dt$, $\varphi'(x) = f[g(x)] \cdot g'(x) - f[h(x)] \cdot h'(x)$.

例 4 设 $\varphi(x) = \int_x^{2x} t^3 dt$, 求 $\varphi'(x)$.

解 $\varphi(x) = \int_x^{2x} t^3 dt = \int_x^0 t^3 dt + \int_0^{2x} t^3 dt = \int_0^{2x} t^3 dt - \int_0^x t^3 dt$.
$$\varphi'(x) = (2x)^3 \cdot (2x)' - x^3 = 15x^3.$$

情形 5 $\varphi(x) = \int_0^x g(x)f(t)dt$, $\varphi'(x) = g'(x)\int_0^x f(t)dt + g(x)f(x)$.

例 5 设 $\varphi(x) = \int_0^x f(t)(x-t)dt$, 其中 $f(x)$ 在 $(-\infty, +\infty)$ 内连续, 求 $\varphi'(x)$.

解 先将积分表达式中的 x 提到积分号外, 然后再求导.
$$\varphi(x) = x\int_0^x f(t)dt - \int_0^x tf(t)dt,$$
于是
$$\varphi'(x) = \dfrac{d}{dx}\left(x\int_0^x f(t)dt - \int_0^x tf(t)dt\right)$$
$$= \int_0^x f(t)dt + xf(x) - xf(x)$$
$$= \int_0^x f(t)dt.$$

例 6 计算 $\lim\limits_{x \to 0} \dfrac{\int_0^x \cos t^2\, dt}{x}$.

解 当 $x \to 0$ 时, 该极限为 $\dfrac{0}{0}$ 型, 可使用洛必达法则求极限,

$$\lim_{x\to 0}\frac{\int_0^x \cos t^2 \mathrm{d}t}{x}=\lim_{x\to 0}\frac{\cos x^2}{1}=1.$$

例 7 设函数 $f(x)$ 连续，且 $f(0)\neq 0$，求极限 $\lim\limits_{x\to 0}\dfrac{\int_0^x (x-t)f(t)\mathrm{d}t}{x\int_0^x f(t)\mathrm{d}t}$.

解 $\lim\limits_{x\to 0}\dfrac{\int_0^x (x-t)f(t)\mathrm{d}t}{x\int_0^x f(t)\mathrm{d}t}=\lim\limits_{x\to 0}\dfrac{x\int_0^x f(t)\mathrm{d}t-\int_0^x tf(t)\mathrm{d}t}{x\int_0^x f(t)\mathrm{d}t}$

$$\xcancel{\underline{\text{洛必达法则}}}\lim_{x\to 0}\frac{\int_0^x f(t)\mathrm{d}t}{\int_0^x f(t)\mathrm{d}t+xf(x)}.$$

题设函数 $f(x)$ 连续，且 $f(0)\neq 0$，没有明确 $f(x)$ 是否可导，所以不能对 $f(x)$ 求导．由积分中值定理，有 $\int_0^x f(t)\mathrm{d}t=xf(\xi)$，其中 ξ 在 0 与 x 之间，$x\to 0$ 时，$\xi\to 0$．故有

$$\lim_{x\to 0}\frac{\int_0^x f(t)\mathrm{d}t}{\int_0^x f(t)\mathrm{d}t+xf(x)}=\lim_{x\to 0}\frac{xf(\xi)}{xf(\xi)+xf(x)}=\lim_{x\to 0}\frac{f(\xi)}{f(\xi)+f(x)}=\frac{f(0)}{2f(0)}=\frac{1}{2}.$$

变上限函数是一种比较特殊的函数，它的性质往往也是我们关心的问题．

例 8 若 $f(x)$ 是连续函数且为奇函数，证明 $\int_0^x f(t)\mathrm{d}t$ 是偶函数；若 $f(x)$ 是连续函数且为偶函数，证明 $\int_0^x f(t)\mathrm{d}t$ 是奇函数．

证 设 $F(x)=\int_0^x f(t)\mathrm{d}t$，则 $F(-x)=\int_0^{-x} f(t)\mathrm{d}t$．

设 $t=-u$，则 $\mathrm{d}t=-\mathrm{d}u$．当 $t=0$ 时，$u=0$；当 $t=-x$ 时，$u=x$，代入 $F(-x)$，有

$$F(-x)=-\int_0^x f(-u)\mathrm{d}u.$$

若 $f(x)$ 为奇函数，则 $F(-x)=\int_0^x f(u)\mathrm{d}u=F(x)$，即 $F(x)=\int_0^x f(t)\mathrm{d}t$ 是偶函数；

若 $f(x)$ 为偶函数，则 $F(-x)=-\int_0^x f(u)\mathrm{d}u=-F(x)$，即 $F(x)=\int_0^x f(t)\mathrm{d}t$ 是奇函数．命题得证．

例 9 设函数 $f(x)$ 在 $(-\infty,+\infty)$ 内连续，且 $F(x)=\int_0^x (x-2t)f(t)\mathrm{d}t$，若 $f(x)$ 是单调不增函数，证明 $F(x)$ 是单调不减函数．

证 $F(x)=\int_0^x (x-2t)f(t)\mathrm{d}t=x\int_0^x f(t)\mathrm{d}t-2\int_0^x tf(t)\mathrm{d}t,$

$$F'(x) = xf(x) + \int_0^x f(t)dt - 2xf(x) = \int_0^x f(t)dt - xf(x).$$

由积分中值定理, 有 $\int_0^x f(t)dt = xf(\xi)$, 其中 ξ 在 0 与 x 之间, 故有

$$F'(x) = x[f(\xi) - f(x)].$$

题设 $f(x)$ 是单调不增函数,

当 $x>0$ 时, $0<\xi<x$, $f(\xi) - f(x) \geq 0$, 故 $F'(x) \geq 0$;

当 $x = 0$ 时, $F'(x) = 0$;

当 $x<0$ 时, $x<\xi<0$, $f(\xi) - f(x) \leq 0$, 故 $F'(x) \geq 0$.

综上, $\forall x \in (-\infty, +\infty)$, 都有 $F'(x) \geq 0$, 即 $F(x)$ 是单调不减函数, 得证.

6.2.2 牛顿-莱布尼茨公式

微积分基本定理揭示了定积分与原函数之间的关系, 提供了利用原函数计算定积分的方法.

定理 3(微积分基本定理) 设函数 $f(x)$ 在闭区间 $[a,b]$ 上连续, 函数 $F(x)$ 是 $f(x)$ 的一个原函数, 则有

$$\int_a^b f(x)dx = F(b) - F(a). \tag{6.2.3}$$

证 已知 $F(x)$ 是 $f(x)$ 的一个原函数, 由原函数存在定理可知, $\varphi(x) = \int_a^x f(t)dt$ 也是 $f(x)$ 的一个原函数, 于是有

$$F(x) - \varphi(x) = C \quad (C \text{ 为常数}, x \in [a,b]).$$

令上式中的 $x = a$, 则

$$F(a) - \varphi(a) = C.$$

又

$$\varphi(a) = \int_a^a f(t)dt = 0,$$

所以

$$F(a) = C.$$

于是

$$\varphi(x) = \int_a^x f(t)dt = F(x) - C = F(x) - F(a).$$

再令 $x = b$, 则

$$\varphi(b) = \int_a^b f(t)dt = F(b) - C = F(b) - F(a),$$

于是
$$\int_a^b f(x)\mathrm{d}x = F(b) - F(a).$$

为了方便起见，牛顿-莱布尼茨公式也叫作**微积分基本公式**，可简记为
$$\int_a^b f(x)\mathrm{d}x = F(x)\Big|_a^b.$$

牛顿-莱布尼茨公式将不定积分的计算方法引入定积分的计算，是计算定积分最简便有效的方法.

例 10 计算 $\int_{-1}^{3}(x^3+2)\mathrm{d}x$.

解 因为 x^3+2 的一个原函数是 $\frac{1}{4}x^4+2x$，故有
$$\int_{-1}^{3}(x^3+2)\mathrm{d}x = \left(\frac{1}{4}x^4+2x\right)\Big|_{-1}^{3} = 28.$$

例 11 计算 $\int_0^{\frac{\pi}{4}}\sin x\mathrm{d}x$.

解 因为 $-\cos x$ 是 $\sin x$ 的一个原函数，故有
$$\int_0^{\frac{\pi}{4}}\sin x\mathrm{d}x = -\cos x\Big|_0^{\frac{\pi}{4}} = -\cos\frac{\pi}{4}+\cos 0 = 1-\frac{\sqrt{2}}{2}.$$

例 12 计算 $\int_{-1}^{\sqrt{3}}\frac{1}{1+x^2}\mathrm{d}x$.

解 $\int_{-1}^{\sqrt{3}}\frac{1}{1+x^2}\mathrm{d}x = \arctan x\Big|_{-1}^{\sqrt{3}} = \arctan\sqrt{3}-\arctan(-1)$
$$= \frac{\pi}{3}-\left(-\frac{\pi}{4}\right) = \frac{7\pi}{12}.$$

例 13 计算 $\int_{-3}^{-1}\frac{1}{x}\mathrm{d}x$.

解 $\int_{-3}^{-1}\frac{1}{x}\mathrm{d}x = \ln|x|\Big|_{-3}^{-1} = \ln 1 - \ln 3 = -\ln 3$.

例 14 设函数 $f(x)$ 在闭区间 $[a,b]$ 上连续，证明在开区间 (a,b) 内至少存在一点 ξ，使得
$$\int_a^b f(x)\mathrm{d}x = f(\xi)(b-a) \quad (a<\xi<b).$$

证 因为 $f(x)$ 在 $[a,b]$ 上连续，故存在原函数 $F(x)$，即在 $[a,b]$ 上 $F'(x)=f(x)$. 根据牛顿-莱布尼茨公式，有

$$\int_a^b f(x)\mathrm{d}x = F(b) - F(a) \quad (a < \xi < b).$$

又 $f(x)$ 在 $[a,b]$ 上满足拉格朗日中值定理的条件，即 $\exists \xi \in (a,b)$，使得

$$F(b) - F(a) = F'(\xi)(b-a) = f'(\xi)(b-a),$$

故

$$\int_a^b f(x)\mathrm{d}x = f(\xi)(b-a) \quad (a < \xi < b).$$

本例的结论是积分中值定理的改进. 本例的证明体现了积分中值定理与微分中值定理的联系.

习 题 6.2

1. 求下列函数的导数：

(1) $y = \int_0^{x^2} \cos t \mathrm{d}t$；

(2) $y = \int_x^6 3t \sin t \mathrm{d}t$；

(3) $y = \int_0^x x \mathrm{e}^t \mathrm{d}t$；

(4) $y = \int_{x^2}^{x^3} \dfrac{1}{t^2} \mathrm{d}t$.

2. 求下列极限：

(1) $\lim\limits_{x \to 0} \dfrac{x^2}{\int_0^x \mathrm{e}^{t^2} \mathrm{d}t}$；

(2) $\lim\limits_{x \to 0} \dfrac{\int_0^x t \mathrm{d}t}{x^2}$；

(3) $\lim\limits_{x \to 0} \dfrac{\int_0^x (1+t^2)\mathrm{e}^{t^2-x^2} \mathrm{d}t}{x}$.

3. 计算下列定积分：

(1) $\int_1^2 \left(x^2 + \dfrac{1}{x^4}\right) \mathrm{d}x$；

(2) $\int_{-1}^0 \left(\mathrm{e}^x - \dfrac{1}{1+x^2}\right) \mathrm{d}x$；

(3) $\int_1^2 \dfrac{1+2x^2}{x^2(1+x^2)} \mathrm{d}x$；

(4) $\int_{-1}^0 \dfrac{3x^4 + 3x^2 + 1}{x^2 + 1} \mathrm{d}x$.

4. 设函数 $f(x)$ 连续，则在下列变上限定积分定义的函数中，必为偶函数的是（　　）.

A. $\int_0^x t[f(t) + f(-t)]\mathrm{d}t$

B. $\int_0^x t[f(t) - f(-t)]\mathrm{d}t$

C. $\int_0^x f(t^2)\mathrm{d}t$

D. $\int_0^x f^2(t)\mathrm{d}t$

5. 设 $f(x)$ 是奇函数，除 $x=0$ 点处处连续，且 $x=0$ 是第一类间断点，则 $\int_0^x f(t)\mathrm{d}t$ 是（　　）.

A. 连续的奇函数

B. 连续的偶函数

C. 在 $x=0$ 间断的奇函数

D. 在 $x=0$ 间断的偶函数

6. 设函数 $f(x)$ 在 $(-\infty, +\infty)$ 内连续，且 $F(x) = \int_0^x (x-2t)f(t)\mathrm{d}t$，当 $f(x)$ 是偶函数时，证明 $F(x)$ 也是偶函数.

6.3 定积分的换元积分法与分部积分法

实际上,不定积分 $\int f(x)\mathrm{d}x$ 可以理解为函数 $f(x)$ 的任意一个给定的原函数,由此可将牛顿-莱布尼茨公式改写为 $\int_a^b f(x)\mathrm{d}x = \left[\int f(x)\mathrm{d}x\right]\Big|_a^b$. 这说明求定积分首先应求不定积分,求不定积分的方法可以运用到求定积分中来.

6.3.1 定积分的换元积分法

定理 1 设函数 $f(x)$ 在闭区间 $[a,b]$ 上连续,函数 $x = \varphi(t)$ 满足条件:
(1) $a = \varphi(\alpha), b = \varphi(\beta)$;
(2) $\varphi(t)$ 在 $[\alpha,\beta]$ 或 $[\beta,\alpha]$ 上具有连续导数,且其值域 $R_\varphi \subset [a,b]$,

则有

$$\int_a^b f(x)\mathrm{d}x = \int_\alpha^\beta f[\varphi(t)]\varphi'(t)\mathrm{d}t. \tag{6.3.1}$$

该公式叫作**定积分换元公式**.

例 1 计算 $\int_0^1 2x \cdot \mathrm{e}^{x^2}\mathrm{d}x$.

解 设 $x^2 = t$. 当 $x = 0$ 时, $t = 0$; 当 $x = 1$ 时, $t = 1$. 则

$$\int_0^1 2x \cdot \mathrm{e}^{x^2}\mathrm{d}x = \int_0^1 \mathrm{e}^{x^2}\mathrm{d}x^2 = \int_0^1 \mathrm{e}^t\mathrm{d}t = \mathrm{e}^t\Big|_0^1 = \mathrm{e} - 1.$$

如果在使用换元法的过程中引入了新的变量 t (设 $g(x) = t$),那么 t 相当于积分变量,此时定积分的上、下限应换成 x 分别取上、下限时对应的 $g(x)$ 的值.

例 2 计算 $\int_0^{\sqrt{\frac{\pi}{2}}} x\sin x^2\mathrm{d}x$.

解 设 $t = x^2$,则 $\mathrm{d}t = 2x\mathrm{d}x$. 当 $x = 0$ 时, $t = 0$; 当 $x = \sqrt{\frac{\pi}{2}}$ 时, $t = \frac{\pi}{2}$. 于是

$$\int_0^{\sqrt{\frac{\pi}{2}}} x\sin x^2\mathrm{d}x = \frac{1}{2}\int_0^{\frac{\pi}{2}} \sin t\mathrm{d}t = \frac{1}{2}(-\cos t)\Big|_0^{\frac{\pi}{2}} = \frac{1}{2} - \frac{1}{2}\cos\frac{\pi}{2} = \frac{1}{2}.$$

在例 2 中,如果不明显地写出新变量 t,那么定积分的上、下限就不要变更. 现在用这种记法写出计算过程如下:

$$\int_0^{\sqrt{\frac{\pi}{2}}} x\sin x^2\mathrm{d}x = \frac{1}{2}\int_0^{\sqrt{\frac{\pi}{2}}} \sin x^2\mathrm{d}x^2 = \frac{1}{2}\cdot(-\cos x^2)\Big|_0^{\sqrt{\frac{\pi}{2}}} = \frac{1}{2} - \frac{1}{2}\cos\frac{\pi}{2} = \frac{1}{2}.$$

例 3 计算 $\int_0^1 x\sqrt{1-x}\,dx$.

解 令 $\sqrt{1-x}=t$，$x=1-t^2$，则 $dx=-2t\,dt$. 当 $x=0$ 时，$t=1$；当 $x=1$ 时，$t=0$. 于是

$$\int_0^1 x\sqrt{1-x}\,dx = \int_1^0 (1-t^2)\cdot t\cdot(-2t)\,dt$$

$$= \int_0^1 (2t^2-2t^4)\,dt$$

$$= \left(\frac{2}{3}t^3-\frac{2}{5}t^5\right)\Big|_0^1 = \frac{4}{15}.$$

例 4 计算 $\int_0^1 \sqrt{1-x^2}\,dx$.

解 令 $x=\sin t\,(0\leqslant x\leqslant 1)$，则 $dx=\cos t\,dt$.

当 $x=0$ 时，$t=0$；当 $x=1$ 时，$t=\dfrac{\pi}{2}$. 于是

$$\int_0^1 \sqrt{1-x^2}\,dx = \int_0^{\frac{\pi}{2}} \cos t\cdot\cos t\,dt = \int_0^{\frac{\pi}{2}} \frac{1+\cos 2t}{2}\,dt$$

$$= \frac{1}{2}\left(t+\frac{\sin 2t}{2}\right)\Big|_0^{\frac{\pi}{2}} = \frac{\pi}{4}.$$

例 4 在 6.1 节中曾用定积分的几何意义计算，本节采用了第二类换元法. 求解 $\int_a^b f(x)\,dx$ 的过程中相当于设 $x=\varphi(t)$，积分变量 x 换成了 t，上、下限 a，b 也随之换成了 t 的上、下限 α，β，其中 α，β 分别对应 x 取 a，b 值时 $t=\varphi^{-1}(x)$ 的值. 即

$$\int_a^b f(x)\,dx = \int_\alpha^\beta f[\varphi(t)]\varphi'(t)\,dt.$$

例 5 若函数 $f(x)$ 在 $[-a,a]$ 上连续，证明

$$\int_{-a}^a f(x)\,dx = \begin{cases} 2\int_0^a f(x)\,dx, & f(x) \text{ 为偶函数}, \\ 0, & f(x) \text{ 为奇函数}. \end{cases}$$

证 由积分区间的可加性，有

$$\int_{-a}^a f(x)\,dx = \int_{-a}^0 f(x)\,dx + \int_0^a f(x)\,dx.$$

对积分 $\int_{-a}^0 f(x)\,dx$ 作代换 $x=-t$. 当 $x=0$ 时，$t=0$；当 $x=-a$ 时，$t=a$. 于是

$$\int_{-a}^0 f(x)\,dx = -\int_a^0 f(-t)\,dt = \int_0^a f(-t)\,dt = \int_0^a f(-x)\,dx.$$

故

$$\int_{-a}^{a}f(x)\mathrm{d}x = \int_{0}^{a}f(-x)\mathrm{d}x + \int_{0}^{a}f(x)\mathrm{d}x = \int_{0}^{a}[f(x)+f(-x)]\mathrm{d}x.$$

当 $f(x)$ 为偶函数时，$f(x)+f(-x)=2f(x)$，从而

$$\int_{-a}^{a}f(x)\mathrm{d}x = 2\int_{0}^{a}f(x)\mathrm{d}x;$$

当 $f(x)$ 为奇函数时，$f(x)+f(-x)=0$，从而

$$\int_{-a}^{a}f(x)\mathrm{d}x = 0.$$

综上可得

$$\int_{-a}^{a}f(x)\mathrm{d}x = \begin{cases} 2\int_{0}^{a}f(x)\mathrm{d}x, & f(x) \text{为偶函数}, \\ 0, & f(x) \text{为奇函数}. \end{cases}$$

利用例 5 的结论，可简化奇、偶函数在关于原点对称的区间上的定积分的计算.

例 6 计算 $\int_{-1}^{1}\left(|x^3|+x\right)\mathrm{d}x$.

解 由定积分的性质可知，

$$\int_{-1}^{1}\left(|x^3|+x\right)\mathrm{d}x = \int_{-1}^{1}|x^3|\mathrm{d}x + \int_{-1}^{1}x\mathrm{d}x.$$

x 是奇函数，$|x^3|$ 是偶函数，由例 5 的结论可知

$$\int_{-1}^{1}x\mathrm{d}x = 0, \quad \int_{-1}^{1}|x^3|\mathrm{d}x = 2\int_{0}^{1}x^3\mathrm{d}x = 2\cdot\frac{1}{4}x^4\bigg|_{0}^{1} = \frac{1}{2}.$$

所以

$$\int_{-1}^{1}\left(|x^3|+x\right)\mathrm{d}x = \frac{1}{2} + 0 = \frac{1}{2}.$$

例 7 若函数 $f(x)$ 是以 T 为周期的连续函数，证明对任意的常数 a，都有

$$\int_{a}^{a+T}f(x)\mathrm{d}x = \int_{0}^{T}f(x)\mathrm{d}x.$$

证 设 $x=u+T$，则 $\mathrm{d}x=\mathrm{d}u$. 当 $x=T$ 时，$u=0$；当 $x=a+T$ 时，$u=a$. 于是

$$\int_{T}^{a+T}f(x)\mathrm{d}x = \int_{0}^{a}f(u+T)\mathrm{d}u = \int_{0}^{a}f(u)\mathrm{d}u = \int_{0}^{a}f(x)\mathrm{d}x.$$

由积分区间的可加性有

$$\int_{a}^{a+T}f(x)\mathrm{d}x = \int_{a}^{0}f(x)\mathrm{d}x + \int_{0}^{T}f(x)\mathrm{d}x + \int_{T}^{a+T}f(x)\mathrm{d}x$$

$$= \int_a^0 f(x)\mathrm{d}x + \int_0^T f(x)\mathrm{d}x + \int_0^a f(x)\mathrm{d}x$$

$$= \int_0^T f(x)\mathrm{d}x.$$

命题得证.

例 8 若函数 $f(x)$ 在 $[0,1]$ 上连续,证明

(1) $\int_0^{\frac{\pi}{2}} f(\sin x)\mathrm{d}x = \int_0^{\frac{\pi}{2}} f(\cos x)\mathrm{d}x$;

(2) $\int_0^{\pi} xf(\sin x)\mathrm{d}x = \dfrac{\pi}{2}\int_0^{\pi} f(\sin x)\mathrm{d}x$.

证 (1) 设 $x = \dfrac{\pi}{2} - t$,则 $\mathrm{d}x = -\mathrm{d}t$.当 $x=0$ 时,$t = \dfrac{\pi}{2}$;当 $x = \dfrac{\pi}{2}$ 时,$t=0$.于是

$$\int_0^{\frac{\pi}{2}} f(\sin x)\mathrm{d}x = -\int_{\frac{\pi}{2}}^0 f\left[\sin\left(\dfrac{\pi}{2} - t\right)\right]\mathrm{d}t$$

$$= \int_0^{\frac{\pi}{2}} f(\cos t)\mathrm{d}t = \int_0^{\frac{\pi}{2}} f(\cos x)\mathrm{d}x.$$

(2) 设 $x = \pi - t$,则 $\mathrm{d}x = -\mathrm{d}t$.当 $x=0$ 时,$t=\pi$;当 $x=\pi$ 时,$t=0$.于是

$$\int_0^{\pi} xf(\sin x)\mathrm{d}x = -\int_{\pi}^0 (\pi - t)f[\sin(\pi - t)]\mathrm{d}t = \int_0^{\pi} (\pi - t)f(\sin t)\mathrm{d}t$$

$$= \pi\int_0^{\pi} f(\sin t)\mathrm{d}t - \int_0^{\pi} tf(\sin t)\mathrm{d}t = \pi\int_0^{\pi} f(\sin x)\mathrm{d}x - \int_0^{\pi} xf(\sin x)\mathrm{d}x,$$

所以

$$\int_0^{\pi} xf(\sin x)\mathrm{d}x = \dfrac{\pi}{2}\int_0^{\pi} f(\sin x)\mathrm{d}x.$$

结论 $I_n = \int_0^{\frac{\pi}{2}} \sin^n x\,\mathrm{d}x = \int_0^{\frac{\pi}{2}} \cos^n x\,\mathrm{d}x$

$$= \begin{cases} \dfrac{n-1}{n} \cdot \dfrac{n-3}{n-2} \cdots \dfrac{1}{2} \cdot \dfrac{\pi}{2} = \dfrac{(n-1)!!}{n!!} \cdot \dfrac{\pi}{2}, & n\text{ 为偶数}, \\ \dfrac{n-1}{n} \cdot \dfrac{n-3}{n-2} \cdots \dfrac{2}{3} \cdot 1 = \dfrac{(n-1)!!}{n!!}, & n\text{ 为奇数}. \end{cases}$$

例 9 计算定积分 $\int_0^{\pi} \dfrac{x\sin x}{1+\cos^2 x}\mathrm{d}x$.

解 由例 8 的结论,有

$$\int_0^{\pi} \dfrac{x\sin x}{1+\cos^2 x}\mathrm{d}x = \dfrac{\pi}{2}\int_0^{\pi} \dfrac{\sin x}{1+\cos^2 x}\mathrm{d}x = -\dfrac{\pi}{2}\int_0^{\pi} \dfrac{\mathrm{d}\cos x}{1+\cos^2 x}$$

$$= -\dfrac{\pi}{2}[\arctan(\cos x)]_0^{\pi} = -\dfrac{\pi}{2}\left(-\dfrac{\pi}{4} - \dfrac{\pi}{4}\right) = \dfrac{\pi^2}{4}.$$

6.3.2 定积分的分部积分法

设函数 $u(x)$ 和 $v(x)$ 在闭区间 $[a,b]$ 上存在连续导数,则由 $(uv)' = u'v + uv'$,得
$$uv' = (uv)' - u'v.$$
两端从 a 到 b 对 x 求定积分,得到定积分的**分部积分公式**
$$\int_a^b u \mathrm{d}v = uv\big|_a^b - \int_a^b v \mathrm{d}u.$$

例 10 计算 $\int_1^5 \ln x \mathrm{d}x$.

解 设 $u = \ln x$,$\mathrm{d}v = \mathrm{d}x$,则
$$\int_1^5 \ln x \mathrm{d}x = x\ln x\big|_1^5 - \int_1^5 x \cdot \mathrm{d}\ln x$$
$$= 5\ln 5 - \int_1^5 x \cdot \frac{\mathrm{d}x}{x}$$
$$= 5\ln 5 - 4.$$

例 11 计算 $\int_0^1 x\mathrm{e}^x \mathrm{d}x$.

解 $\int_0^1 x\mathrm{e}^x \mathrm{d}x = \int_0^1 x \mathrm{d}\mathrm{e}^x = [x \cdot \mathrm{e}^x]_0^1 - \int_0^1 \mathrm{e}^x \mathrm{d}x = \mathrm{e} - 0 - [\mathrm{e}^x]_0^1 = 1$.

例 12 计算 $\int_0^{\frac{1}{2}} \arcsin x \mathrm{d}x$.

解 $\int_0^{\frac{1}{2}} \arcsin x \mathrm{d}x = x\arcsin x\Big|_0^{\frac{1}{2}} - \int_0^{\frac{1}{2}} x \mathrm{d}\arcsin x$
$$= \frac{\pi}{12} - \int_0^{\frac{1}{2}} \frac{x}{\sqrt{1-x^2}} \mathrm{d}x = \frac{\pi}{12} + \frac{1}{2}\int_0^{\frac{1}{2}} \frac{1}{\sqrt{1-x^2}} \mathrm{d}(1-x^2)$$
$$= \frac{\pi}{12} + \sqrt{1-x^2}\Big|_0^{\frac{1}{2}} = \frac{\pi}{12} + \frac{\sqrt{3}}{2} - 1.$$

习 题 6.3

1. 用换元积分法计算下列定积分:

(1) $\int_0^3 \mathrm{e}^x(1-\mathrm{e}^x)^2 \mathrm{d}x$;

(2) $\int_0^1 \frac{x}{\sqrt{1+x^2}} \mathrm{d}x$;

(3) $\int_0^{\frac{\pi}{8}} \tan^2 2\theta \mathrm{d}\theta$;

(4) $\int_0^{\sqrt{\frac{\pi}{2}}} x \cdot \sin x^2 \mathrm{d}x$;

(5) $\int_1^{\mathrm{e}} \frac{1}{x\sqrt{1+\ln x}} \mathrm{d}x$;

(6) $\int_{\mathrm{e}}^{\mathrm{e}^2} \frac{1}{x\ln x} \mathrm{d}x$;

(7) $\int_0^{\frac{\pi}{4}} \sin^3 x \cos x \mathrm{d}x$;

(8) $\int_0^{\frac{\pi}{2}} \sin^3 x \cos^2 x \mathrm{d}x$;

(9) $\int_4^9 \dfrac{\sqrt{x}}{\sqrt{x}-1}dx$;

(10) $\int_0^2 \sqrt{4-x^2}\,dx$;

(11) $\int_1^2 \dfrac{\sqrt{x^2-1}}{x}dx$;

(12) $\int_0^1 \dfrac{x\,dx}{(2-x^2)\sqrt{1-x^2}}$.

2. 计算下列定积分:

(1) $\int_{-1}^1 \dfrac{1}{\sqrt{(1+x^2)^3}}dx$;

(2) $\int_{-1}^1 \dfrac{x^2 \sin x}{\sqrt{1-x^4}}dx$;

(3) $\int_{-1}^1 \dfrac{x}{\sqrt{5-4x}}dx$;

(4) $\int_{-\frac{\pi}{2}}^{\frac{\pi}{2}} (x^3+\sin^2 x)\cos^2 x\,dx$;

(5) $\int_0^{\frac{\pi}{2}} |\sin x - \cos x|\,dx$;

(6) $\int_0^{\pi} \sqrt{1-\sin^2 x}\,dx$;

(7) $\int_0^{\frac{\pi}{2}} \sin^8 x\,dx$;

(8) $\int_0^{\frac{\pi}{2}} \cos^7 x\,dx$.

3. 设 $f(x)=\begin{cases} x+1, & x\leq 1,\\ \dfrac{1}{2}x^2, & x>1, \end{cases}$ 求 $\int_0^2 f(x)dx$.

4. 用分部积分法计算下列定积分:

(1) $\int_0^1 xe^{-x}dx$;

(2) $\int_0^1 \arctan x\,dx$;

(3) $\int_1^e x\ln x\,dx$;

(4) $\int_0^{\frac{\pi}{2}} x^2 \cdot \sin x\,dx$;

(5) $\int_0^{\frac{\pi}{2}} e^{2x}\cos x\,dx$;

(6) $\int_{\frac{1}{e}}^e |\ln x|\,dx$.

5. 设连续函数 $f(x)$ 满足 $f(x)=\ln x - \int_1^e f(x)dx$，证明 $\int_1^e f(x)dx = \dfrac{1}{e}$.

6. 证明对任意实数 a 都有

$$\int_a^{a+\pi} \sin 2x\,dx = \int_0^{\pi} \sin 2x\,dx.$$

6.4 反常积分

前面讨论定积分 $\int_a^b f(x)dx$ 时，都假设积分区间 $[a,b]$ 有限，被积函数 $f(x)$ 在 $[a,b]$ 上有界，这类积分通常被称作"黎曼积分"。但是我们经常会遇到不满足这两个条件的积分，可从下述两个方面推广定积分的概念:

(1) 有界函数在无穷区间上的积分——**无穷限积分**;

(2) 无界函数在有限区间上的积分——**瑕积分**.

我们把无穷限积分与瑕积分统称为**反常积分**.

6.4.1 无穷限积分

例1 求由曲线 $y=e^{-x}$, x 轴正半轴及 y 轴所围成的平面图形的面积 A.

解 由曲线 $y=e^{-x}$, x 轴正半轴及 y 轴所围的平面图形并不封闭. 根据定积分的几何意义, 所求面积 A 可用无穷区间上的积分表示为

$$A = \int_0^{+\infty} e^{-x} dx.$$

如图 6-6 所示, 若作直线 $x=b (b>0)$, 那么由曲线 $y=e^{-x}$, x 轴与 y 轴及 $x=b$ 所围成的图形的面积为

$$\int_0^b e^{-x} dx = -e^{-x} \Big|_0^b = 1 - e^{-b}.$$

当 $b \to +\infty$ 时, 曲边梯形的面积的极限就等于面积 A, 即

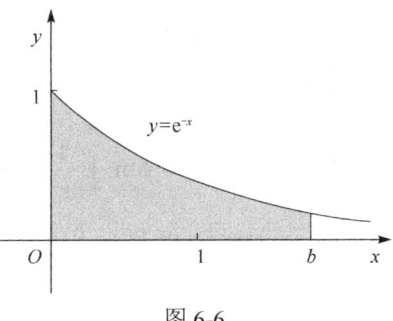

图 6-6

$$A = \int_0^{+\infty} e^{-x} dx = \lim_{b \to +\infty} \int_0^b e^{-x} dx = \lim_{b \to +\infty}(1-e^{-b}) = 1.$$

定义1 有界函数 $f(x)$ 在无穷区间上的积分称为**无穷限积分**.

(1) 若函数 $f(x)$ 在区间 $[a,+\infty)$ 上是连续的, 取 $b>a$, 则

$$\int_a^{+\infty} f(x)dx = \lim_{b \to +\infty} \int_a^b f(x)dx. \tag{6.4.1}$$

(2) 若函数 $f(x)$ 在区间 $(-\infty,b]$ 上是连续的, 取 $a<b$, 则

$$\int_{-\infty}^b f(x)dx = \lim_{a \to -\infty} \int_a^b f(x)dx. \tag{6.4.2}$$

(3) 若函数 $f(x)$ 在区间 $(-\infty,+\infty)$ 上是连续的, 取任意常数 c, 则

$$\int_{-\infty}^{+\infty} f(x)dx = \int_{-\infty}^c f(x)dx + \int_c^{+\infty} f(x)dx$$
$$= \lim_{t \to -\infty} \int_t^c f(x)dx + \lim_{t \to +\infty} \int_c^t f(x)dx. \tag{6.4.3}$$

如果 (6.4.1), (6.4.2) 两式中的极限存在, 我们称相应无穷区间上的无穷限积分**收敛**, 且极限值就是反常积分值; 反之若极限不存在, 则称无穷限积分**发散**.

对于 (6.4.3) 式, 若 $\int_{-\infty}^c f(x)dx$ 与 $\int_c^{+\infty} f(x)dx$ 都收敛, 则称无穷限积分 $\int_{-\infty}^{+\infty} f(x)dx$ **收敛**, 否则**发散**.

结合牛顿-莱布尼茨公式可得如下结果:

设 $f(x)$ 的一个原函数为 $F(x)$, 记 $F(+\infty) = \lim_{x \to +\infty} F(x)$, $F(-\infty) = \lim_{x \to -\infty} F(x)$, 若 $F(+\infty)$ 与 $F(-\infty)$ 存在, 有

$$\int_a^{+\infty} f(x)\mathrm{d}x = F(x)\Big|_a^{+\infty} = F(+\infty) - F(a),$$

$$\int_{-\infty}^b f(x)\mathrm{d}x = F(x)\Big|_{-\infty}^b = F(b) - F(-\infty),$$

$$\int_{-\infty}^{+\infty} f(x)\mathrm{d}x = F(x)\Big|_{-\infty}^{+\infty} = F(+\infty) - F(-\infty),$$

则称相应无穷区间上的无穷限积分**收敛**，否则**发散**．

例 2 计算反常积分 $\int_1^{+\infty} \dfrac{1}{x^2} \mathrm{d}x$．

解 $\int_1^{+\infty} \dfrac{1}{x^2} \mathrm{d}x = \lim\limits_{b \to +\infty} \int_1^b \dfrac{1}{x^2} \mathrm{d}x = \lim\limits_{b \to +\infty} \left(-\dfrac{1}{x}\right)\Big|_1^b = 1$．

例 3 反常积分 $\int_{-\infty}^{+\infty} \dfrac{1}{1+x^2} \mathrm{d}x$．

解 因为 $F(+\infty)$ 与 $F(-\infty)$ 都存在，所以

$$\int_{-\infty}^{+\infty} \dfrac{1}{1+x^2} \mathrm{d}x = \arctan x \Big|_{-\infty}^{+\infty}$$

$$= \lim_{x \to +\infty} \arctan x - \lim_{x \to -\infty} \arctan x$$

$$= \dfrac{\pi}{2} - \left(-\dfrac{\pi}{2}\right) = \pi.$$

例 4 讨论反常积分 $\int_a^{+\infty} \dfrac{1}{x^p} \mathrm{d}x\,(a>0)$ 的收敛性．

解 (1) 当 $p=1$ 时，$\int_a^{+\infty} \dfrac{1}{x^p} \mathrm{d}x = (\ln x)\Big|_a^{+\infty} = \lim\limits_{x \to +\infty} \ln x - \ln a = +\infty$．

(2) 当 $p \neq 1$ 时，$\int_a^{+\infty} \dfrac{1}{x^p} \mathrm{d}x = \dfrac{x^{1-p}}{1-p}\Big|_a^{+\infty} = \begin{cases} +\infty, & p<1, \\ \dfrac{a^{1-p}}{p-1}, & p>1. \end{cases}$

综上，当 $p \leqslant 1$ 时，$\int_a^{+\infty} \dfrac{1}{x^p} \mathrm{d}x$ 发散；当 $p>1$ 时，$\int_a^{+\infty} \dfrac{1}{x^p} \mathrm{d}x$ 收敛，其值为 $\dfrac{a^{1-p}}{p-1}$．

6.4.2 无界函数的反常积分

例 5 求由曲线 $y = x^{-\frac{1}{2}}$，x 轴与 y 轴正半轴及 $x=1$ 所围图形的面积．

解 显然曲线 $y = x^{-\frac{1}{2}}$，x 轴与 y 轴正半轴及直线 $x=1$ 所围的图形不封闭．作直线 $x = a\,(0<a<1)$，如图 6-7 所示，我们先求从 a 到 1 阴影部分所示图形的面积，

$$\int_a^1 x^{-\frac{1}{2}} \mathrm{d}x = 2x^{\frac{1}{2}}\Big|_a^1 = 2 - 2\sqrt{a}.$$

而曲线 $y=x^{-\frac{1}{2}}$，x 轴与 y 轴及直线 $x=1$ 所围图形的面积 A，是当 $a\to 0^+$ 时，$\int_a^1 x^{-\frac{1}{2}}\mathrm{d}x$ 的极限，即

$$A=\lim_{a\to 0^+}\int_a^1 x^{-\frac{1}{2}}\mathrm{d}x=\lim_{a\to 0^+}\left(2-2\sqrt{a}\right)=2.$$

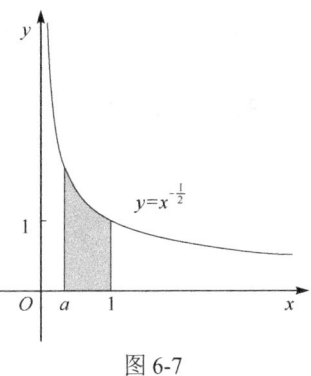

图 6-7

定义 2 当被积函数 $f(x)$ 在有限区间 $[a,b]$ 上存在无界的点(至多有限个)时，称 $\int_a^b f(x)\mathrm{d}x$ 为**瑕积分**. 使函数 $f(x)$ 在 $[a,b]$ 上无界的点称为函数 $f(x)$ 的**瑕点**.

(1) 若函数 $f(x)$ 在区间 $(a,b]$ 上是连续的，a 是 $f(x)$ 的瑕点，则

$$\int_a^b f(x)\mathrm{d}x=\lim_{t\to a^+}\int_t^b f(x)\mathrm{d}x;\qquad(6.4.4)$$

(2) 若函数 $f(x)$ 在区间 $[a,b)$ 上是连续的，b 是 $f(x)$ 的瑕点，则

$$\int_a^b f(x)\mathrm{d}x=\lim_{t\to b^-}\int_a^t f(x)\mathrm{d}x;\qquad(6.4.5)$$

(3) 若函数 $f(x)$ 在区间 $[a,c)$ 与 $(c,b]$ 上都是连续的，c 是 $f(x)$ 的瑕点，则

$$\int_a^b f(x)\mathrm{d}x=\int_a^c f(x)\mathrm{d}x+\int_c^b f(x)\mathrm{d}x$$
$$=\lim_{t\to c^-}\int_a^t f(x)\mathrm{d}x+\lim_{t\to c^+}\int_t^b f(x)\mathrm{d}x.\qquad(6.4.6)$$

如果 (6.4.4)，(6.4.5) 两式中的极限存在，我们称瑕积分 $\int_a^b f(x)\mathrm{d}x$ **收敛**，且极限值就是积分值；反之若极限不存在，则称瑕积分 $\int_a^b f(x)\mathrm{d}x$ **发散**.

对于 (6.4.6) 式，若瑕积分 $\int_a^c f(x)\mathrm{d}x$ 与 $\int_c^b f(x)\mathrm{d}x$ 都收敛，则称瑕积分 $\int_a^b f(x)\mathrm{d}x$ **收敛**，否则**发散**.

同理，瑕积分也可以表示为牛顿-莱布尼茨公式的形式，但必须满足原函数在瑕点处连续.

例 6 计算反常积分 $\int_0^1 \dfrac{1}{\sqrt{1-x^2}}\mathrm{d}x$.

解 $x=1$ 为瑕点，故

$$\int_0^1 \frac{1}{\sqrt{1-x^2}}\mathrm{d}x=\lim_{t\to 1^-}\int_0^t \frac{1}{\sqrt{1-x^2}}\mathrm{d}x=\lim_{t\to 1^-}\arcsin x\Big|_0^t=\frac{\pi}{2}.$$

例 7 计算反常积分 $\int_0^3 \dfrac{1}{3(x-1)^{\frac{2}{3}}} \mathrm{d}x$.

解 $x=1$ 为瑕点，故

$$\int_0^3 \dfrac{1}{3(x-1)^{\frac{2}{3}}} \mathrm{d}x = \int_0^1 \dfrac{1}{3(x-1)^{\frac{2}{3}}} \mathrm{d}x + \int_1^3 \dfrac{1}{3(x-1)^{\frac{2}{3}}} \mathrm{d}x$$

$$= \lim_{x \to 1^-}(x-1)^{\frac{1}{3}}\Big|_0^1 + \lim_{x \to 1^+}(x-1)^{\frac{1}{3}}\Big|_1^3$$

$$= 1 + \sqrt[3]{2}.$$

例 8 计算反常积分 $\int_{-1}^1 \dfrac{1}{x} \mathrm{d}x$.

解 $x=0$ 为瑕点，故

$$\int_{-1}^1 \dfrac{1}{x} \mathrm{d}x = \int_{-1}^0 \dfrac{1}{x} \mathrm{d}x + \int_0^1 \dfrac{1}{x} \mathrm{d}x.$$

分别讨论 $\int_{-1}^0 \dfrac{1}{x} \mathrm{d}x$ 与 $\int_0^1 \dfrac{1}{x} \mathrm{d}x$ 的敛散性，

$$\int_{-1}^0 \dfrac{1}{x} \mathrm{d}x = \ln|x|\Big|_{-1}^0 = \lim_{x \to 0^-}\ln|x| - \ln 1 = -\infty,$$

$$\int_0^1 \dfrac{1}{x} \mathrm{d}x = \ln|x|\Big|_0^1 = \ln 1 - \lim_{x \to 0^+}\ln|x| = +\infty,$$

反常积分 $\int_{-1}^0 \dfrac{1}{x} \mathrm{d}x$ 与 $\int_0^1 \dfrac{1}{x} \mathrm{d}x$ 均发散，故 $\int_{-1}^1 \dfrac{1}{x} \mathrm{d}x$ 发散.

注 $\int_{-1}^1 \dfrac{1}{x} \mathrm{d}x = \ln|x|\Big|_{-1}^1 = 0$ 是错误的，理由是原函数 $\ln|x|$ 在 $x=0$ 点处不连续.

习 题 6.4

1. 求下列无穷区间上的反常积分值或说明它发散：

(1) $\int_1^{+\infty} \dfrac{\ln x}{x^2} \mathrm{d}x$;

(2) $\int_{-\infty}^1 \dfrac{1}{(2x-3)^2} \mathrm{d}x$;

(3) $\int_{-\infty}^{+\infty} 2x\mathrm{e}^{-x^2} \mathrm{d}x$;

(4) $\int_2^{+\infty} \dfrac{2}{x^2-1} \mathrm{d}x$.

2. 求下列无界函数的反常积分值或说明它发散：

(1) $\int_0^4 \dfrac{\mathrm{d}x}{\sqrt{4-x}}$;

(2) $\int_1^2 \dfrac{x\mathrm{d}x}{\sqrt{x-1}}$;

(3) $\int_1^\mathrm{e} \dfrac{\mathrm{d}x}{x\sqrt{1-(\ln x)^2}}$;

(4) $\int_0^2 \dfrac{\mathrm{d}x}{(x-1)^2}$.

3. 下列结论中正确的是（　　）.

A. $\int_1^{+\infty}\dfrac{\mathrm{d}x}{x(x+1)}$ 与 $\int_0^1\dfrac{\mathrm{d}x}{x(x+1)}$ 都收敛　　　B. $\int_1^{+\infty}\dfrac{\mathrm{d}x}{x(x+1)}$ 与 $\int_0^1\dfrac{\mathrm{d}x}{x(x+1)}$ 都发散

C. $\int_1^{+\infty}\dfrac{\mathrm{d}x}{x(x+1)}$ 发散，$\int_0^1\dfrac{\mathrm{d}x}{x(x+1)}$ 收敛　　　D. $\int_1^{+\infty}\dfrac{\mathrm{d}x}{x(x+1)}$ 收敛，$\int_0^1\dfrac{\mathrm{d}x}{x(x+1)}$ 发散

4. 已知 $\int_{-\infty}^{+\infty}\mathrm{e}^{k|x|}\mathrm{d}x=1$，则 $k=$ _____.

6.5 定积分在几何上的应用

本节先介绍微元法，然后学习定积分在几何上的应用.

6.5.1 微元法

首先回顾将曲边梯形的面积表示为定积分的步骤：

1）分割

在区间 $[a,b]$ 中任意插入 $n-1$ 个分点，将区间 $[a,b]$ 分成长度为 Δx_i（$i=1,2,\cdots,n$）的 n 个小区间. 相应地将曲边梯形分成 n 个小曲边梯形.

2）近似代替

第 i 个小曲边梯形的面积设为 ΔA_i，于是有

$$A=\sum_{i=1}^n \Delta A_i \quad (i=1,2,\cdots,n).$$

而

$$\Delta A_i \approx f(\xi_i)\Delta x_i \quad (x_{i-1}\leqslant \xi_i \leqslant x_i).$$

3）求和

$$A=\sum_{i=1}^n \Delta A_i \approx \sum_{i=1}^n f(\xi_i)\Delta x_i.$$

4）取极限

记 $\lambda=\max\{\Delta x_1,\Delta x_2,\cdots,\Delta x_n\}$，$A=\lim\limits_{\lambda\to 0}\sum\limits_{i=1}^n f(\xi_i)\Delta x_i=\int_a^b f(x)\mathrm{d}x$.

通过上述的四步，我们将所求量"曲边梯形的面积 A"表述为定积分的形式. 由此抽象出将所求量 U 表示为定积分的具体步骤：

（1）根据问题的实际意义画图，选取一个变量作为积分变量，并确定它的变化区间；

（2）设想将 $[a,b]$ 分成 n 个小区间，任一小区间记作 $[x,x+\mathrm{d}x]$，对应于这个小区间的部分量 $\mathrm{d}u$，则 $\mathrm{d}u=f(x)\mathrm{d}x$，则 $f(x)\mathrm{d}x$ 为面积元素；

(3) $U = \int_a^b \mathrm{d}u = \int_a^b f(x)\mathrm{d}x$.

上述用定积分表示具体问题的方法通常称为**微元法**.

6.5.2 平面图形的面积

1. 直角坐标系

由定积分的几何意义可知：由曲线 $y = f(x)$ ($f(x) > 0$)，x 轴与直线 $x = a$, $x = b$ ($a < b$) 所围成的曲边梯形的面积为

$$A = \int_a^b f(x)\mathrm{d}x.$$

若我们放松条件，不要求 $y = f(x)$ 一定是非负的，而面积为正值，故被积函数需取绝对值，那么所围图形的面积为

$$A = \int_a^b |f(x)|\mathrm{d}x.$$

直角坐标系下利用定积分来求平面图形的面积，可分成下面四种情形：

情形 1 由一条连续曲线 $y = f(x)$，x 轴及两条直线 $x = a$, $x = b$ ($a < b$) 所围成的平面图形（图 6-8）的面积为

$$A = \int_a^b |f(x)|\mathrm{d}x. \tag{6.5.1}$$

例 1 求由曲线 $y = -x^2$ 与 x 轴及直线 $x = 1$ 所围成的平面图形的面积.

解 画出曲线 $y = -x^2$ 与 x 轴及直线 $x = 1$ 所围成的平面图形的面积，如图 6-9 所示的阴影部分，$y = -x^2$ 与 $x = 1$ 的交点坐标为 $(1, -1)$. 划分 x 轴，取横坐标 x 为积分变量，面积元素

$$\mathrm{d}A = |-x^2|\mathrm{d}x.$$

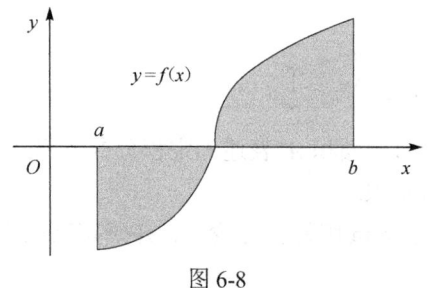

图 6-8

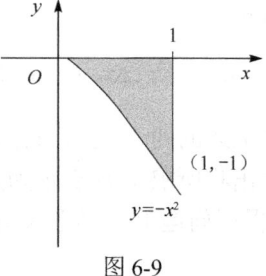

图 6-9

积分区间为[0,1], 则所围成图形的面积为

$$A = \int_0^1 \left|-x^2\right| dx = \int_0^1 x^2 dx = \frac{1}{3} x^3 \bigg|_0^1 = \frac{1}{3}.$$

情形 2 由两条连续曲线 $y = f(x), y = g(x)$ 及两条直线 $x = a, x = b$ $(a<b)$ 所围成的曲边梯形(图 6-10)的面积为

$$A = \int_a^b \left|f(x) - g(x)\right| dx. \qquad (6.5.2)$$

例 2 求由直线 $y = x+4$ 与曲线 $y = \frac{1}{2} x^2$ 所围成的平面图形的面积.

解 画出 $y = x+4$ 与 $y = \frac{1}{2} x^2$ 所围成的平面图形, 如图 6-11 所示的阴影部分, 解方程组

$$\begin{cases} y = x + 4, \\ y = \frac{1}{2} x^2, \end{cases}$$

得交点坐标为 $(-2,2)$ 与 $(4,8)$. 划分 x 轴, 取横坐标 x 为积分变量, 面积元素

$$dA = \left[(x+4) - \frac{x^2}{2}\right] dx.$$

积分区间为$[-2,4]$, 则所围成图形的面积为

$$A = \int_{-2}^4 \left[(x+4) - \frac{x^2}{2}\right] dx = \left(\frac{x^2}{2} + 4x - \frac{x^3}{6}\right)\bigg|_{-2}^4 = 18.$$

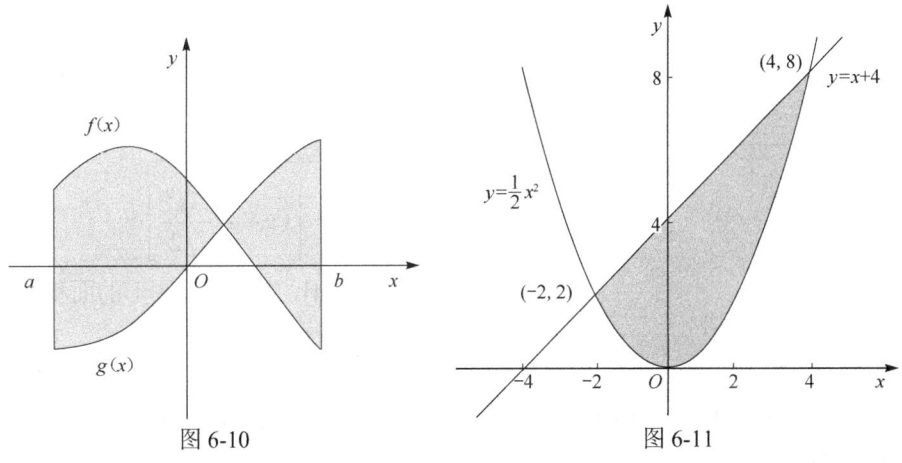

图 6-10   图 6-11

情形 3 由一条连续曲线 $x = \varphi(y)$, y 轴及两条直线 $y = c, y = d$ $(c<d)$ 所围成

的平面图形(图 6-12)的面积为

$$A = \int_c^d |\varphi(y)| dy. \quad (6.5.3)$$

情形 4 由两条连续曲线 $x = \varphi(y), x = \psi(y)$ 及两条直线 $y=c$, $y = d$ $(c<d)$ 所围成的曲边梯形(图 6-13)的面积为

$$A = \int_c^d |\varphi(y) - \psi(y)| dy. \quad (6.5.4)$$

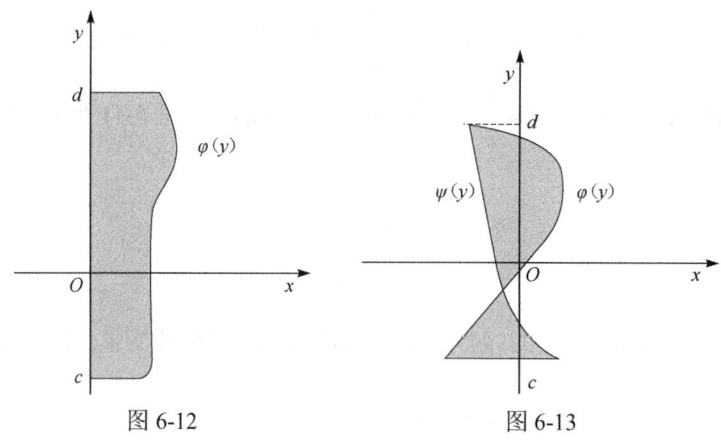

图 6-12   图 6-13

例 3 求由抛物线 $y^2 = 2x$ 与直线 $y = x - 4$ 所围成的平面图形的面积.

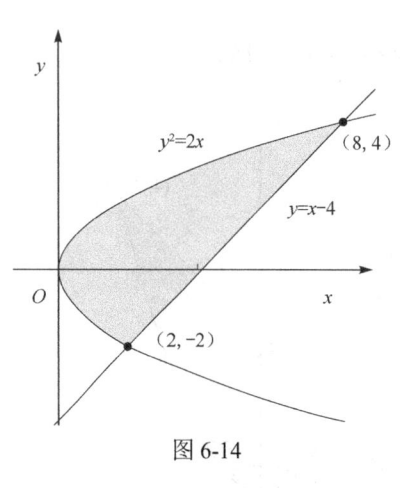

图 6-14

解 画出 $y^2 = 2x$ 与 $y = x - 4$ 所围成的平面图形, 如图 6-14 所示的阴影部分, 解方程组

$$\begin{cases} y^2 = 2x, \\ y = x - 4, \end{cases}$$

得交点坐标为 $(2,-2)$ 和 $(8,4)$. 划分 y 轴, 取纵坐标 y 为积分变量, 面积元素

$$dA = \left[(y+4) - \frac{y^2}{2}\right] dy.$$

积分区间为 $[-2,4]$, 则所围成图形的面积为

$$A = \int_{-2}^4 \left(y + 4 - \frac{y^2}{2}\right) dy = 18.$$

例 3 的平面图形由例 2 的平面图形翻转而来, 图形面积大小并没有改变, 但是积分变量的选择不同. 例 3 也可以通过划分 x 轴来求解, 但是积分区间需分为两段, 计算比较麻烦.

2. 极坐标系

对于某些与扇形有关的平面图形, 用极坐标来计算面积比较方便.

设平面图形是由曲线 $r = \varphi(\theta)$ 及射线 $\theta = \alpha$, $\theta = \beta$ 所围成的曲边扇形. 如图 6-15 所示, 取极角 θ 为积分变量, 则 $\alpha \leq \theta \leq \beta$, 在平面图形中任意截取一个小的曲边扇形, 面积记为 ΔA, 它是极角变化区间为 $[\theta, \theta+\mathrm{d}\theta]$ 上的窄曲边扇形, 面积元素为

$$\mathrm{d}A = \frac{1}{2}\varphi^2(\theta)\mathrm{d}\theta.$$

曲边扇形的面积为

$$A = \int_\alpha^\beta \frac{1}{2}\varphi^2(\theta)\mathrm{d}\theta. \tag{6.5.5}$$

例 4 计算阿基米德螺线

$$r = a\theta \quad (a > 0)$$

上相应于 θ 从 0 到 2π 的一段弧与极轴所围成的图形 (图 6-16) 的面积.

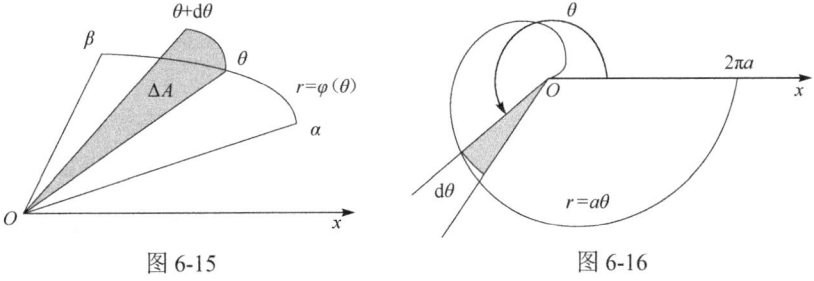

图 6-15　　　　　　　　图 6-16

解 指定 θ 的变化区间为 $[0, 2\pi]$. 相应于 $[0, 2\pi]$ 上任一小区间 $[\theta, \theta+\mathrm{d}\theta]$ 上的窄曲边扇形的面积元素为

$$\mathrm{d}A = \frac{1}{2}(a\theta)^2 \mathrm{d}\theta.$$

于是所求面积为

$$A = \int_0^{2\pi} \frac{1}{2}a^2\theta^2 \mathrm{d}\theta = \frac{1}{2}a^2 \left[\frac{1}{3}\theta^3\right]_0^{2\pi} = \frac{4}{3}a^2\pi^3.$$

6.5.3 旋转体的体积

在这里我们介绍几种比较常见的旋转体体积的求法.

1. 母线是一条曲线的情形

由一条连续曲线 $y=f(x)$ 和直线 $x=a, x=b(a<b)$ 及 x 轴所围平面图形绕 x 轴旋转一周所形成的旋转体,如图 6-17 所示,则该旋转体的体积 V_x 可由下式求出:

$$V_x = \int_a^b \pi f^2(x)\mathrm{d}x = \pi \int_a^b f^2(x)\mathrm{d}x.$$

同理,若立体是由连续曲线 $x=\varphi(y)$ 和直线 $y=c, y=d(c<d)$ 及 y 轴所围平面图形绕 y 轴旋转一周所形成的旋转体,如图 6-18 所示. 则该旋转体的体积 V_y 可由下式求出:

$$V_y = \int_c^d \pi\varphi^2(y)\mathrm{d}y = \pi \int_c^d \varphi^2(y)\mathrm{d}y.$$

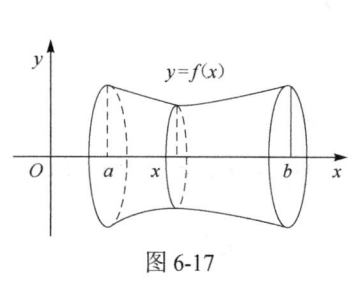

图 6-17

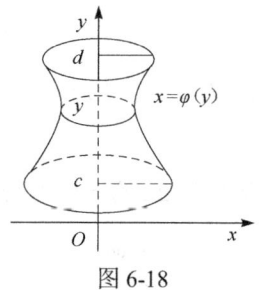

图 6-18

2. 母线是两条曲线的情形

由两条连续曲线 $y=f(x), y=g(x)$ 和直线 $x=a, x=b(a<b)$ 所围平面图形(图 6-19)绕 x 轴旋转一周所形成的旋转体,则该旋转体的体积 V_x 可由下式求出:

$$V_x = \int_a^b \pi f^2(x)\mathrm{d}x - \int_a^b \pi g^2(x)\mathrm{d}x = \pi \int_a^b [f^2(x)-g^2(x)]\mathrm{d}x. \tag{6.5.6}$$

同理,由两条连续曲线 $x=\varphi(y), x=\psi(y)$ 和直线 $y=c, y=d(c<d)$ 所围平面图形(图 6-20)绕 y 轴旋转一周所形成的旋转体,则该旋转体的体积 V_y 可由下式求出:

$$V_y = \int_c^d \pi\varphi^2(y)\mathrm{d}y - \int_c^d \pi\psi^2(y)\mathrm{d}y = \pi \int_c^d [\varphi^2(y)-\psi^2(y)]\mathrm{d}y. \tag{6.5.7}$$

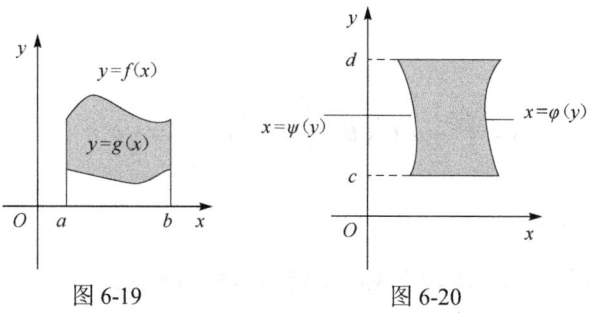

图 6-19　　　　图 6-20

例5 求由直线 $y=0$, $x=e$ 及曲线 $y=\ln x$ 所围平面图形绕 x 轴旋转一周所得的旋转体体积.

解 平面图形绕 x 轴旋转所得旋转体体积(图 6-21)

$$v_x = \int_1^e \pi y^2 dx = \pi \int_1^e \ln^2 x dx = \pi\left[x\ln^2 x \Big|_1^e - \int_1^e x d\ln^2 x \right]$$

$$= \pi e - \pi \int_1^e x \cdot 2\ln x \cdot \frac{1}{x} dx = \pi e - 2\pi \int_1^e \ln x dx$$

$$= \pi e - 2\pi \left(x\ln x \Big|_1^e - \int_1^e x \cdot \frac{1}{x} dx \right) = \pi e - 2\pi.$$

例6 求椭圆 $\dfrac{x^2}{9} + \dfrac{y^2}{4} = 1$ 绕 y 轴旋转一周所得的旋转体体积.

解 作椭圆图形(图 6-22),绕 y 轴旋转一周所得的旋转体体积

$$V_y = \pi \int_{-2}^2 x^2 dy = 2\pi \int_0^2 x^2 dy = 2\pi \int_0^2 9\left(1 - \frac{y^2}{4}\right) dy$$

$$= 2\pi \left(9y - \frac{3}{4} y^3 \right) \Big|_0^2 = 24\pi.$$

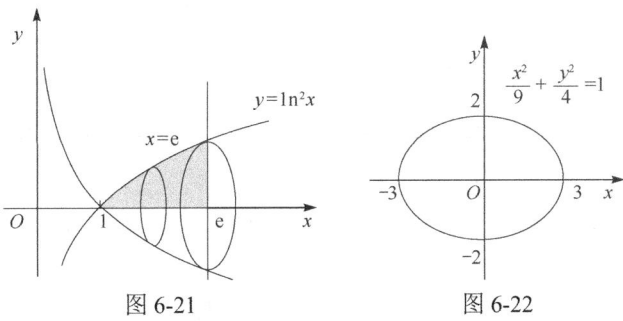

图 6-21　　　　图 6-22

例7 求圆 $x^2 + (y-2)^2 = 1$ 绕 x 轴旋转一周所得的旋转体体积.

解 作圆形(图 6-23),绕 x 轴旋转一周产生的旋转体体积为

$$V_x = \pi \int_{-1}^1 \left[\left(2+\sqrt{1-x^2}\right)^2 - \left(2-\sqrt{1-x^2}\right)^2 \right] dx$$

$$= 8\pi \int_{-1}^1 \sqrt{1-x^2} dx = 16\pi \int_0^1 \sqrt{1-x^2} dx$$

$$= 16\pi \cdot \frac{\pi}{4} = 4\pi^2.$$

对于由连续曲线 $y=f(x)$, x 轴及直线 $x=a$ 和 $x=b$ 所围成的平面图形,绕 y 轴旋转一周所得旋转体(图 6-24)体积可用"柱壳法(剥壳法)"来求.

取 $[x, x+\Delta x]$ $(\Delta x>0)$，$\Delta V_y \approx \pi(x+\Delta x)^2|f(x)|-\pi x^2|f(x)|=2\pi x|f(x)|\Delta x+\pi|f(x)|(\Delta x)^2$，由 $\pi|f(x)|(\Delta x)^2$ 是 Δx 的高阶无穷小，知 $2\pi x|f(x)|\Delta x$ 是 ΔV_y 的线性主部，即

$$dV_y = 2\pi x|f(x)|dx,$$

因此，该立体的体积为

$$V_y = 2\pi \int_a^b x|f(x)|dx.$$

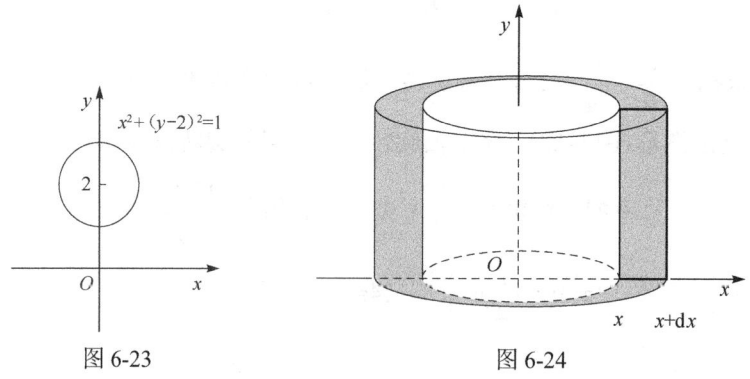

图 6-23   图 6-24

对于例 6，可用柱壳法求它的体积.

椭圆 $\dfrac{x^2}{9}+\dfrac{y^2}{4}=1$ 绕 y 轴旋转一周所得的旋转体体积，可看作由曲线 $f(x)=2\sqrt{1-\dfrac{x^2}{9}}$ 和曲线 $g(x)=-2\sqrt{1-\dfrac{x^2}{9}}$ 分别绕 y 轴旋转一周所得的旋转体体积的和. 而

$$V_1 = 2\pi\int_0^3 x|f(x)|dx = 2\pi\int_0^3 x\cdot 2\sqrt{1-\dfrac{x^2}{9}}dx$$

$$= -18\pi\int_0^3 \sqrt{1-\dfrac{x^2}{9}}d\left(1-\dfrac{x^2}{9}\right) = -18\pi\cdot\dfrac{2}{3}\left(1-\dfrac{x^2}{9}\right)^{\frac{3}{2}}\Big|_0^3 = 12\pi,$$

$$V_2 = 2\pi\int_0^3 x|g(x)|dx = 2\pi\int_0^3 x\cdot 2\sqrt{1-\dfrac{x^2}{9}}dx = 12\pi,$$

$$V_y = V_1 + V_2 = 24\pi.$$

6.5.4 平行截面面积为已知的立体的体积

由旋转体体积的计算过程可以发现：如果知道该立体上垂直于一定轴的各个截面的面积，那么这个立体的体积也可以用定积分来计算.

如图 6-25, 取定轴为 x 轴, 且设该立体在过点 $x=a$, $x=b$ 且垂直于 x 轴的两个平面之内, 以 $A(x)$ 表示过点 x 且垂直于 x 轴的截面面积.

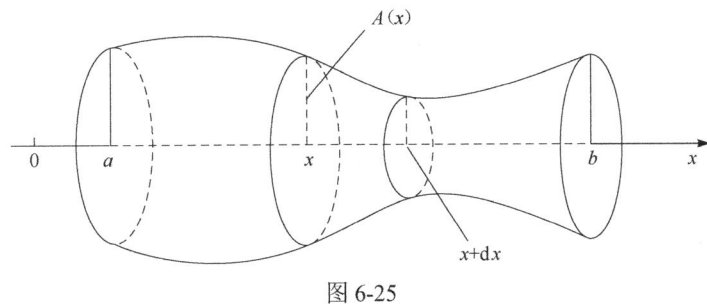

图 6-25

取 x 为积分变量, 它的变化区间为 $[a,b]$. 立体中相应于 $[a,b]$ 上任一小区间 $[x, x+dx]$ 的一薄片的体积近似于底面积为 $A(x)$, 高为 dx 的扁圆柱体的体积. 即, 体积元素为

$$dV = A(x)dx.$$

于是, 该立体的体积为

$$V = \int_a^b A(x)dx.$$

例 8 计算椭圆 $\dfrac{x^2}{a^2}+\dfrac{y^2}{b^2}=1$ 所围成的图形绕 x 轴旋转而成的立体体积.

解 旋转体可看作由上半个椭圆 $y=\dfrac{b}{a}\sqrt{a^2-x^2}$ 及 x 轴所围成的图形绕 x 轴旋转所生成的立体 (图 6-26).

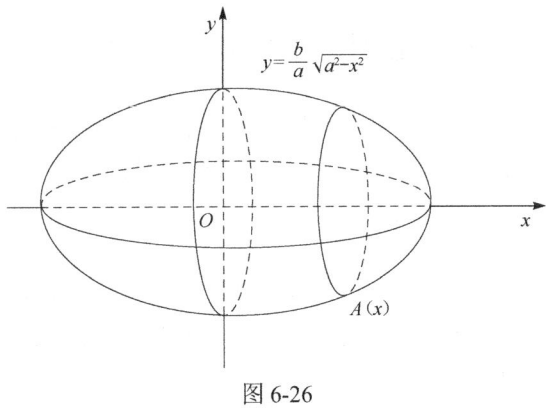

图 6-26

在 x 处 $(-a \leqslant x \leqslant a)$, 用垂直于 x 轴的平面去截立体所得截面积为

$$A(x) = \pi \cdot \left(\frac{b}{a}\sqrt{a^2-x^2}\right)^2,$$

因此

$$V_x = \int_{-a}^{a} A(x)\mathrm{d}x = \frac{\pi b^2}{a^2}\int_{-a}^{a}(a^2-x^2)\mathrm{d}x = \frac{4}{3}\pi ab^2.$$

习 题 6.5

1. 求由下列曲线所围成的图形的面积:

(1) $y = x, y = x^2$;

(2) $y = 3 - x^2, y = 2x$;

(3) $y = \ln x, y = 0, y = 1, x = 0$;

(4) $y = e^x, y = 0, x = 0, x = 1$;

(5) $2y^2 = x + 4, y^2 = x$;

(6) $xy = 1, y = x, x = 3$;

(7) $y = x^2$ 与 $y = 2x - x^2$;

(8) $y = \cos x, \ y = \sin x, \ x = 0, \ x = \pi$.

2. 设曲线的极坐标方程为 $\rho = \mathrm{e}^{a\theta}(a>0)$, 求该曲线上相应于 θ 从 0 到 2π 的一段弧与极轴所围成的图形的面积.

3. 计算心形线 $r = a(1+\cos\theta)\ (a>0)$ 所围成的图形的面积.

4. 求由下列曲线所围成的平面图形绕指定旋转轴旋转所成的旋转体的体积:

(1) $y = x^2, x = y^2$ 绕 y 轴旋转;

(2) $xy = a^2, y = 0, x = a, x = 2a\ (a>0)$ 绕 x 轴旋转;

(3) $x^2 + (y-5)^2 = 16$ 绕 x 轴旋转;

(4) $y = x^2, y = x$ 绕 x 轴旋转;

(5) $y = \cos x, y = 0, \ x = 0, x = \pi$ 绕 y 轴旋转;

(6) $x^2 + y^2 = R^2$ 绕 y 轴旋转.

6.6 定积分在经济上的应用

积分学在经济学中主要应用于由边际函数求总量、投资、消费者剩余与生产者剩余、现金流量的现值与将来值、国民收入分配等问题.

6.6.1 已知边际函数求总量问题

已知边际函数求总函数是积分在经济中最典型、最常见的应用. 例如, 已知边际成本求总成本; 已知边际收益求总收益; 已知边际利润求总利润.

(1) 边际成本函数

$$\frac{\mathrm{d}C(Q)}{\mathrm{d}Q} = C'(Q). \tag{6.6.1}$$

(2) 边际收益函数
$$\frac{\mathrm{d}R(Q)}{\mathrm{d}Q} = R'(Q). \tag{6.6.2}$$

(3) 边际利润函数
$$\frac{\mathrm{d}L(Q)}{\mathrm{d}Q} = L'(Q). \tag{6.6.3}$$

总成本函数可以表示为
$$C(Q) = \int_0^Q C'(Q)\mathrm{d}Q + C_0. \tag{6.6.4}$$

总收益函数为
$$R(Q) = \int_0^Q R'(Q)\mathrm{d}Q. \tag{6.6.5}$$

总利润函数为
$$L(Q) = \int_0^Q L'(Q)\mathrm{d}Q = \int_0^Q \left[R'(Q) - C'(Q)\right]\mathrm{d}Q - C_0. \tag{6.6.6}$$

例 1 已知边际成本函数 $C'(Q) = 3Q^2 - 118Q + 1315$，又固定成本是 2000，试确定总成本函数.

解 总成本函数
$$\begin{aligned} C(Q) &= \int_0^Q (3Q^2 - 118Q + 1315)\mathrm{d}Q + C_0 \\ &= Q^3 - 59Q^2 + 1315Q + 2000. \end{aligned}$$

例 2 已知某产品的边际成本 $C'(Q) = 1$（万元/百台），边际收益 $R'(Q) = 5 - Q$（万元/百台），其中 Q 为产量，固定成本 1 万元，求

(1) 收益函数和成本函数；

(2) 产量等于多少时利润最大？

解 (1) 收益函数
$$R(Q) = \int_0^Q R'(Q)\mathrm{d}Q = \int_0^Q (5-Q)\mathrm{d}Q = 5Q - \frac{1}{2}Q^2.$$

成本函数
$$C(Q) = \int_0^Q C'(Q)\mathrm{d}Q + C_0 = \int_0^Q \mathrm{d}Q + 1 = Q + 1.$$

于是利润函数为
$$\begin{aligned} L(Q) &= R(Q) - C(Q) \\ &= \left(5Q - \frac{1}{2}Q^2\right) - (Q+1) = -\frac{1}{2}Q^2 + 4Q - 1. \end{aligned}$$

(2) 边际利润为 $L'(Q) = 4 - Q$,令 $L'(Q) = 0$,得驻点 $Q = 4$.

对于实际问题,最大利润存在,驻点唯一,故产量是 4 百台时,利润最大.

6.6.2 消费者剩余与生产者剩余问题

在经济生活中,消费者和生产者是两大群体,影响消费者的需求、生产者的供给的主要因素是价格. 如果不考虑价格以外的其他因素,需求量、供给量与价格的关系是:

商品价格越低,需求量越大; 商品价格越高,需求量越小.

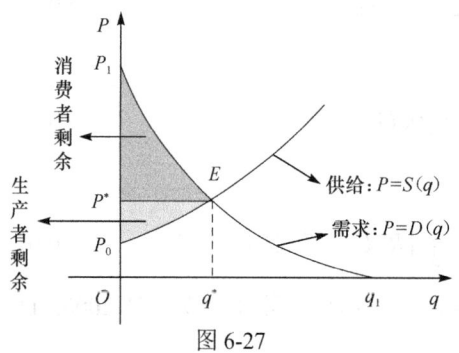

图 6-27

商品价格越高,供给量越大; 商品价格越低,供给量越小.

这种规律可用供求曲线(图6-27)描述.

需求量与供应量都是价格的函数,用纵坐标表示价格,横坐标表示需求量和供给量. 在市场经济下,价格和数量在不断调整,最后趋向于平衡价格和平衡数量,分别用 P^* 和 q^* 表示,也即供给曲线与需求曲线的交点 E.

下面介绍消费者剩余与生产者剩余的相关概念.

1. 消费者剩余

消费者剩余(CS)就是某商品价值与其价格之间的差额,或者说是消费者根据自己对商品效用的评价所愿意支付的价格与实际付出的价格的差额. 由图 6-27 可知,消费者剩余

$$\text{CS} = \int_0^{q^*} (D(q) - P^*) \mathrm{d}q. \tag{6.6.7}$$

2. 生产者剩余

生产者剩余(PS)是指生产者出售一定量商品或服务实际获得的价格与生产者可以接受的最低价格之差,是对生产者从交易中所得利益的一种货币度量. 由图 6-27 可知,生产者剩余

$$\text{PS} = \int_0^{q^*} (P^* - S(q)) \mathrm{d}q. \tag{6.6.8}$$

例 3 设需求函数 $D(q) = 8 - \dfrac{q}{3}$,供给函数 $S(q) = \dfrac{q}{2} - \dfrac{9}{2}$,求消费者剩余和生产者剩余.

解 首先求出平衡价格和平衡数量,

$$8 - \frac{q}{3} = \frac{q}{2} - \frac{9}{2},$$

解得

$$q^* = 15, \quad P^* = 3.$$

则

$$\text{CS} = \int_0^{q^*} (D(q) - P^*) \, dq = \int_0^{15} \left(8 - \frac{q}{3} - 3\right) dq$$

$$= \int_0^{15} \left(5 - \frac{q}{3}\right) dq = \left.\left(5q - \frac{q^2}{6}\right)\right|_0^{15} = \frac{75}{2},$$

$$\text{PS} = \int_0^{q^*} (P^* - S(q)) \, dq = \int_0^{15} \left[3 - \left(\frac{q}{2} - \frac{9}{2}\right)\right] dq$$

$$= \int_0^{15} \left(\frac{15}{2} - \frac{q}{2}\right) dq = \left.\left(\frac{15}{2} q - \frac{q^2}{4}\right)\right|_0^{15} = \frac{225}{4}.$$

6.6.3 投资问题

1. 现金流量的现值

设 $f(t)$ 为收入流(或支出流), 在 $[0,T]$ 上任一时间段 $[t, t+dt]$ 内的收入(或支出)为 $f(t)\,dt$, 若按年率 r 作连续复利计息, 其现值为 $f(t)\,e^{-rt}dt$, 则在 $[0,T]$ 内收入(或支出)的现值 P 为

$$P = \int_0^T f(t) e^{-rt} \, dt. \tag{6.6.9}$$

2. 现金流量的将来值

设 $f(x)$ 为收入流(或支出流), 在 $[0,T]$ 上任一时间段 $[t, t+dt]$ 内的收入(或支出)为 $f(t)\,dt$, 在以后 $(T-t)$ 期间内若按年率 r 作连续复利计息, 其将来值为 $f(t)\,e^{r(T-t)}dt$, 则在 $[0,T]$ 内收入(或支出)的将来值 B 为

$$B = \int_0^T f(t) e^{r(T-t)} \, dt. \tag{6.6.10}$$

若收入流(或支出流) $f(t) = a$ (常数), 则称此为**均匀收入流**(或**支出流**).

例 4 求收入流为 1000(元/年)在 20 年时间内的现值与将来值, 这里以 10% 的年利率连续复利方式赢取利息.

解 据公式有现值

$$P = \int_0^{20} 1000 \cdot e^{-0.1t} \, dt = -\frac{1000}{0.1} e^{-0.1t} \bigg|_0^{20}$$

$$= 10000(1 - e^{-2}) \approx 8646.65 \,(\text{元}).$$

将来值
$$P = \int_0^{20} 1000 \cdot e^{0.1(20-t)} dt = -\frac{1000}{0.1} e^{0.1(20-t)} \Big|_0^{20}$$
$$= 10000(e^2 - 1) \approx 63890.56 \,(元).$$

例5 一栋楼房现价 5000 万元,分期付款购买,10 年付清,每年付款数相同,若贴现率为 4%,按连续复利计算,每年应付款多少万元?

解 10 年付清,每年付款数相同,这是均匀现金流量. 设每年付款 A 万元,现值 $P=5000$,于是
$$P = \int_0^{10} A e^{-0.04t} dt = 5000,$$
整理得
$$\frac{A}{0.04}(1 - e^{-0.04 \times 10}) = 5000,$$
解得
$$A \approx 606.61.$$
故每年应付款约 606.61 万元.

3. 净投资与资本存量

净投资是指扣除固定资产折旧的投资,是实际增加资本存量的投资.

资本存量是指经济社会在一定时点上资本的总量,即投资的累计量.

设一个经济体的净投资流量函数为 $f(t)$,一定时点的资本存量函数为 $F(t)\left(\dfrac{dF(t)}{dt} = f(t)\right)$,则从 a 时期到 b 时期净投资与资本存量之间的关系可用定积分表示为
$$F(b) - F(a) = \int_a^b f(t) dt. \tag{6.6.11}$$

例6 假设某个体老板在时期 $t=0$ 时拥有资本存量 500000 元,除了资本折旧之外,计划在未来 10 年以 $f(t) = 600t^2$ 的速度进行新资本投资,计算从现在开始 10 年后的计划资本存量.

解 由净投资与资本存量之间的关系,有
$$F(10) - F(0) = \int_0^{10} f(t) dt = \int_0^{10} 600t^2 dt = 200 \times 10^3 = 200000 \,(元),$$
又
$$F(0) = 500000 \,(元),$$
所以,10 年后的计划资本存量
$$F(10) = 500000 + 200000 = 700000 \,(元).$$

6.6.4 国民收入分配

我们先来了解洛伦兹曲线(图 6-28).

图 6-28 中, x 轴表示人口(按收入由低到高分组)的累计百分比, y 表示收入的累计百分比.

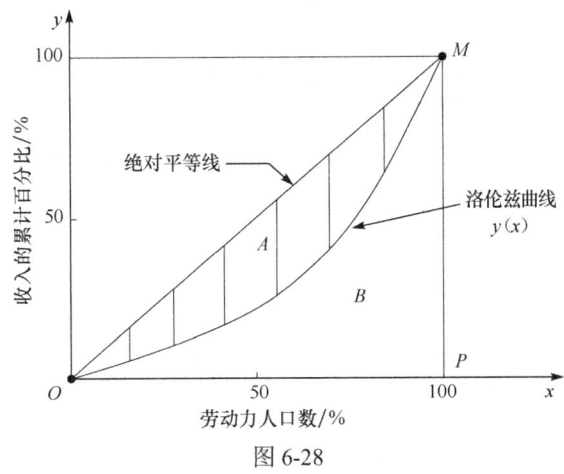

图 6-28

OM 为 45 度线, 在这条线上, 人口累计百分比等于收入累计百分比, 表明收入分配完全平等, 称为**绝对平等线**.

折线 OPM 表明收入分配极度不平等, 全部收入集中在一个人手中, 称为**绝对不平等线**.

介于二线之间的实际收入分配曲线就是**洛伦兹曲线**.

易见洛伦兹曲线与绝对平等线的偏离程度的大小(即图示阴影面积), 决定了该国国民收入分配不平等的程度. 洛伦兹曲线与绝对平等线 OM 越接近, 收入分配越平等, 与绝对不平等线折线 OPM 越接近, 收入分配越不平等.

假定该国某一时期国民收入分配的洛伦兹曲线可近似表示 $y = f(x)$, 则

$$A = \int_0^1 [x - f(x)] dx = \frac{1}{2} x^2 \Big|_0^1 - \int_0^1 f(x) dx = \frac{1}{2} - \int_0^1 f(x) dx.$$

即

$$\text{不平等面积 } A = \text{最大不平等面积} (A + B) - B = \frac{1}{2} - \int_0^1 f(x) dx.$$

1922 年, 意大利经济学家基尼根据洛伦兹曲线, 设实际收入分配曲线和收入分配绝对平等曲线之间的面积为 A, 实际收入分配曲线右下方的面积为 B, 以 $\dfrac{A}{A+B}$ 表示不平等程度. 这个数值被称为**基尼系数**, 记作 G,

$$G = \frac{A}{A+B} = \frac{\frac{1}{2} - \int_0^1 f(x)\mathrm{d}x}{\frac{1}{2}} = 1 - 2\int_0^1 f(x)\mathrm{d}x. \qquad (6.6.12)$$

显然, $G=0$ 时, 是绝对平等情形; $G=1$ 时, 是绝对不平等情形.

例 7 假设某国某年的洛伦兹曲线近似地由 $y = x^3$ ($x \in [0,1]$) 表示, 试求该国的基尼系数.

解 设实际收入分配曲线和收入分配绝对平等曲线之间的面积为 A, 实际收入分配曲线右下方的面积为 B, 则

$$G = \frac{A}{A+B} = 1 - 2\int_0^1 f(x)\mathrm{d}x = 1 - 2\int_0^1 x^3 \mathrm{d}x = \frac{1}{2}.$$

习 题 6.6

1. 已知某产品的边际收益函数 $R'(Q) = 200 - \dfrac{Q}{100}$, 求:

(1) 生产 380 件时的总收益?

(2) 已经生产了 100 件, 再生产 100 件, 收益将增加多少?

2. 设某产品总产量 Q 的变化率为 $f(t) = 200 + 5t - 0.5t^2$, 求:

(1) 在 $2 \leqslant t \leqslant 6$ 这段时间中该产品总产量的增加量;

(2) 总产量函数 $Q(t)$.

3. 假设某国某年的洛伦兹曲线近似地由 $y = x^2$ ($x \in [0,1]$) 表示, 试求该国的基尼系数.

本 章 小 结

一、本章主要知识点

(1) 定积分的概念与性质.

(2) 变上限函数.

(3) 微积分基本定理——牛顿-莱布尼茨公式.

(4) 定积分的积分法——换元积分法与分部积分法.

(5) 两种类型的反常积分——无穷限反常积分与无界不连续函数的反常积分.

(6) 定积分的应用——几何应用与经济应用.

二、本章教学重点

(1) 微积分基本定理.

(2) 变上限函数求导数.

(3) 定积分的换元积分法与分部积分法.

(4) 定积分的应用.

三、本章教学难点

(1) 定积分概念的理解.

(2) 利用换元积分法和积分中值定理的证明题.

(3) 定积分的经济应用.

四、本章知识体系图

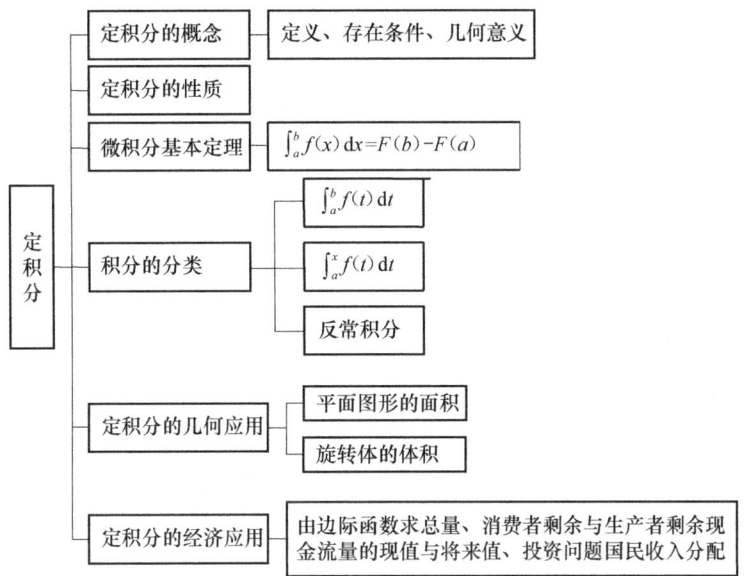

总 习 题 6

1. 计算下列极限:

(1) $\lim\limits_{x \to 0} \dfrac{\int_0^x \tan^2 t \, dt}{x^3}$;

(2) $\lim\limits_{x \to 0} \dfrac{\int_0^x e^{t^2} dt}{\int_0^x e^{2t^2} dt}$;

(3) $\lim\limits_{n \to \infty} \dfrac{1}{n}\left[\sqrt{1+\cos\dfrac{\pi}{n}} + \sqrt{1+\cos\dfrac{2\pi}{n}} + \cdots + \sqrt{1+\cos\dfrac{n\pi}{n}}\right]$;

(4) $\lim\limits_{n \to \infty}\left(\dfrac{\sin\dfrac{\pi}{n}}{n+1} + \dfrac{\sin\dfrac{2\pi}{n}}{n+\dfrac{1}{2}} + \cdots + \dfrac{\sin\pi}{n+\dfrac{1}{n}}\right)$.

2. 设 $f(x)$ 为连续函数, 试求:

(1) $\dfrac{d}{dx}\int_0^x (x-t)f(t)dt$;

(2) $\dfrac{d}{dx}\int_1^2 f(x^2+t)dt$;

(3) $\dfrac{d}{dx}\int_0^1 f(xt)dt$.

3. 求由方程 $\int_0^y e^{t^2} dt + \int_0^x \cos t^2 dt = 0$ 所决定的隐函数 $y(x)$ 的导数 $\dfrac{dy}{dx}$.

4. 求函数 $f(x) = \int_1^{x^2} (x^2 - t) e^{-t^2} dt$ 的单调区间与极值.

5. 计算下列定积分:

(1) $\int_0^2 |1-x| dx$;

(2) $\int_{-1}^1 \dfrac{x}{5-4x} dx$;

(3) $\int_{\frac{1}{e}}^e \dfrac{\ln^2 x}{x} dx$;

(4) $\int_0^{\frac{\pi}{2}} \sin x \cos^3 x \, dx$;

(5) $\int_0^3 \dfrac{dx}{(1+x)\sqrt{x}}$;

(6) $\int_0^{-\ln 2} \sqrt{1-e^{2x}} \, dx$;

(7) $\int_{-1}^1 \dfrac{dx}{x^2+x+1}$;

(8) $\int_0^{\frac{\pi}{2}} \dfrac{\sin x \, dx}{1+\sin x + \cos x}$.

6. 计算下列反常积分:

(1) $\int_e^{+\infty} \dfrac{dx}{x \ln^2 x}$;

(2) $\int_1^{+\infty} \dfrac{dx}{x\sqrt{x^2-1}}$;

(3) $\int_1^e \dfrac{dx}{x\sqrt{1-(\ln x)^2}}$;

(4) $\int_1^{+\infty} \dfrac{dx}{x(1+x^2)}$;

(5) $\int_0^{+\infty} \dfrac{dx}{\sqrt{x(x+1)^3}}$;

(6) $\int_0^2 \dfrac{dx}{\sqrt[3]{(x-1)^2}}$.

7. 设函数 $f(x) = \begin{cases} 0, & x \in \left[0, \dfrac{1}{2}\right) \cup \left(\dfrac{1}{2}, 1\right], \\ 1, & x = \dfrac{1}{2}, \end{cases}$ $F(x) = \int_0^x f(t) dt, x \in [0,1]$, 证明 $F(x)$ 在 $[0,1]$ 上不是 $f(x)$ 的原函数.

8. 设 $f(x) = \dfrac{1}{1+x^2} + 1 - x^2 \int_0^1 f(x) dx$, 求 $\int_0^1 f(x) dx$.

9. 设 $f(x) = \begin{cases} xe^{-x^2}, & x \geqslant 0, \\ \dfrac{1}{1+\cos x}, & -1 < x < 0, \end{cases}$ 计算 $\int_1^4 f(x-2) dx$.

10. 求由 $y = \sin x$, $y = \cos x$, $x = 0$, $x = 2\pi$ 围成的平面图形的面积.

11. 求曲线 $y = x^2 - 2x$, $y = 0$, $x = 1$, $x = 3$ 所围成的平面图形的面积.

12. 求由抛物线 $y = 1 - x^2$ 及其在点 $(1, 0)$ 处的切线和 y 轴所围成的平面图形的面积.

13. 求 $r = a\sin 3\theta$ 所围成图形的面积 $(a > 0)$.

14. 求 $r^2 = a^2 \cos 2\theta$ 所围成图形的面积 $(a > 0)$.

15. 求由 $x^2 + y^2 \leqslant 2x, y \geqslant x$ 确定的平面图形绕直线 $x = 2$ 旋转而成的旋转体的体积.

16. 求由 $x^2+y^2=4, x^2=-4(y-1), y>0$ 围成的平面图形绕 x 轴旋转一周而成的体积.

17. 过点 $(0,1)$ 作曲线 $L: y=\ln x$ 的切线, 切点为 A, 又 L 与 x 轴交于 B 点, 区域 D 由 L 与直线 AB 及 x 轴围成, 求区域 D 的面积及 D 绕 x 轴旋转一周所得旋转体的体积.

18. 设 D_1 是由抛物线 $y=2x^2$ 和直线 $x=a, x=2$ 及 $y=0$ 所围成的平面区域; D_2 是由抛物线 $y=2x^2$ 和直线 $x=a, y=0$ 所围成的平面区域, 其中 $0<a<2$.

(1) 求 D_1 绕 x 轴旋转而成的旋转体体积 V_1; D_2 绕 y 轴旋转而成的旋转体体积 V_2.

(2) 问当 a 为何值时, V_1+V_2 取得最大值? 求此最大值.

19. 设商品的需求函数 $Q=100-5p$ (其中: Q 为需求, p 为单价)、边际成本函数

$$C'(Q)=15-0.05Q \quad \text{且} \quad C(0)=12.5,$$

问: 当 p 为什么值时? 工厂的利润达到最大? 试求出最大利润.

20. 已知生产某产品的固定成本为 6 万元, 边际收益与边际成本 (单位:万元/百台) 分别为

$$R'(Q)=33-8Q, \quad C'(Q)=3Q^2-18Q+36.$$

(1) 求当产量由 1 百台增加到 4 百台时, 总收益与总成本各增加多少?

(2) 求产量为多少时, 总利润最大?

(3) 求最大总利润时的总收益、总成本、总利润.

自 测 题 6

(满分 100 分, 测试时间 100 分钟)

一、填空题(本题共 10 个小题, 每小题 2 分, 共 20 分)

1. 曲边梯形由 y 轴, $y=2$ 及 $y=x^2(x \geq 0)$ 围成, 则曲边梯形的面积可用定积分表示为 $A=$ _____.

2. 设函数 $f(x)=\begin{cases} \dfrac{1}{x^3}\int_0^x \sin t^2 dt, & x \neq 0, \\ a, & x=0 \end{cases}$ 在 $x=0$ 处连续, 则 $a=$ _____.

3. 函数 $f(x)$ 在闭区间 $[a,b]$ 上有界是 $f(x)$ 在 $[a,b]$ 上可积的 _____; 而 $f(x)$ 在闭区间 $[a,b]$ 上连续, 是 $f(x)$ 在 $[a,b]$ 上可积的 _____.

4. 设 $f(x)$ 有一个原函数 $\dfrac{\sin x}{x}$, 则 $\int_{\frac{\pi}{2}}^{\pi} x f'(x) dx =$ _____.

5. $\lim\limits_{x \to 0} \dfrac{\int_0^{\sin x} \sin(t^2) dt}{x^3+x^4} =$ _____.

6. 设 $f(x)$ 是连续函数，且 $F(x) = \int_x^{e^{-x}} f(t)dt$，则 $F'(x) = $ _____．

7. $\int_{-\pi}^{\pi} \sin x \cdot \cos x dx = $ _____．

8. $\int_0^{\pi} t\sin t dt = $ _____．

9. $\int_e^{+\infty} \dfrac{dx}{x\ln^2 x} = $ _____．

10. 设 $f(x)$ 是连续函数，且 $f(x) = x + 2\int_0^1 f(t)dt$，则 $f(x) = $ _____．

二、单选题(本题共 5 个小题，每小题 2 分，共 10 分)

1. 下列结论正确的是( )．

① $\int f(x)dx$ 是 $f(x)$ 的全体原函数；

② $\int_a^x f(x)dx$ 是 $f(x)$ 的全体原函数；

③ $\int_a^b f(x)dx$ 是 $f(x)$ 的任意一个原函数在区间 $[a,b]$ 上的增量；

④ $\int_a^x f(x)dx$ 是 $f(x)$ 的一个原函数．

A. ①②③ B. ①②④ C. ②③④ D. ①③④

2. 设 $f(x)$ 是连续函数，$F(x)$ 是 $f(x)$ 的原函数，则( )．

A. 当 $f(x)$ 是奇函数时，$F(x)$ 必为偶函数

B. 当 $f(x)$ 是偶函数时，$F(x)$ 必为奇函数

C. 当 $f(x)$ 是周期函数时，$F(x)$ 必为周期函数

D. 当 $f(x)$ 是单调递增函数时，$F(x)$ 必为单调递增函数

3. 设在区间 $[a,b]$ 上，$f(x)>0$，$f'(x)<0$，$f''(x)>0$，令 $s_1 = \int_a^b f(x)dx$，$s_2 = f(b)(b-a)$，$s_3 = \dfrac{1}{2}[f(a)+f(b)](b-a)$，则( )．

A. $s_1<s_2<s_3$ B. $s_2<s_1<s_3$ C. $s_3<s_1<s_2$ D. $s_2<s_3<s_1$

4. 如图 6-29 所示，连续函数 $y=f(x)$ 在区间 $[-3,-2]$，$[2,3]$ 上的图形分别是直径为 1 的上、下半圆周，在区间 $[-2,0]$，$[0,2]$ 的图形分别是直径为 2 的下、上半圆周，设 $F(x) = \int_0^x f(t)dt$，则下列结论正确的是( )．

A. $F(3) = -\dfrac{3}{4}F(-2)$ B. $F(3) = \dfrac{5}{4}F(2)$

C. $F(-3) = \dfrac{3}{4}F(2)$ D. $F(-3) = -\dfrac{5}{4}F(-2)$

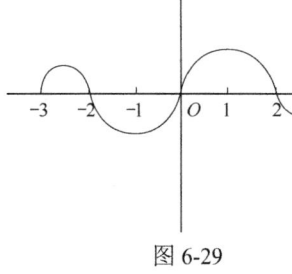

图 6-29

5. 设 $f(x)=\int_0^{1-\cos x}\sin t^2\mathrm{d}t$，$g(x)=\dfrac{x^5}{5}+\dfrac{x^6}{6}$，则当 $x\to 0$ 时，$f(x)$ 是 $g(x)$ 的（　　）.

A. 低阶无穷小　　　B. 高阶无穷小　　　C. 等价无穷小　　　D. 同阶但不是等价无穷小

三、计算题(本题共 6 个小题，每小题 8 分，共 48 分)

1. $\int_{\frac{\pi}{6}}^{\frac{\pi}{3}}\tan^2 x\mathrm{d}x$.

2. $\int_0^1 t^2\mathrm{e}^t\mathrm{d}t$.

3. $\int_1^{+\infty}\dfrac{\mathrm{d}x}{x\sqrt{x^2-1}}$.

4. 设 $f(x)=\begin{cases}\dfrac{1}{x^3}\mathrm{e}^{\frac{1}{x}}, & x>1,\\ \arcsin x, & -1\leqslant x\leqslant 1,\end{cases}$ 求 $\int_{-1}^2 f(x)\mathrm{d}x$.

5. 求由抛物线 $y^2=4x$ 及其在点 $(1,2)$ 处的法线所围成的平面图形的面积.

6. 求由曲线 $y=\dfrac{3}{x}$ 和 $x+y=4$ 所围成的平面图形面积 S 及由此平面图形绕 x 轴旋转而成的旋转体的体积 V_x.

四、证明题(本题 10 分)

设 $f(x),g(x)$ 在 $[a,b]$ 上连续，且 $g(x)>0$，利用闭区间上连续函数的性质，证明存在一点 $\xi\in[a,b]$，使得 $\int_a^b f(x)g(x)\mathrm{d}x=f(\xi)\int_a^b g(x)\mathrm{d}x$.

五、解答题(本题 12 分)

设生产某种产品的固定成本为 50，边际成本 $C'(Q)=Q^2-14Q+111$，边际收益 $R'(Q)=100-2Q$，试确定该厂商的最大利润.

第7章 无穷级数

无穷级数在微积分学中占有重要地位,它是研究函数的性质、表示函数以及进行数值计算的有力工具,在经济学、管理学的许多领域有广泛的应用.本章首先介绍常数项级数的一些基本概念、性质和判断其敛散性的常见方法,然后讨论函数项级数,并研究如何将函数展开成幂级数和三角级数.

7.1 常数项级数的概念和性质

7.1.1 常数项级数的概念

人们认识事物在数量方面的特性,往往有一个由简单到复杂的过程.在这种认识过程中,最常见的是由有限个量到无穷多个量相加的问题.

我国古代哲学家庄周所著的《庄子·天下篇》中有这样一句话:"一尺之棰,日取其半,万世不竭."其含义是一根一尺长的木棒,每天截下一半,这样的过程可以无限地进行下去.如果我们把每天截下来的那一部分长度"加"起来,则得到

$$\frac{1}{2}+\frac{1}{2^2}+\frac{1}{2^3}+\cdots+\frac{1}{2^n}+\cdots,$$

这就是"无穷多个数相加",从直观上可以看到,它的和是 1.

定义1 一般地,给定一个数列

$$u_1, u_2, \cdots, u_n, \cdots,$$

由这个数列构成的表达式

$$u_1 + u_2 + \cdots + u_n + \cdots$$

称为**(常数项)无穷级数**,简称**(常数项)级数**,记为 $\sum_{n=1}^{\infty} u_n$,即

$$\sum_{n=1}^{\infty} u_n = u_1 + u_2 + \cdots + u_n + \cdots,$$

其中第 n 项 u_n 称为**级数的一般项**.

例如

$$\sum_{n=1}^{\infty} (-1)^{n+1} = 1 - 1 + 1 + \cdots + (-1)^{n+1} + \cdots,$$

$$\sum_{n=1}^{\infty}\frac{1}{n^3}=1+\frac{1}{2^3}+\cdots+\frac{1}{n^3}+\cdots,$$

$$\sum_{n=1}^{\infty}(-1)^n\frac{1}{n}=-1+\frac{1}{2}+\cdots+(-1)^n\frac{1}{n}+\cdots$$

等都是常数项级数.

上述定义只是形式上表示无穷多个数相加，它与有限多个数相加有着本质的区别. 我们知道，有限个实数 $u_1,u_2,\cdots,u_n$ 相加，其结果是一个实数，但是无穷多个数相加的"和"却并不能逐项相加计算出来. 应如何理解级数中无穷多个数量的相加呢？它并不是简单的一项又一项地累加，因为这样的累加是无法完成的，它实际上是一个极限过程.

一种自然而合理的想法是先算出级数 $\sum_{n=1}^{\infty}u_n$ 前 n 项的和

$$s_n=u_1+u_2+\cdots+u_n,$$

再由数列 $\{s_n\}$ 的极限是否存在来定义级数的和是否存在，为此我们引入部分和的概念.

定义 2 级数 $\sum_{n=1}^{\infty}u_n$ 的前 n 项的和

$$s_n=u_1+u_2+\cdots+u_n$$

称为**级数** $\sum_{n=1}^{\infty}u_n$ **的前 n 项的部分和**(简称**部分和**). 当 n 依次取 $1,2,\cdots,n,\cdots$ 时，部分和构成一个新的数列

$$s_1=u_1,$$
$$s_2=u_1+u_2,\cdots,$$
$$s_n=u_1+u_2+\cdots+u_n,\cdots,$$

称此数列为级数 $\sum_{n=1}^{\infty}u_n$ 的**部分和数列**，记为 $\{s_n\}$.

根据部分和数列的极限是否存在，我们来定义无穷级数 $\sum_{n=1}^{\infty}u_n$ 收敛与发散的概念.

定义 3 如果级数 $\sum_{n=1}^{\infty}u_n$ 的部分和数列 $\{s_n\}$ 有极限 s，即

$$\lim_{n\to\infty}s_n=s,$$

则称**无穷级数** $\sum_{n=1}^{\infty} u_n$ **收敛**, 极限值 s 称为**级数** $\sum_{n=1}^{\infty} u_n$ **的和**, 并记为

$$s = u_1 + u_2 + \cdots + u_n + \cdots \quad \text{或} \quad s = \sum_{n=1}^{\infty} u_n,$$

此时, 也称级数 $\sum_{n=1}^{\infty} u_n$ **收敛于** s. 如果部分和数列 $\{s_n\}$ 没有极限, 则称无穷级数 $\sum_{n=1}^{\infty} u_n$ **发散**.

当无穷级数 $\sum_{n=1}^{\infty} u_n$ 收敛时, 其和 s 与部分和 s_n 的差值

$$r_n = s - s_n = u_{n+1} + u_{n+2} + \cdots$$

称为**级数的余项**, 且 $\lim_{n \to \infty} r_n = 0$.

由定义 3 可知, 收敛的级数有和值 s, 发散的级数没有"和".

收敛与发散是级数最基本的概念. 判断级数 $\sum_{n=1}^{\infty} u_n$ 是否收敛以及在收敛的情况下如何求出它的和, 这是级数理论的两个基本问题, 其中判断级数的敛散性是首要问题. 因为如果级数 $\sum_{n=1}^{\infty} u_n$ 发散, 那么它无和可言; 如果级数 $\sum_{n=1}^{\infty} u_n$ 收敛, 即使无法求出其和的精确值 s, 也可以利用部分和 s_n 求出它的近似值, 且由 $\lim_{n \to \infty} r_n = 0$ 可知, 近似值可以通过选取足够大的 n 达到任意精确度以满足实际应用的需要. 因此, 判别级数的敛散性是我们要重点讨论的问题.

判别级数 $\sum_{n=1}^{\infty} u_n$ 的敛散性实质上就是判别它的部分和数列的敛散性, 求级数的和实质上就是求部分和数列的极限, 这是研究级数的一个基本思想方法.

例1 证明级数 $\sum_{n=1}^{\infty} n = 1 + 2 + 3 + \cdots + n + \cdots$ 发散.

证 级数的部分和为

$$s_n = 1 + 2 + 3 + \cdots + n = \frac{n(n+1)}{2}.$$

显然, $\lim_{n \to \infty} \frac{n(n+1)}{2} = +\infty$, 因此级数 $\sum_{n=1}^{\infty} n = 1 + 2 + 3 + \cdots + n + \cdots$ 发散.

例2 证明级数 $\sum_{n=1}^{\infty} \frac{1}{n} = 1 + \frac{1}{2} + \frac{1}{3} + \cdots + \frac{1}{n} + \cdots$ 发散.

证 (反证法) 假设级数是收敛的, 且其和为 s, 则有

$$\lim_{n\to\infty} s_n = s, \quad \lim_{n\to\infty} s_{2n} = s,$$

即 $\lim_{n\to\infty}(s_{2n}-s_n)=0$,但

$$s_{2n}-s_n = \frac{1}{n+1}+\frac{1}{n+2}+\cdots+\frac{1}{2n} \geq \frac{1}{2n}+\frac{1}{2n}+\cdots+\frac{1}{2n}=\frac{1}{2},$$

矛盾,故假设不成立,级数 $\sum_{n=1}^{\infty}\frac{1}{n}=1+\frac{1}{2}+\frac{1}{3}+\cdots+\frac{1}{n}+\cdots$ 是发散的.

级数 $\sum_{n=1}^{\infty}\frac{1}{n}$ 称为**调和级数**,是一个很重要的发散级数.

例3 判断无穷级数

$$\sum_{n=1}^{\infty}\frac{1}{n(n+2)}=\frac{1}{1\cdot 3}+\frac{1}{2\cdot 4}+\cdots+\frac{1}{n(n+2)}+\cdots$$

的敛散性,若收敛求其和.

证 因为

$$u_n = \frac{1}{n(n+2)}=\frac{1}{2}\left(\frac{1}{n}-\frac{1}{n+2}\right) \quad (n=1,2,\cdots),$$

所以

$$s_n = \frac{1}{1\cdot 3}+\frac{1}{2\cdot 4}+\cdots+\frac{1}{n(n+2)}+\cdots = \frac{1}{2}\left[\left(1-\frac{1}{3}\right)+\left(\frac{1}{2}-\frac{1}{4}\right)+\cdots+\left(\frac{1}{n}-\frac{1}{n+2}\right)\right]$$

$$= \frac{1}{2}\left(1+\frac{1}{2}-\frac{1}{n+1}-\frac{1}{n+2}\right),$$

从而

$$\lim_{n\to\infty} s_n = \lim_{n\to\infty}\frac{1}{2}\left(1+\frac{1}{2}-\frac{1}{n+1}-\frac{1}{n+2}\right)=\frac{3}{4}.$$

故级数 $\sum_{n=1}^{\infty}\frac{1}{n(n+2)}$ 收敛,且其和为 $\frac{3}{4}$.

例4 讨论等比级数(几何级数)

$$\sum_{n=1}^{\infty}aq^{n-1}=a+aq+aq^2+\cdots+aq^{n-1}+\cdots$$

的敛散性,其中 $a\neq 0$, q 是级数的公比.

解 级数的部分和为

$$s_n = a+aq+aq^2+\cdots+aq^{n-1} = \begin{cases} \dfrac{a(1-q^n)}{1-q}, & q\neq 1, \\ na, & q=1. \end{cases}$$

当$|q|<1$时,$\lim\limits_{n\to\infty}s_n=\lim\limits_{n\to\infty}\dfrac{a(1-q^n)}{1-q}=\dfrac{a}{1-q}$,级数收敛,且和为$\dfrac{a}{1-q}$;

当$|q|>1$时,$\lim\limits_{n\to\infty}s_n=\infty$,级数发散;

当$q=1$时,部分和$s_n=na$,$\lim\limits_{n\to\infty}s_n=\infty$,级数发散;

当$q=-1$时,部分和$s_n=\begin{cases}a,&n\text{为奇数}\\0,&n\text{为偶数}\end{cases}$,$\lim\limits_{n\to\infty}s_n$不存在,级数发散.

综上所述,等比级数$\sum\limits_{n=1}^{\infty}aq^{n-1}$,当$|q|<1$时收敛,其和为$\dfrac{a}{1-q}$;当$|q|\geqslant1$时发散.

7.1.2 无穷级数的基本性质

一般来说,级数的部分和s_n并不容易求出,因此根据极限$\lim\limits_{n\to\infty}s_n$是否存在来判断级数的敛散性是比较困难的. 由于级数的敛散性归结为部分和数列的敛散性,因此可以利用数列极限的有关性质推导出级数的一些基本性质,用于判断一些级数的敛散性.

定理 1(级数收敛的必要条件) 如果级数$\sum\limits_{n=1}^{\infty}u_n$收敛,则它的一般项$u_n$趋于 0,即

$$\lim_{n\to\infty}u_n=0.$$

证 由于级数$\sum\limits_{n=1}^{\infty}u_n$收敛,故其部分和数列$\{s_n\}$有极限$s$,即$\lim\limits_{n\to\infty}s_n=s$. 所以

$$\lim_{n\to\infty}u_n=\lim_{n\to\infty}(s_n-s_{n-1})=s-s=0.$$

注 $\lim\limits_{n\to\infty}u_n=0$仅是级数收敛的必要条件,不是充分条件.

例如,调和级数

$$\sum_{n=1}^{\infty}\dfrac{1}{n}=1+\dfrac{1}{2}+\dfrac{1}{3}+\cdots+\dfrac{1}{n}+\cdots$$

的一般项$\lim\limits_{n\to\infty}\dfrac{1}{n}=0$,但调和级数是发散的.

由定理 1 可知,若$\lim\limits_{n\to\infty}u_n\neq0$,则级数$\sum\limits_{n=1}^{\infty}u_n$一定发散.

例 5 判定级数 $\sum_{n=1}^{\infty}(-1)^{n+1}$ 的敛散性.

解 由于 $\lim_{n\to\infty}u_n = \lim_{n\to\infty}(-1)^{n+1}$ 不存在,所以级数 $\sum_{n=1}^{\infty}(-1)^{n+1}$ 发散.

性质 1 如果级数 $\sum_{n=1}^{\infty}u_n$ 收敛于和 s,则对于任意常数 k,级数 $\sum_{n=1}^{\infty}ku_n$ 也收敛,且其和为 ks.

证 设级数 $\sum_{n=1}^{\infty}u_n$ 与级数 $\sum_{n=1}^{\infty}ku_n$ 的部分和分别为 s_n 与 σ_n,则

$$\sigma_n = ku_1 + ku_2 + \cdots + ku_n = ks_n,$$

于是

$$\lim_{n\to\infty}\sigma_n = \lim_{n\to\infty}ks_n = k\lim_{n\to\infty}s_n = ks.$$

所以级数 $\sum_{n=1}^{\infty}ku_n$ 收敛,且和为 ks.

由于极限 $\lim_{n\to\infty}\sigma_n$ 与 $\lim_{n\to\infty}s_n$ 同时存在或同时不存在,所以我们有下面的结论.

推论 1 级数 $\sum_{n=1}^{\infty}u_n$ 与 $\sum_{n=1}^{\infty}ku_n$(其中 k 为非零常数)有相同的敛散性.

例 6 判定级数 $\dfrac{1}{10} + \dfrac{1}{20} + \dfrac{1}{30} + \cdots$ 的敛散性.

解 由于

$$\frac{1}{10} + \frac{1}{20} + \frac{1}{30} + \cdots = \frac{1}{10}\left(1 + \frac{1}{2} + \frac{1}{3} + \cdots\right) = \frac{1}{10}\sum_{n=1}^{\infty}\frac{1}{n},$$

而调和级数 $\sum_{n=1}^{\infty}\dfrac{1}{n}$ 发散,所以级数 $\dfrac{1}{10} + \dfrac{1}{20} + \dfrac{1}{30} + \cdots$ 发散.

性质 2 如果级数 $\sum_{n=1}^{\infty}u_n$ 与 $\sum_{n=1}^{\infty}v_n$ 分别收敛于 s 和 σ,则级数 $\sum_{n=1}^{\infty}(u_n \pm v_n)$ 也收敛,且其和为 $s \pm \sigma$.

证 设级数 $\sum_{n=1}^{\infty}u_n$ 与 $\sum_{n=1}^{\infty}v_n$ 的部分和分别为 s_n 与 σ_n,则级数 $\sum_{n=1}^{\infty}(u_n \pm v_n)$ 的部分和

$$\begin{aligned}\tau_n &= (u_1 \pm v_1) + (u_2 \pm v_2) + \cdots + (u_n \pm v_n) \\ &= (u_1 + u_2 + \cdots + u_n) \pm (v_1 + v_2 + \cdots + v_n) = s_n \pm \sigma_n,\end{aligned}$$

于是

$$\lim_{n\to\infty}\tau_n = \lim_{n\to\infty}(s_n \pm \sigma_n) = s \pm \sigma.$$

所以级数 $\sum_{n=1}^{\infty}(u_n \pm v_n)$ 收敛，且和为 $s \pm \sigma$.

性质 2 表明，两个收敛级数可以逐项相加与逐项相减．

由性质 2 可以得到以下几个常用结论：

(1) 若级数 $\sum_{n=1}^{\infty} u_n$ 与 $\sum_{n=1}^{\infty} v_n$ 收敛，则

$$\sum_{n=1}^{\infty}(u_n \pm v_n) = \sum_{n=1}^{\infty} u_n \pm \sum_{n=1}^{\infty} v_n;$$

(2) 若级数 $\sum_{n=1}^{\infty} u_n$ 收敛，而级数 $\sum_{n=1}^{\infty} v_n$ 发散，则级数 $\sum_{n=1}^{\infty}(u_n \pm v_n)$ 必发散；

(3) 若级数 $\sum_{n=1}^{\infty} u_n$ 与 $\sum_{n=1}^{\infty} v_n$ 均发散，则级数 $\sum_{n=1}^{\infty}(u_n \pm v_n)$ 可能收敛，也可能发散．

例 7 判定级数 $\sum_{n=1}^{\infty} \left(\frac{1}{2^n} + \frac{4}{3^n} \right)$ 的敛散性．若收敛，求其和．

解 由于等比级数 $\sum_{n=1}^{\infty} \frac{1}{2^n}$ 与 $\sum_{n=1}^{\infty} \frac{4}{3^n}$ 均收敛，且

$$\sum_{n=1}^{\infty} \frac{1}{2^n} = \frac{\frac{1}{2}}{1-\frac{1}{2}} = 1, \quad \sum_{n=1}^{\infty} \frac{4}{3^n} = 4\sum_{n=1}^{\infty} \frac{1}{3^n} = 4 \times \frac{\frac{1}{3}}{1-\frac{1}{3}} = 2,$$

所以级数 $\sum_{n=1}^{\infty} \left(\frac{1}{2^n} + \frac{2}{3^n} \right)$ 收敛，其和为 $1 + 2 = 3$.

性质 3 在级数中去掉、加上或改变有限项，不会改变级数的敛散性．

证 我们只需证明"在级数的前面部分去掉、加上或改变有限项，不会改变级数的敛散性"，因为其他情形都可以看成是在级数的前面部分先去掉有限项，然后再加上有限项的结果．

不妨设在级数 $\sum_{n=1}^{\infty} u_n$ 中去掉前 k 项，则得级数

$$u_{k+1} + u_{k+2} + \cdots + u_{k+n} + \cdots.$$

新级数的部分和为

$$\sigma_n = u_{k+1} + u_{k+2} + \cdots + u_{k+n} = s_{k+n} - s_k.$$

因为 s_k 是常数，所以极限 $\lim_{n \to \infty} \sigma_n$ 与 $\lim_{n \to \infty} s_{k+n}$ 同时存在或同时不存在，从而级数 $\sum_{n=1}^{\infty} u_n$ 与 $\sum_{n=k+1}^{\infty} u_n$ 具有相同的敛散性．

类似地，可以证明加上或改变级数的有限项，不会改变级数的敛散性．

性质 4 如果级数 $\sum_{n=1}^{\infty} u_n$ 收敛, 则对这个级数的项任意加括号后所得的级数收敛, 且其和不变.

证 设级数 $\sum_{n=1}^{\infty} u_n$ 的部分和为 s_n, 任意加括号后所成的新级数为
$$(u_1 + \cdots + u_{n_1}) + (u_{n_1+1} + \cdots + u_{n_2}) + \cdots + (u_{n_{k-1}+1} + \cdots + u_{n_k}) + \cdots,$$
则其部分和数列为
$$\sigma_1 = u_1 + \cdots + u_{n_1} = s_{n_1},$$
$$\sigma_2 = (u_1 + \cdots + u_{n_1}) + (u_{n_1+1} + \cdots + u_{n_2}) = s_{n_2}, \cdots,$$
$$\sigma_k = (u_1 + \cdots + u_{n_1}) + (u_{n_1+1} + \cdots + u_{n_2}) + \cdots + (u_{n_{k-1}+1} + \cdots + u_{n_k}) = s_{n_k}, \cdots.$$

可见, 数列 $\{\sigma_k\}$ 是数列 $\{s_n\}$ 的一个子数列. 由 $\{s_n\}$ 的收敛性可知, 其子数列 $\{\sigma_k\}$ 也收敛, 且有
$$\lim_{k \to \infty} \sigma_k = \lim_{n \to \infty} s_n,$$
即加括号后所成的数列收敛, 且其和不变.

由性质 4 可知, 如果加括号后所成的级数发散, 则原级数必发散(反证法).

注 若加括号后所得的级数收敛, 则不能断定原级数收敛.

这是因为数列的一个子列收敛时, 该数列未必收敛.

例如, 级数
$$(1-1) + (1-1) + (1-1) + \cdots$$
收敛于 0, 但是去掉括号后的级数
$$1 - 1 + 1 - 1 + 1 - 1 + \cdots$$
却是发散的.

习 题 7.1

1. 写出下列级数的一般项 u_n:

(1) $\dfrac{1}{2} + \dfrac{1}{4} + \dfrac{1}{6} + \dfrac{1}{8} + \cdots$;

(2) $-1 + \dfrac{1}{2} - \dfrac{1}{3} + \dfrac{1}{4} - \cdots$;

(3) $\dfrac{1}{2} + \dfrac{2}{5} + \dfrac{3}{10} + \dfrac{4}{17} + \cdots$;

(4) $\dfrac{1}{1\cdot 4}+\dfrac{x}{4\cdot 7}+\dfrac{x^2}{7\cdot 10}+\dfrac{x^3}{10\cdot 13}+\cdots$.

2. 写出下列级数的前四项:

(1) $\sum\limits_{n=1}^{\infty}\dfrac{2n}{n^2+1}$;

(2) $\sum\limits_{n=1}^{\infty}\dfrac{n!}{n^2}$;

(3) $\sum\limits_{n=1}^{\infty}\dfrac{(-1)^{n-1}}{5^n}$;

(4) $\sum\limits_{n=1}^{\infty}\dfrac{\sin nx}{\ln(n+1)}$.

3. 已知级数 $\sum\limits_{n=1}^{\infty}(-1)^{n-1}\left(\dfrac{4}{5}\right)^n$,写出 $u_1,u_2,u_n;s_1,s_2,s_n$.

4. 设级数 $\sum\limits_{n=1}^{\infty}u_n$ 的前 n 项部分和 $s_n=\dfrac{3n}{n+1}$,试写出此级数,并求其和.

5. 用定义判定下列级数的敛散性,若级数收敛,求其和:

(1) $\sum\limits_{n=1}^{\infty}\dfrac{1}{(5n-4)(5n+1)}$;

(2) $\sum\limits_{n=1}^{\infty}\left(\sqrt{n+1}-\sqrt{n}\right)$;

(3) $\sum\limits_{n=1}^{\infty}\ln\dfrac{n+1}{n}$;

(4) $\sum\limits_{n=1}^{\infty}\left(\sqrt{n+2}-2\sqrt{n+1}+\sqrt{n}\right)$.

6. 判断下列级数的敛散性:

(1) $\sum\limits_{n=1}^{\infty}\dfrac{1}{\sqrt[n]{5}}$;

(2) $\sum\limits_{n=1}^{\infty}\sin\dfrac{n\pi}{6}$;

(3) $\sum\limits_{n=1}^{\infty}\left(\dfrac{1}{n^2}-\dfrac{1}{2^n}\right)$;

(4) $\sum\limits_{n=1}^{\infty}\dfrac{1}{\sqrt[3]{n}}$;

(5) $\sum\limits_{n=1}^{\infty}\dfrac{\sqrt[n]{n}}{\left(1+\dfrac{1}{n}\right)^n}$;

(6) $\sum\limits_{n=1}^{\infty}\dfrac{n+1}{2n}$.

7. 判定下列级数的敛散性,若级数收敛,求其和:

(1) $0.001+\sqrt{0.001}+\sqrt[3]{0.001}+\cdots+\sqrt[n]{0.001}+\cdots$;

(2) $\dfrac{4}{5}-\dfrac{4^2}{5^2}+\dfrac{4^3}{5^3}-\cdots+(-1)^{n-1}\dfrac{4^n}{5^n}+\cdots$;

(3) $\dfrac{1}{6}+\dfrac{1}{8}+\dfrac{1}{10}+\cdots+\dfrac{1}{2(n+2)}+\cdots$;

(4) $1-\dfrac{1}{3}+\dfrac{1}{9}-\dfrac{1}{27}+\cdots+(-1)^{n-1}\dfrac{1}{3^{n-1}}+\cdots$;

(5) $\dfrac{1}{2}-\dfrac{2}{3}+\dfrac{3}{4}-\dfrac{2^2}{3^2}+\dfrac{5}{6}-\dfrac{2^3}{3^3}+\cdots$;

(6) $100+\dfrac{100^2}{2}+\dfrac{8}{9}+\dfrac{8^2}{9^2}+\dfrac{8^3}{9^3}+\cdots$.

7.2 正项级数的审敛法

我们知道一个常数项级数的一般项可以为正数、负数或零. 如果一个级数的一般项为非负数, 那么该级数敛散性的判别有很好的方法, 本节将讨论这种级数敛散性的判别方法, 而一般项级数的判别有时可以转化为正项级数的判别方法.

定义 1 如果级数

$$\sum_{n=1}^{\infty} u_n = u_1 + u_2 + \cdots + u_n + \cdots$$

中的各项都满足条件 $u_n \geqslant 0 (n=1,2,\cdots)$, 则称此级数为**正项级数**.

这是一类重要的级数, 因为在实际应用中经常会遇到正项级数, 并且一般级数的敛散性判别问题, 有时可以归结为正项级数的敛散性判别问题. 本节所指级数均为正项级数.

由于正项级数 $\sum_{n=1}^{\infty} u_n$ 的各项均非负, 因此其部分和数列 $\{s_n\}$ 是一个单调递增的数列, 即

$$s_1 \leqslant s_2 \leqslant \cdots \leqslant s_n \leqslant \cdots.$$

如果部分和数列 $\{s_n\}$ 有界, 即存在某个常数 $M>0$, 使 $s_n \leqslant M$, 由单调有界数列必有极限的收敛准则可知, 极限 $\lim_{n\to\infty} s_n$ 存在, 故正项级数 $\sum_{n=1}^{\infty} u_n$ 收敛;

反之, 若部分和数列 $\{s_n\}$ 无界, 则有 $\lim_{n\to\infty} s_n = +\infty$, 因而正项级数 $\sum_{n=1}^{\infty} u_n$ 发散. 由此, 我们得到如下的重要结论:

定理 1 正项级数 $\sum_{n=1}^{\infty} u_n$ 收敛的充分必要条件是它的部分和数列 $\{s_n\}$ 有界.

定理 1 是判断正项级数收敛的基本定理. 但是对于实际问题, 求级数的部分和或者判断部分和数列有界往往非常困难, 该定理通常在理论证明中有重要的应用. 由该定理可以得到判别正项级数敛散性的比较审敛法.

定理 2(比较审敛法) 设级数 $\sum_{n=1}^{\infty} u_n$ 和 $\sum_{n=1}^{\infty} v_n$ 都是正项级数, 且

$$u_n \leqslant v_n \quad (n=1,2,\cdots).$$

(1) 若级数 $\sum_{n=1}^{\infty} v_n$ 收敛, 则级数 $\sum_{n=1}^{\infty} u_n$ 也收敛;

(2) 若级数 $\sum_{n=1}^{\infty} u_n$ 发散, 则级数 $\sum_{n=1}^{\infty} v_n$ 也发散.

证 (1) 设级数 $\sum_{n=1}^{\infty} v_n$ 收敛于 σ, 则级数 $\sum_{n=1}^{\infty} u_n$ 的部分和

$$s_n = u_1 + u_2 + \cdots + u_n \leqslant v_1 + v_2 + \cdots + v_n \leqslant \sigma \quad (n = 1, 2, \cdots),$$

即部分和数列 $\{s_n\}$ 有界, 由定理 1 可知, 级数 $\sum_{n=1}^{\infty} u_n$ 收敛.

(2) 如果级数 $\sum_{n=1}^{\infty} u_n$ 发散, 假设级数 $\sum_{n=1}^{\infty} v_n$ 收敛, 则由 (1) 可知, 级数 $\sum_{n=1}^{\infty} u_n$ 也收敛, 与题设矛盾, 故级数 $\sum_{n=1}^{\infty} v_n$ 发散.

注 1 由于级数前面部分去掉有限项不改变级数的敛散性, 所以定理 2 中的条件 $u_n \leqslant v_n$ 只要从某项起成立即可.

注 2 使用比较审敛法的关键是要找到一个敛散性已知的正项级数作为参照级数. 经常作为参照级数有等比级数、调和级数和 p-级数.

例 1 讨论 p-级数

$$\sum_{n=1}^{\infty} \frac{1}{n^p} = 1 + \frac{1}{2^p} + \frac{1}{3^p} + \cdots + \frac{1}{n^p} + \cdots$$

的敛散性, 其中常数 $p > 0$.

解 当 $p \leqslant 1$ 时, $\frac{1}{n^p} \geqslant \frac{1}{n}$. 由于调和级数 $\sum_{n=1}^{\infty} \frac{1}{n}$ 发散, 由定理 2 可知, 级数 $\sum_{n=1}^{\infty} \frac{1}{n^p}$ 发散.

当 $p > 1$ 时, 因为当 $k - 1 \leqslant x \leqslant k$ 时, 有 $\frac{1}{k^p} \leqslant \frac{1}{x^p}$, 所以

$$\frac{1}{k^p} = \int_{k-1}^{k} \frac{1}{k^p} \mathrm{d}x \leqslant \int_{k-1}^{k} \frac{1}{x^p} \mathrm{d}x \quad (k = 2, 3, \cdots),$$

从而级数 $\sum_{n=1}^{\infty} \frac{1}{n^p}$ 的部分和

$$s_n = 1 + \sum_{k=2}^{n} \frac{1}{k^p} \leqslant \sum_{k=2}^{n} \int_{k-1}^{k} \frac{1}{x^p} \mathrm{d}x = 1 + \int_{1}^{n} \frac{1}{x^p} \mathrm{d}x$$

$$= 1 + \frac{1}{p-1}\left(1 - \frac{1}{n^{p-1}}\right) < 1 + \frac{1}{p-1} \quad (n = 2, 3, \cdots),$$

即数列$\{s_n\}$有界,由定理2可知,级数$\sum_{n=1}^{\infty}\frac{1}{n^p}$收敛.

综上所述,当$p>1$时,p-级数$\sum_{n=1}^{\infty}\frac{1}{n^p}$收敛;当$p\leq 1$时,$p$-级数$\sum_{n=1}^{\infty}\frac{1}{n^p}$发散.

例2 判别级数$\sum_{n=1}^{\infty}\frac{1}{\sqrt{n(n+1)}}$的敛散性.

解 由于
$$\frac{1}{\sqrt{n(n+1)}}>\frac{1}{n+1},$$
而级数
$$\sum_{n=1}^{\infty}\frac{1}{n+1}=\frac{1}{2}+\frac{1}{3}+\cdots+\frac{1}{n+1}+\cdots$$
发散,由比较审敛法可知,级数$\sum_{n=1}^{\infty}\frac{1}{\sqrt{n(n+1)}}$发散.

例3 判别级数$\sum_{n=1}^{\infty}\frac{n+3}{2n^3-n}$的敛散性.

解 当$n>3$时,有
$$\frac{n+3}{2n^3-n}<\frac{n+n}{2n^3-n}=\frac{2}{2n^2-1}<\frac{2}{n^2}.$$
而级数$\sum_{n=1}^{\infty}\frac{2}{n^2}=2\sum_{n=1}^{\infty}\frac{1}{n^2}$收敛,由比较审敛法可知,级数$\sum_{n=1}^{\infty}\frac{n+3}{2n^3-n}$收敛.

在实际应用中,比较审敛法的极限形式往往更为方便.

定理3(比较审敛法的极限形式) 设级数$\sum_{n=1}^{\infty}u_n$和$\sum_{n=1}^{\infty}v_n$都是正项级数,且
$$\lim_{n\to\infty}\frac{u_n}{v_n}=l.$$

(1)如果$0<l<+\infty$,则$\sum_{n=1}^{\infty}u_n$与$\sum_{n=1}^{\infty}v_n$同时收敛或同时发散;

(2)如果$l=0$,且$\sum_{n=1}^{\infty}v_n$收敛,则$\sum_{n=1}^{\infty}u_n$也收敛;

(3)如果$l=+\infty$,且$\sum_{n=1}^{\infty}v_n$发散,则$\sum_{n=1}^{\infty}u_n$也发散.

证 (1)由极限的定义可知,对$\varepsilon=\frac{l}{2}>0$,存在正整数$N$,当$n>N$时,有

$$\left|\frac{u_n}{v_n}-l\right|<\varepsilon,$$

即

$$\frac{l}{2}v_n<u_n<\frac{3l}{2}v_n.$$

由级数的性质和比较审敛法可知，$\sum_{n=1}^{\infty}u_n$ 与 $\sum_{n=1}^{\infty}v_n$ 同时收敛或同时发散.

(2) 由于 $\lim_{n\to\infty}\frac{u_n}{v_n}=0$，对 $\varepsilon=1$，存在正整数 N，当 $n>N$ 时，有

$$\left|\frac{u_n}{v_n}\right|=\frac{u_n}{v_n}<1,$$

即 $u_n<v_n$. 所以当 $\sum_{n=1}^{\infty}v_n$ 收敛时，$\sum_{n=1}^{\infty}u_n$ 也收敛.

(3) 由于 $\lim_{n\to\infty}\frac{u_n}{v_n}=+\infty$，对 $M=1$，存在正整数 N，当 $n>N$ 时，有 $\frac{u_n}{v_n}>1$，即 $u_n>v_n$. 所以当 $\sum_{n=1}^{\infty}v_n$ 发散时，$\sum_{n=1}^{\infty}u_n$ 也发散.

极限形式的比较审敛法，在两个正项级数的一般项 u_n,v_n 均趋于零的情况下，其实是比较它们的一般项作为无穷小的阶. 定理 3 表明，当 $n\to\infty$ 时，如果 u_n 是与 v_n 同阶或是比 v_n 高阶的无穷小，而级数 $\sum_{n=1}^{\infty}v_n$ 收敛，则级数 $\sum_{n=1}^{\infty}u_n$ 收敛；如果 u_n 是与 v_n 同阶或是比 v_n 低阶的无穷小，而级数 $\sum_{n=1}^{\infty}v_n$ 发散，则级数 $\sum_{n=1}^{\infty}u_n$ 发散.

因此，在判别正项级数 $\sum_{n=1}^{\infty}u_n$ 的敛散性时，可将该级数的通项 u_n 或其部分因子用等价无穷小代换，得到的新级数与级数 $\sum_{n=1}^{\infty}u_n$ 的敛散性相同.

例 4 判别级数 $\sum_{n=1}^{\infty}\sin\frac{\pi}{n}$ 的敛散性.

解 因为

$$\lim_{n\to\infty}\frac{\sin\frac{\pi}{n}}{\frac{1}{n}}=\pi,$$

而调和级数 $\sum_{n=1}^{\infty}\dfrac{1}{n}$ 发散,由比较审敛法的极限形式可知,级数 $\sum_{n=1}^{\infty}\sin\dfrac{\pi}{n}$ 发散.

例 5 判别级数 $\sum_{n=1}^{\infty}\ln\left(1+\dfrac{e}{n^2}\right)$ 的敛散性.

解 因为

$$\lim_{n\to\infty}\dfrac{\ln\left(1+\dfrac{e}{n^2}\right)}{\dfrac{1}{n^2}}=\lim_{n\to\infty}\dfrac{\dfrac{e}{n^2}}{\dfrac{1}{n^2}}=e,$$

而级数 $\sum_{n=1}^{\infty}\dfrac{1}{n^2}$ 收敛,由比较审敛法的极限形式可知,级数 $\sum_{n=1}^{\infty}\ln\left(1+\dfrac{e}{n^2}\right)$ 收敛.

例 6 判别级数 $\sum_{n=1}^{\infty}2^n\sin\dfrac{\pi}{3^n}$ 的敛散性.

解法一 这是正项级数. 因为

$$\lim_{n\to\infty}\dfrac{2^n\sin\dfrac{\pi}{3^n}}{\left(\dfrac{2}{3}\right)^n}=\lim_{n\to\infty}\dfrac{2^n\cdot\dfrac{\pi}{3^n}}{\left(\dfrac{2}{3}\right)^n}=\pi,$$

而级数 $\sum_{n=1}^{\infty}\left(\dfrac{2}{3}\right)^n$ 收敛,由比较审敛法的极限形式可知,级数 $\sum_{n=1}^{\infty}2^n\sin\dfrac{\pi}{3^n}$ 收敛.

解法二 当 $n\to\infty$ 时, $\sin\dfrac{\pi}{3^n}\sim\dfrac{\pi}{3^n}$, 而级数 $\sum_{n=1}^{\infty}2^n\cdot\dfrac{\pi}{3^n}=\sum_{n=1}^{\infty}\pi\left(\dfrac{2}{3}\right)^n$ 收敛,故原级数收敛.

从以上的例题可以看到,无论是比较审敛法还是其极限形式,在使用的时候都必须找到一个敛散性为已知的参照级数,因此很不方便,有时甚至非常困难. 例如,判别级数 $\sum_{n=1}^{\infty}\dfrac{n}{10^n}$ 的敛散性,就不容易找到参照级数. 下面介绍的两个审敛法,都是通过级数一般项自身的性质来判断其敛散性的.

定理 4(比值审敛法,达朗贝尔判别法) 设 $\sum_{n=1}^{\infty}u_n$ $(u_n>0)$ 为正项级数,如果

$$\lim_{n\to\infty}\dfrac{u_{n+1}}{u_n}=\rho,$$

则

(1) 当 $\rho<1$ 时，级数收敛；

(2) 当 $\rho>1$ $\left(\text{或} \lim\limits_{n\to\infty}\dfrac{u_{n+1}}{u_n}=+\infty\right)$ 时，级数发散；

(3) 当 $\rho=1$ 时，级数可能收敛也可能发散.

证 (1) 当 $\rho<1$ 时，选取一个适当小的正数 $\varepsilon=\dfrac{1-\rho}{2}>0$，因为

$$\lim_{n\to\infty}\frac{u_{n+1}}{u_n}=\rho,$$

所以存在正整数 N，当 $n>N$ 时，有

$$\left|\frac{u_{n+1}}{u_n}-\rho\right|<\varepsilon,$$

因此

$$\frac{u_{n+1}}{u_n}<\rho+\varepsilon=\frac{1+\rho}{2}.$$

记 $q=\dfrac{1+\rho}{2}$，则 $q<1$，且

$$\begin{aligned}
u_{N+1} &= u_{N+1}, \\
u_{N+2} &< u_{N+1}\cdot q, \\
u_{N+3} &< u_{N+2}\cdot q < u_{N+1}\cdot q^2, \\
u_{N+k} &< u_{N+k-1}\cdot q < \cdots < u_{N+1}\cdot q^{k-1}, \\
&\cdots\cdots
\end{aligned}$$

由于 $q<1$，所以等比级数 $\sum\limits_{k=1}^{\infty}u_{N+1}\cdot q^{k-1}$ 收敛. 由比较审敛法可知，级数

$$\sum_{k=1}^{\infty}u_{N+k}=\sum_{n=N+1}^{\infty}u_n$$

收敛，故级数 $\sum\limits_{n=1}^{\infty}u_n$ 收敛.

(2) 当 $\lim\limits_{n\to\infty}\dfrac{u_{n+1}}{u_n}=\rho>1$ 或 $\lim\limits_{n\to\infty}\dfrac{u_{n+1}}{u_n}=+\infty$ 时，由极限的保号性可知，存在正整数 N，当 $n>N$ 时，有

$$\frac{u_{n+1}}{u_n}>1,\quad\text{即}\quad u_{n+1}>u_n>0.$$

因此 $\lim_{n\to\infty} u_n \neq 0$,所以级数 $\sum_{n=1}^{\infty} u_n$ 发散.

(3) 当 $\rho = 1$ 时级数可能收敛也可能发散. 这个结论从 p-级数 $\sum_{n=1}^{\infty} \frac{1}{n^p}$ 就可以看出.

事实上,无论 $p > 0$ 为何值,都有

$$\lim_{n\to\infty} \frac{u_{n+1}}{u_n} = \lim_{n\to\infty} \frac{\frac{1}{(n+1)^p}}{\frac{1}{n^p}} = \lim_{n\to\infty} \left(\frac{n}{n+1}\right)^p = 1,$$

但我们知道,当 $p > 1$ 时级数收敛,当 $p \leq 1$ 时级数发散.

这是由于比值审敛法的实质是将所给级数与等比级数进行比较,而等比级数的一般项收敛速度比较快,所以当被考察级数的一般项收敛速度较慢时,比值审敛法就失效了.

例 7 判别级数

$$\sum_{n=1}^{\infty} \frac{1}{n!} = 1 + \frac{1}{1 \cdot 2} + \frac{1}{1 \cdot 2 \cdot 3} + \cdots + \frac{1}{n!} + \cdots$$

的敛散性.

解 因为

$$\lim_{n\to\infty} \frac{u_{n+1}}{u_n} = \lim_{n\to\infty} \frac{\frac{1}{(n+1)!}}{\frac{1}{n!}} = \lim_{n\to\infty} \frac{n!}{(n+1)!} = \lim_{n\to\infty} \frac{1}{n+1} = 0 < 1,$$

由比值审敛法可知,级数 $\sum_{n=1}^{\infty} \frac{1}{n!}$ 收敛.

例 8 判别级数

$$\frac{1}{3} + \frac{1 \cdot 2}{3^2} + \frac{1 \cdot 2 \cdot 3}{3^3} + \cdots + \frac{n!}{3^n} + \cdots$$

的敛散性.

解 因为

$$\lim_{n\to\infty} \frac{u_{n+1}}{u_n} = \lim_{n\to\infty} \frac{\frac{(n+1)!}{3^{n+1}}}{\frac{n!}{3^n}} = \lim_{n\to\infty} \frac{n+1}{3} = +\infty,$$

由比值审敛法可知, 级数 $\dfrac{1}{10} + \dfrac{1\cdot 2}{10^2} + \dfrac{1\cdot 2\cdot 3}{10^3} + \cdots + \dfrac{n!}{10^n} + \cdots$ 发散.

例 9 判别级数

$$\sum_{n=1}^{\infty} \dfrac{n^{100}}{2^n} = \dfrac{1}{2} + \dfrac{2^{100}}{2^2} + \dfrac{3^{100}}{2^3} + \cdots + \dfrac{n^{100}}{2^n} + \cdots$$

的敛散性.

解 因为

$$\lim_{n\to\infty} \dfrac{u_{n+1}}{u_n} = \lim_{n\to\infty} \dfrac{\dfrac{(n+1)^{100}}{2^{n+1}}}{\dfrac{n^{100}}{2^n}} = \dfrac{1}{2}\lim_{n\to\infty}\left(\dfrac{n+1}{n}\right)^{100} = \dfrac{1}{2} < 1,$$

由比值审敛法可知, 级数 $\sum_{n=1}^{\infty} \dfrac{n^{100}}{2^n}$ 收敛.

定理 5(根值审敛法, 柯西判别法) 设 $\sum_{n=1}^{\infty} u_n$ 为正项级数, 如果

$$\lim_{n\to\infty} \sqrt[n]{u_n} = \rho,$$

则当 $\rho<1$ 时级数收敛; 当 $\rho>1$ $\left(\text{或} \lim_{n\to\infty}\sqrt[n]{u_n} = +\infty\right)$ 时级数发散; 当 $\rho = 1$ 时级数可能收敛也可能发散.

定理 5 的证明与定理 4 相仿, 这里从略.

例 10 判别级数 $\sum_{n=1}^{\infty} \dfrac{2+(-1)^n}{2^n}$ 的敛散性.

解 因为

$$\lim_{n\to\infty} \sqrt[n]{u_n} = \lim_{n\to\infty} \sqrt[n]{\dfrac{2+(-1)^n}{2^n}} = \dfrac{1}{2}\lim_{n\to\infty} \sqrt[n]{2+(-1)^n} = \dfrac{1}{2} < 1,$$

由根值审敛法可知, 级数 $\sum_{n=1}^{\infty} \dfrac{2+(-1)^n}{2^n}$ 收敛.

例 11 判别级数 $\sum_{n=1}^{\infty} \left(\dfrac{an}{2n+2}\right)^n$ $(a>0)$ 的敛散性.

解 因为

$$\lim_{n\to\infty} \sqrt[n]{u_n} = \lim_{n\to\infty} \sqrt[n]{\left(\dfrac{an}{2n+2}\right)^n} = \lim_{n\to\infty} \dfrac{an}{2n+2} = \dfrac{a}{2},$$

由根值审敛法可知

当 $\dfrac{a}{2}<1$，即 $0<a<2$ 时，级数 $\sum\limits_{n=1}^{\infty}\left(\dfrac{an}{2n+2}\right)^n$ 收敛；

当 $\dfrac{a}{2}>1$，即 $a>2$ 时，级数 $\sum\limits_{n=1}^{\infty}\left(\dfrac{an}{2n+2}\right)^n$ 发散；

当 $\dfrac{a}{2}=1$，即 $a=2$ 时，根值审敛法失效. 由于

$$\lim_{n\to\infty}\left(\dfrac{2n}{2n+2}\right)^n=\lim_{n\to\infty}\left(\dfrac{n}{n+1}\right)^n=\dfrac{1}{\mathrm{e}}\neq 0,$$

由级数收敛的必要条件可知，级数 $\sum\limits_{n=1}^{\infty}\left(\dfrac{an}{2n+2}\right)^n$ 发散.

习 题 7.2

1. 用比较审敛法或其极限形式判定下列级数的敛散性：

(1) $\sum\limits_{n=1}^{\infty}\dfrac{1}{2n+1}$；

(2) $\sum\limits_{n=1}^{\infty}\dfrac{n+1}{n^2+1}$；

(3) $\sum\limits_{n=1}^{\infty}\dfrac{n^2+3}{n^3+2n-1}$；

(4) $\sum\limits_{n=1}^{\infty}\dfrac{1}{\sqrt{n^2+n}}$；

(5) $\sum\limits_{n=1}^{\infty}\sin\dfrac{1}{2n}$；

(6) $\sum\limits_{n=1}^{\infty}\dfrac{1}{n}\tan\dfrac{\pi}{n}$；

(7) $\sum\limits_{n=1}^{\infty}\dfrac{1}{\ln(n+1)}$；

(8) $\sum\limits_{n=1}^{\infty}\dfrac{1}{n\sqrt{n+1}}$；

(9) $\sum\limits_{n=1}^{\infty}\dfrac{2}{3^n+1}$；

(10) $\sum\limits_{n=1}^{\infty}\dfrac{5^n+(-1)^n}{3^n}$；

(11) $\sum\limits_{n=1}^{\infty}\dfrac{n^{n-1}}{(n+1)^{n+1}}$；

(12) $\sum\limits_{n=1}^{\infty}\dfrac{1}{1+a^n}$ $(a>0)$.

2. 用比值审敛法判定下列级数的敛散性：

(1) $\sum\limits_{n=1}^{\infty}\dfrac{2n-1}{2^n}$；

(2) $\sum\limits_{n=1}^{\infty}\dfrac{1}{n!}$；

(3) $\sum\limits_{n=1}^{\infty}\dfrac{n!}{3^n}$；

(4) $\sum\limits_{n=1}^{\infty}\dfrac{(n+1)^3}{n!}$；

(5) $\sum\limits_{n=1}^{\infty}\dfrac{2^n n!}{n^n}$；

(6) $\sum\limits_{n=1}^{\infty}n^3\sin\dfrac{\pi}{2^n}$；

(7) $\sum_{n=1}^{\infty} \frac{5^n}{n \cdot 2^n}$;

(8) $\sum_{n=1}^{\infty} n \tan \frac{\pi}{3^{n+1}}$.

3. 用根值审敛法判定下列级数的敛散性:

(1) $\sum_{n=1}^{\infty} \left(\frac{n}{2n+1} \right)^n$;

(2) $\sum_{n=1}^{\infty} \left(\frac{3n+2}{2n+1} \right)^n$;

(3) $\sum_{n=1}^{\infty} \frac{1}{[\ln(n+1)]^n}$;

(4) $\sum_{n=1}^{\infty} \left(\frac{n}{3n-1} \right)^{2n-1}$;

(5) $\sum_{n=1}^{\infty} \frac{n^2}{\left(1+\frac{1}{n}\right)^{n^2}}$;

(6) $\sum_{n=1}^{\infty} \frac{3}{2^n (\arctan n)^n}$.

4. 判断下列级数的敛散性:

(1) $\sqrt{2} + \sqrt{\frac{3}{2}} + \cdots + \sqrt{\frac{n+1}{n}} + \cdots$;

(2) $\sum_{n=1}^{\infty} \frac{n+1}{n(n+2)}$;

(3) $\frac{3}{4} + 2 \cdot \left(\frac{3}{4}\right)^2 + 3 \cdot \left(\frac{3}{4}\right)^3 + \cdots + n \left(\frac{3}{4}\right)^n + \cdots$;

(4) $\sum_{n=1}^{\infty} \frac{1}{n \cdot \sqrt[n]{n}}$;

(5) $\frac{1^4}{1!} + \frac{2^4}{2!} + \frac{3^4}{3!} + \cdots + \frac{n^4}{n!} + \cdots$;

(6) $\sum_{n=1}^{\infty} \frac{n^2}{\left(1+\frac{1}{n}\right)^n}$.

7.3 任意项级数

上一节讨论了正项级数敛散性的判别法, 本节介绍任意项级数. 如果一个级数中仅有有限项是正数或有限项是负数, 那么可以将它归结为正项级数来判别其敛散性. 若级数 $\sum_{n=1}^{\infty} u_n$ 中有无穷多个正项和无穷多个负项, 则称之为**任意项级数**, 即级数

$$\sum_{n=1}^{\infty} u_n = u_1 + u_2 + \cdots + u_n + \cdots$$

中的各项 $u_n (n=1,2,\cdots)$ 为任意实数.

在任意项级数中交错级数是一类很重要的级数, 首先来讨论交错级数敛散性的判别法.

7.3.1 交错级数及其审敛法

定义 1 如果 $u_n > 0 (n=1,2,\cdots)$, 则级数

$$\sum_{n=1}^{\infty} (-1)^{n-1} u_n = u_1 - u_2 + u_3 - u_4 + \cdots + (-1)^{n-1} u_n + \cdots \tag{7.3.1}$$

或
$$\sum_{n=1}^{\infty}(-1)^n u_n = -u_1+u_2-u_3+u_4-\cdots+(-1)^n u_n+\cdots \quad (7.3.2)$$
称为**交错级数**.

因为对于交错级数(7.3.2)的各项均乘以 –1 后就得到级数(7.3.1),且不改变原级数的敛散性(只是和变为原来的相反数),因此,只需讨论级数(7.3.1)的敛散性.

定理 1(莱布尼茨定理) 如果交错级数 $\sum_{n=1}^{\infty}(-1)^{n-1}u_n (u_n>0)$ 满足

(1) $u_n \geqslant u_{n+1}, n=1,2,\cdots$;

(2) $\lim_{n\to\infty} u_n = 0$,

则级数收敛,且其和 $s \leqslant u_1$,余项 r_n 的绝对值 $|r_n| \leqslant u_{n+1}$.

证 为了证明级数的部分和有极限,我们先考虑级数的前 $2n$ 项的和 s_{2n}.
由条件(1)可知
$$s_{2n} = (u_1-u_2)+(u_3-u_4)+\cdots+(u_{2n-1}-u_{2n})$$
是单调增加的. 又因为
$$s_{2n} = u_1-(u_2-u_3)-(u_4-u_5)-\cdots-(u_{2n-2}-u_{2n-1})-u_{2n} \leqslant u_1,$$
根据单调有界数列必有极限的收敛准则可知
$$\lim_{n\to\infty} s_{2n} = s \leqslant u_1.$$

下面证明级数的前 $2n+1$ 项的和 s_{2n+1} 的极限也是 s.
因为
$$s_{2n+1} = s_{2n}+u_{2n+1},$$
由条件(2)可知 $\lim_{n\to\infty} u_{2n+1}=0$,于是有
$$\lim_{n\to\infty} s_{2n+1} = \lim_{n\to\infty}(s_{2n}+u_{2n+1}) = s.$$

因此得 $\lim_{n\to\infty} s_n = s$,即级数 $\sum_{n=1}^{\infty}(-1)^{n-1}u_n$ 收敛于 s,且 $s \leqslant u_1$.

余项 r_n 可写作
$$r_n = \pm(u_{n+1}-u_{n+2}+\cdots),$$
其绝对值
$$|r_n| = u_{n+1}-u_{n+2}+\cdots$$
也是一个交错级数,且满足收敛的两个条件,所以其和不超过第一项,即 $|r_n| \leqslant u_{n+1}$.

例如，交错级数 $\sum_{n=1}^{\infty}(-1)^{n-1}\frac{1}{n}$, $\sum_{n=1}^{\infty}(-1)^{n-1}\frac{1}{\sqrt{n}}$, $\sum_{n=1}^{\infty}(-1)^{n}\frac{1}{\ln(n+1)}$ 都是收敛的，可以用莱布尼茨定理来证明其收敛性.

例1 判别级数 $\sum_{n=1}^{\infty}(-1)^{n-1}\frac{1}{n}$ 的敛散性.

解 由于级数 $\sum_{n=1}^{\infty}(-1)^{n-1}\frac{1}{n}$ 满足

$$u_n = \frac{1}{n} > \frac{1}{n+1} = u_{n+1}, \quad 且 \quad \lim_{n\to\infty} u_n = \lim_{n\to\infty}\frac{1}{n} = 0,$$

所以由莱布尼茨定理可知，级数 $\sum_{n=1}^{\infty}(-1)^{n-1}\frac{1}{n}$ 收敛.

例2 判别级数 $\sum_{n=1}^{\infty}(-1)^{n-1}\frac{1}{\sqrt{n}}$ 的敛散性.

解 由于级数 $\sum_{n=1}^{\infty}(-1)^{n-1}\frac{1}{\sqrt{n}}$ 满足

$$u_n = \frac{1}{\sqrt{n}} > \frac{1}{\sqrt{n+1}} = u_{n+1}, \quad 且 \quad \lim_{n\to\infty} u_n = \lim_{n\to\infty}\frac{1}{\sqrt{n}} = 0,$$

所以由莱布尼茨定理可知，级数 $\sum_{n=1}^{\infty}(-1)^{n-1}\frac{1}{\sqrt{n}}$ 收敛.

例3 判别级数 $\sum_{n=1}^{\infty}(-1)^{n}\frac{1}{\ln(n+1)}$ 的敛散性.

解 由于级数 $\sum_{n=1}^{\infty}(-1)^{n}\frac{1}{\ln(n+1)}$ 满足

$$u_n = \frac{1}{\ln(n+1)} > \frac{1}{\ln(n+2)} = u_{n+1}, \quad 且 \quad \lim_{n\to\infty} u_n = \lim_{n\to\infty}\frac{1}{\ln(n+1)} = 0,$$

所以由莱布尼茨定理可知，级数 $\sum_{n=1}^{\infty}(-1)^{n}\frac{1}{\ln(n+1)}$ 收敛.

7.3.2 绝对收敛与条件收敛

定义2 对任意项级数

$$\sum_{n=1}^{\infty} u_n = u_1 + u_2 + \cdots + u_n + \cdots \tag{7.3.3}$$

(其中 u_n 为任意实数，$n=1,2,\cdots$)，各项取绝对值后得到的级数为正项级数.

$$\sum_{n=1}^{\infty}|u_n|=|u_1|+|u_2|+\cdots+|u_n|+\cdots \tag{7.3.4}$$

称为对应于级数(7.3.3)的**绝对值级数**.

这两个级数的敛散性有着下面的关系:

定理 2 如果级数 $\sum_{n=1}^{\infty}|u_n|$ 收敛,则级数 $\sum_{n=1}^{\infty}u_n$ 必收敛.

证 设

$$v_n=\frac{1}{2}(u_n+|u_n|) \quad (n=1,2,\cdots),$$

则 $0\leqslant v_n\leqslant|u_n|$. 由 $\sum_{n=1}^{\infty}|u_n|$ 收敛及比较审敛法可知,正项级数 $\sum_{n=1}^{\infty}v_n$ 收敛,从而级数 $\sum_{n=1}^{\infty}2v_n$ 也收敛. 而 $u_n=2v_n-|u_n|$,由收敛级数的基本性质得

$$\sum_{n=1}^{\infty}u_n=\sum_{n=1}^{\infty}2v_n-\sum_{n=1}^{\infty}|u_n|,$$

所以级数 $\sum_{n=1}^{\infty}u_n$ 收敛.

定义 3 设 $\sum_{n=1}^{\infty}u_n$ 为任意项级数,若正项级数 $\sum_{n=1}^{\infty}|u_n|$ 收敛,则称级数 $\sum_{n=1}^{\infty}u_n$ **绝对收敛**; 若级数 $\sum_{n=1}^{\infty}u_n$ 收敛,而正项级数 $\sum_{n=1}^{\infty}|u_n|$ 发散,则称级数 $\sum_{n=1}^{\infty}u_n$ **条件收敛**.

例如, $\sum_{n=1}^{\infty}(-1)^{n-1}\frac{1}{n}$ 条件收敛,$\sum_{n=1}^{\infty}(-1)^{n-1}\frac{1}{n^2}$ 绝对收敛.

例 4 判定级数 $\sum_{n=1}^{\infty}\frac{\sin n\alpha}{n^3}$ 的敛散性,若收敛,指出是条件收敛还是绝对收敛.

解 因为 $\left|\frac{\sin n\alpha}{n^3}\right|\leqslant\frac{1}{n^3}$,而正项级数 $\sum_{n=1}^{\infty}\frac{1}{n^3}$ 收敛,故级数 $\sum_{n=1}^{\infty}\left|\frac{\sin n\alpha}{n^3}\right|$ 收敛,所以级数 $\sum_{n=1}^{\infty}\frac{\sin n\alpha}{n^3}$ 绝对收敛.

例 5 判定级数 $\sum_{n=1}^{\infty}(-1)^n\frac{1}{4n+2}$ 的敛散性,若收敛,指出是条件收敛还是绝对收敛.

解 由于级数 $\sum_{n=1}^{\infty}(-1)^n\frac{1}{4n+2}$ 满足

$$\frac{1}{4n+2} > \frac{1}{4(n+1)+2}, \quad 且 \quad \lim_{n\to\infty}\frac{1}{4n+2}=0,$$

所以由莱布尼茨定理可知，级数 $\sum_{n=1}^{\infty}(-1)^n \frac{1}{4n+2}$ 收敛. 但是

$$\sum_{n=1}^{\infty}\left|(-1)^n\frac{1}{4n+2}\right|=\sum_{n=1}^{\infty}\frac{1}{4n+2}$$

是发散的，所以，级数 $\sum_{n=1}^{\infty}(-1)^n \frac{1}{4n+2}$ 条件收敛.

因为绝对值级数是正项级数，所以正项级数敛散性的判别法都可以用来判定任意项级数是否绝对收敛，而绝对收敛的级数一定收敛，这就使得一大类级数的敛散性判别问题，转化成正项级数敛散性的判别问题.

一般说来，如果级数 $\sum_{n=1}^{\infty}|u_n|$ 发散，我们不能断定级数 $\sum_{n=1}^{\infty}u_n$ 也发散. 但是，若采用比值审敛法或根值审敛法，根据 $\lim_{n\to\infty}\left|\frac{u_{n+1}}{u_n}\right|=\rho>1$ 或 $\lim_{n\to\infty}\sqrt[n]{|u_n|}=\rho>1$ 判定级数 $\sum_{n=1}^{\infty}|u_n|$ 发散，则可以断定级数 $\sum_{n=1}^{\infty}u_n$ 也发散. 这是因为当 $\rho>1$ 时，必有 $\left|\frac{u_{n+1}}{u_n}\right|>1$，所以 $\lim_{n\to\infty}|u_n|\neq 0$，从而 $\lim_{n\to\infty}u_n\neq 0$，由级数收敛的必要条件可知，级数 $\sum_{n=1}^{\infty}u_n$ 发散. 由此可得下面的定理.

定理 3 设

$$\sum_{n=1}^{\infty}u_n = u_1+u_2+\cdots+u_n+\cdots$$

为任意项级数，记

$$\lim_{n\to\infty}\left|\frac{u_{n+1}}{u_n}\right|=\rho \quad \left(或 \lim_{n\to\infty}\sqrt[n]{|u_n|}=\rho\right),$$

则当 $\rho<1$ 时，级数绝对收敛；当 $\rho>1$ 时，级数发散.

例 6 判定级数 $\sum_{n=1}^{\infty}\frac{(-1)^n n!}{n^n}$ 的敛散性.

解 由于

$$\lim_{n\to\infty}\left|\frac{u_{n+1}}{u_n}\right|=\lim_{n\to\infty}\frac{(n+1)!}{(n+1)^{n+1}}\cdot\frac{n^n}{n!}=\lim_{n\to\infty}\left(\frac{n}{n+1}\right)^n=\frac{1}{e}<1,$$

所以该级数绝对收敛.

例 7 判定级数 $\sum_{n=1}^{\infty}(-1)^n \dfrac{1}{2^n}\left(1+\dfrac{1}{n}\right)^{n^2}$ 的敛散性.

解 由于

$$\lim_{n\to\infty}\sqrt[n]{|u_n|}=\dfrac{1}{2}\lim_{n\to\infty}\left(1+\dfrac{1}{n}\right)^n=\dfrac{\mathrm{e}}{2}>1,$$

所以级数 $\sum_{n=1}^{\infty}(-1)^n\dfrac{1}{2^n}\left(1+\dfrac{1}{n}\right)^{n^2}$ 发散.

例 8 判定级数 $\sum_{n=1}^{\infty}nx^{n-1}$ 的敛散性.

解 因 x 可取任意实数, 这是任意项级数. 由于

$$\lim_{n\to\infty}\left|\dfrac{u_{n+1}}{u_n}\right|=\lim_{n\to\infty}\dfrac{(n+1)|x|^n}{n|x|^{n-1}}=|x|\lim_{n\to\infty}\left(1+\dfrac{1}{n}\right)=|x|,$$

所以, 当 $|x|<1$ 时, 级数绝对收敛; 当 $|x|>1$ 时, 级数发散; 当 $|x|=1$ 时, 级数的一般项不趋于零, 故级数发散.

综上可知, 当 $|x|<1$ 时, 级数绝对收敛; 当 $|x|\geqslant 1$ 时, 级数发散.

习 题 7.3

1. 判定下列级数的敛散性, 若收敛, 指出是绝对收敛还是条件收敛:

(1) $1-\dfrac{1}{\sqrt{2}}+\dfrac{1}{\sqrt{3}}-\dfrac{1}{\sqrt{4}}+\cdots$;

(2) $1-\dfrac{1}{2!}+\dfrac{1}{3!}-\dfrac{1}{4!}+\cdots$;

(3) $\sum_{n=1}^{\infty}(-1)^n\dfrac{n}{2^n}$;

(4) $\sum_{n=1}^{\infty}\dfrac{1}{n}\sin\dfrac{n\pi}{2}$;

(5) $\dfrac{1}{2}-\dfrac{1}{2\cdot 2^2}+\dfrac{1}{3\cdot 2^3}-\dfrac{1}{4\cdot 2^4}+\cdots$;

(6) $\sum_{n=1}^{\infty}(-1)^n\dfrac{2^{n^2}}{n!}$;

(7) $\dfrac{1}{2}-\dfrac{3}{10}+\dfrac{1}{2^2}-\dfrac{3}{10^2}+\dfrac{1}{2^3}-\dfrac{3}{10^3}+\cdots$;

(8) $\sum_{n=1}^{\infty}\dfrac{\sin n\alpha}{(n+1)^2}$;

(9) $\sum_{n=1}^{\infty}(-1)^{n-1}\left(1-\cos\dfrac{1}{2n}\right)$;

(10) $\sum_{n=1}^{\infty}(-1)^{n-1}\dfrac{n+2}{3n+1}$.

7.4 幂级数

7.4.1 函数项级数的概念

前面我们讨论了常数项级数的问题,其中的每一项都是实数. 本节讨论每一项都是函数的级数,这就是函数项级数.

定义 1 给一个定义在区间 I 上的函数列

$$u_1(x), u_2(x), \cdots, u_n(x), \cdots,$$

则级数

$$\sum_{n=1}^{\infty} u_n(x) = u_1(x) + u_2(x) + \cdots + u_n(x) + \cdots \tag{7.4.1}$$

称为定义在区间 I 上的**函数项无穷级数**,简称为**函数项级数**.

对于每一个 $x_0 \in I$,函数项级数 (7.4.1) 转化为常数项级数

$$\sum_{n=1}^{\infty} u_n(x_0) = u_1(x_0) + u_2(x_0) + \cdots + u_n(x_0) + \cdots, \tag{7.4.2}$$

这个级数可能收敛也可能发散.

定义 2 如果常数项级数 (7.4.2) 收敛,则称 x_0 为函数项级数 (7.4.1) 的**收敛点**;否则,称 x_0 为函数项级数 (7.4.1) 的**发散点**. 函数项级数 $\sum_{n=1}^{\infty} u_n(x)$ 的收敛点所构成的集合称为它的**收敛域**,发散点所构成的集合称为它的**发散域**.

定义 3 对于函数项级数 $\sum_{n=1}^{\infty} u_n(x)$ 收敛域内的任意点 x,都有一个确定的和 $s(x)$,这样就构成了定义在收敛域上的函数 $s(x)$,称为函数项级数 $\sum_{n=1}^{\infty} u_n(x)$ 的**和函数**,记作

$$s(x) = u_1(x) + u_2(x) + \cdots + u_n(x) + \cdots,$$

和函数 $s(x)$ 的定义域就是级数 $\sum_{n=1}^{\infty} u_n(x)$ 的收敛域.

设函数项级数 $\sum_{n=1}^{\infty} u_n(x)$ 的前 n 项和为 $s_n(x)$,则在收敛域上有

$$\lim_{n \to \infty} s_n(x) = s(x).$$

记 $r_n(x) = s(x) - s_n(x)$ 为函数项级数 $\sum_{n=1}^{\infty} u_n(x)$ 的余项,则在函数项级数 $\sum_{n=1}^{\infty} u_n(x)$ 的收

敛域上有
$$\lim_{n \to \infty} r_n(x) = 0.$$

例1 求定义在区间$(-\infty, +\infty)$上的函数项级数
$$\sum_{n=0}^{\infty} x^n = 1 + x + x^2 + \cdots + x^{n-1} + \cdots$$
的收敛域与和函数$s(x)$.

解 当$x \neq 1$时,级数的部分和函数$s_n(x) = \dfrac{1-x^n}{1-x}$.

当$|x| < 1$时,有
$$s(x) = \lim_{n \to \infty} s_n(x) = \frac{1}{1-x};$$

当$|x| > 1$时,级数发散;

当$x = \pm 1$时,级数也发散.

综上所述,等比级数$\sum_{n=0}^{\infty} x^n$的收敛域为开区间$(-1, 1)$,和函数$s(x) = \dfrac{1}{1-x}$,即
$$\frac{1}{1-x} = 1 + x + x^2 + \cdots + x^{n-1} + \cdots \quad (-1 < x < 1).$$

7.4.2 幂级数及其收敛性

在函数项级数中,应用最广泛也最重要的两类级数是幂级数以及将在7.6节中讨论的三角级数.

定义4 一般项都是幂函数的级数,即形如
$$\sum_{n=0}^{\infty} a_n(x-x_0)^n = a_0 + a_1(x-x_0) + \cdots + a_n(x-x_0)^n + \cdots \qquad (7.4.3)$$

的函数项级数称为**幂级数**,其中$a_0, a_1, \cdots, a_n, \cdots$称为**幂级数的系数**.

特别地,当$x_0 = 0$时,幂级数(7.4.3)成为如下形式:
$$\sum_{n=0}^{\infty} a_n x^n = a_0 + a_1 x + a_2 x^2 + \cdots + a_n x^n + \cdots. \qquad (7.4.4)$$

例如
$$1 + x + x^2 + \cdots + x^n + \cdots,$$

$$1+x+\frac{1}{2!}x^2+\frac{1}{3!}x^3+\cdots+\frac{1}{n!}x^n+\cdots,$$

$$x+\frac{1}{3!}x^3+\frac{1}{5!}x^5+\cdots+\frac{1}{(2n-1)!}x^{2n-1}+\cdots.$$

注意到只要把幂级数 $\sum_{n=0}^{\infty} a_n(x-x_0)^n$ 中的 $x-x_0$ 换成 t 就可以得到幂级数 $\sum_{n=0}^{\infty} a_n t^n = \sum_{n=0}^{\infty} a_n x^n$,于是我们着重讨论 $\sum_{n=0}^{\infty} a_n x^n$ 的情形.

对于幂级数 $\sum_{n=0}^{\infty} a_n x^n$,首先要讨论它的收敛域.

显然,幂级数 $\sum_{n=0}^{\infty} a_n x^n$ 在点 $x=0$ 处收敛.

如果 $\sum_{n=0}^{\infty} a_n x^n$ 有非零的收敛点,下面的定理告诉我们,它的收敛域是一个区间.

定理 1(阿贝尔(Abel)定理) (1)如果幂级数 $\sum_{n=0}^{\infty} a_n x^n$ 在 x_0 ($x_0 \neq 0$) 处收敛,则当 $|x|<|x_0|$ 时,幂级数 $\sum_{n=0}^{\infty} a_n x^n$ 绝对收敛;

(2)如果幂级数 $\sum_{n=0}^{\infty} a_n x^n$ 在 x_0 ($x_0 \neq 0$) 处发散,则当 $|x|>|x_0|$ 时,幂级数 $\sum_{n=0}^{\infty} a_n x^n$ 都发散.

证 (1)因为 $\sum_{n=0}^{\infty} a_n x_0^n$ 收敛,根据级数收敛的必要条件,有 $\lim_{n \to \infty} a_n x_0^n = 0$,于是存在一个常数 M,使得

$$|a_n x_0^n| \leq M \quad (n=0,1,2,\cdots).$$

级数 $\sum_{n=0}^{\infty} a_n x^n$ 的一般项的绝对值满足

$$|a_n x^n| = \left|a_n x_0^n\right|\left|\frac{x}{x_0}\right|^n \leq M\left|\frac{x}{x_0}\right|^n \quad (n=0,1,2,\cdots).$$

当 $|x|<|x_0|$ 时,$\sum_{n=0}^{\infty} M\left|\frac{x}{x_0}\right|^n$ 是公比为 $\left|\frac{x}{x_0}\right|<1$ 的等比级数,故收敛,所以级数 $\sum_{n=0}^{\infty} \left|a_n x^n\right|$ 收敛,也就是级数 $\sum_{n=0}^{\infty} a_n x^n$ 绝对收敛.

(2)若级数 $\sum_{n=0}^{\infty} a_n x^n$ 在 x_0 处发散,如有 $|x_1|>|x_0|$ 使得级数 $\sum_{n=0}^{\infty} a_n x_1^n$ 收敛,由定理 1 的第一部分可知,级数 $\sum_{n=0}^{\infty} a_n x^n$ 在 x_0 处收敛,这与题设矛盾,故对于一切满足 $|x|>|x_0|$ 的 x,级数 $\sum_{n=0}^{\infty} a_n x^n$ 发散.

定理 1 告诉我们,如果幂级数 $\sum_{n=0}^{\infty} a_n x^n$ 除 $x=0$ 外还有其他收敛点,也不是在整个数轴上都收敛,则从原点向两侧,首先是收敛点,然后是发散点.

幂级数 $\sum_{n=0}^{\infty} a_n x^n$ 在 $(-\infty,+\infty)$ 上的收敛域有以下三种情形:

(1)其收敛域是以原点为中心,R 为半径的有限区间. 即幂级数在 $(-R,R)$ 内收敛,在 $[-R,R]$ 外一定发散,在端点 $x=\pm R$ 处可能收敛也可能发散.

此时称 R 为幂级数 $\sum_{n=0}^{\infty} a_n x^n$ 的**收敛半径**,称开区间 $(-R,R)$ 为幂级数 $\sum_{n=0}^{\infty} a_n x^n$ 的**收敛区间**. 再由幂级数在端点 $x=\pm R$ 处的敛散性决定其收敛域是 $(-R,R)$,$[-R,R]$,$(-R,R]$ 或 $[-R,R)$ 这四个区间之一.

(2)其收敛域是无穷区间 $(-\infty,+\infty)$,此时称幂级数 $\sum_{n=0}^{\infty} a_n x^n$ 的收敛半径为无穷大,即 $R=+\infty$.

(3)其收敛域为 $\{0\}$,即幂级数 $\sum_{n=0}^{\infty} a_n x^n$ 仅在 $x=0$ 处收敛,此时称收敛半径 $R=0$.

由上述讨论可知,求幂级数收敛域的关键在于求出其收敛半径,下面的定理给出了求收敛半径的具体方法.

定理 2 对于幂级数 $\sum_{n=0}^{\infty} a_n x^n$,如果

$$\lim_{n\to\infty}\left|\frac{a_{n+1}}{a_n}\right|=\rho \quad \left(\text{或} \lim_{n\to\infty}\sqrt[n]{|a_n|}=\rho\right),$$

则幂级数 $\sum_{n=0}^{\infty} a_n x^n$ 的收敛半径

$$R=\begin{cases} \dfrac{1}{\rho}, & 0<\rho<+\infty, \\ +\infty, & \rho=0, \\ 0, & \rho=+\infty. \end{cases}$$

证 考察幂级数 $\sum_{n=0}^{\infty} a_n x^n$ 的各项取绝对值所成的正项级数

$$|a_0| + |a_1 x| + |a_2 x^2| + \cdots + |a_{n-1} x^{n-1}| + |a_n x^n| + \cdots,$$

由于

$$\lim_{n \to \infty} \frac{|a_{n+1} x^{n+1}|}{|a_n x^n|} = \lim_{n \to \infty} \left|\frac{a_{n+1}}{a_n}\right| |x| = \rho |x|,$$

由正项级数的比值审敛法可知:

(1) 如果 $0 < \rho < +\infty$,则当 $\rho|x| < 1$,即 $|x| < \frac{1}{\rho}$ 时,幂级数 $\sum_{n=0}^{\infty} |a_n x^n|$ 收敛,从而幂级数 $\sum_{n=0}^{\infty} a_n x^n$ 绝对收敛;当 $\rho|x| > 1$,即 $|x| > \frac{1}{\rho}$ 时,幂级数 $\sum_{n=0}^{\infty} |a_n x^n|$ 发散,则 $\lim_{n \to \infty} |a_n x^n| \neq 0$,故 $\lim_{n \to \infty} a_n x^n \neq 0$,由此可知幂级数 $\sum_{n=0}^{\infty} a_n x^n$ 发散,于是收敛半径 $R = \frac{1}{\rho}$;

(2) 如果 $\rho = 0$,则对一切 $x \in (-\infty, +\infty)$,有

$$\lim_{n \to \infty} \frac{|a_{n+1} x^{n+1}|}{|a_n x^n|} = \rho|x| = 0 < 1,$$

从而幂级数 (7.4.4) 在 $(-\infty, +\infty)$ 上绝对收敛,于是 $R = +\infty$;

(3) 如果 $\rho = +\infty$,则对一切 $x \neq 0$,有 $\lim_{n \to \infty} \frac{|a_{n+1} x^{n+1}|}{|a_n x^n|} = +\infty$,从而幂级数 $\sum_{n=0}^{\infty} a_n x^n$ 必发散,于是 $R = 0$.

$\lim_{n \to \infty} \sqrt[n]{|a_n|} = \rho$ 的情形类似可证.

例 2 求幂级数 $\sum_{n=1}^{\infty} \frac{x^n}{n}$ 的收敛半径、收敛区间和收敛域.

解 由于

$$\rho = \lim_{n \to \infty} \left|\frac{a_{n+1}}{a_n}\right| = \lim_{n \to \infty} \frac{\frac{1}{n+1}}{\frac{1}{n}} = 1,$$

所以收敛半径 $R = 1$,收敛区间为 $(-1, 1)$.

当 $x = 1$ 时,幂级数成为调和级数 $\sum_{n=1}^{\infty} \frac{1}{n}$,该级数发散;

当 $x=-1$ 时,幂级数成为交错级数 $\sum_{n=1}^{\infty}\frac{(-1)^n}{n}$,由莱布尼茨定理可知,该级数收敛.

所以收敛域为 $[-1,1)$.

例 3 求幂级数
$$1+x+\frac{1}{2!}x^2+\frac{1}{3!}x^3+\cdots+\frac{1}{n!}x^n+\cdots$$
的收敛域.

解 因为 $\rho=\lim_{n\to\infty}\left|\frac{a_{n+1}}{a_n}\right|=\lim_{n\to\infty}\frac{\frac{1}{(n+1)!}}{\frac{1}{n!}}=\lim_{n\to\infty}\frac{1}{n+1}=0$,所以收敛半径 $R=+\infty$,收敛域为 $(-\infty,+\infty)$.

例 4 求幂级数 $\sum_{n=0}^{\infty}\frac{(n+1)!}{2^n}x^n$ 的收敛域.

解 因为
$$\rho=\lim_{n\to\infty}\left|\frac{a_{n+1}}{a_n}\right|=\lim_{n\to\infty}\frac{(n+2)!}{2^{n+1}}\cdot\frac{2^n}{(n+1)!}=\lim_{n\to\infty}\frac{n+2}{2}=+\infty,$$
所以收敛半径 $R=0$,幂级数仅在 $x=0$ 处收敛,收敛域为 $\{0\}$.

如果幂级数的形式为 $\sum_{n=0}^{\infty}a_n(x-x_0)^n$,可作变量代换 $x-x_0=t$,使之成为幂级数 $\sum_{n=0}^{\infty}a_nt^n$ 的形式,再进行讨论.

例 5 求幂级数 $\sum_{n=1}^{\infty}\frac{(x-1)^n}{2^n\cdot n}$ 的收敛域.

解 令 $x-1=t$,则原来的幂级数成为 $\sum_{n=1}^{\infty}\frac{t^n}{2^n\cdot n}$,由于
$$\rho=\lim_{n\to\infty}\left|\frac{a_{n+1}}{a_n}\right|=\lim_{n\to\infty}\frac{\frac{1}{2^{n+1}(n+1)}}{\frac{1}{2^n\cdot n}}=\lim_{n\to\infty}\frac{n}{2(n+1)}=\frac{1}{2},$$
故幂级数 $\sum_{n=1}^{\infty}\frac{t^n}{2^n\cdot n}$ 的收敛半径 $R=2$,收敛区间为 $-2<t<2$,即 $-1<x<3$.

当 $x=-1$ 时,幂级数成为 $\sum_{n=1}^{\infty}\frac{(-1)^n}{n}$,该级数收敛;

当 $x=3$ 时,幂级数成为 $\sum_{n=1}^{\infty}\frac{1}{n}$,该级数发散.

所以幂级数 $\sum_{n=1}^{\infty}\frac{(x-1)^n}{2^n\cdot n}$ 的收敛域为 $[-1,3)$.

在定理 2 中,要求幂级数所有项的系数 $a_n\neq 0$. 如果其中有无穷多项的系数 $a_n=0$,就称为缺项级数,此时不能使用定理 2,而要根据正项级数的比值审敛法(或根值审敛法)确定幂级数的收敛半径 R.

例 6 求幂级数 $\sum_{n=0}^{\infty}\frac{x^{2n}}{4^n}$ 的收敛域.

解 因为级数中缺少 x 的奇次幂项,所以不能用定理 2 确定 R,我们可用根值审敛法求得幂级数的收敛半径 R.

由于

$$\lim_{n\to\infty}\sqrt[n]{|u_n|}=\lim_{n\to\infty}\sqrt[n]{\frac{|x^{2n}|}{4^n}}=\frac{x^2}{4},$$

当 $\frac{x^2}{4}<1$,即 $|x|<2$ 时,幂级数绝对收敛;当 $\frac{x^2}{4}>1$,即 $|x|>2$ 时,幂级数发散,故 $R=2$. 当 $x=\pm 2$ 时,级数成为 $\sum_{n=0}^{\infty}1$,它是发散的,所以幂级数 $\sum_{n=0}^{\infty}\frac{x^{2n}}{4^n}$ 的收敛域为 $(-2,2)$.

例 7 求幂级数 $\sum_{n=1}^{\infty}\frac{x^{2n-1}}{n\cdot 3^n}$ 的收敛域.

解 因为级数中缺少 x 的偶次幂项,所以不能用定理 2 确定 R,我们可用比值审敛法求得幂级数的收敛半径 R.

由于

$$\lim_{n\to\infty}\left|\frac{u_{n+1}(x)}{u_n(x)}\right|=\lim_{n\to\infty}\left|\frac{\frac{x^{2(n+1)-1}}{(n+1)3^{n+1}}}{\frac{x^{2n-1}}{n3^n}}\right|=\frac{x^2}{3}\lim_{n\to\infty}\frac{n}{n+1}=\frac{x^2}{3},$$

当 $\frac{x^2}{3}<1$,即 $|x|<\sqrt{3}$ 时,幂级数绝对收敛;当 $\frac{x^2}{3}>1$,即 $|x|>\sqrt{3}$ 时,幂级数发散,故 $R=\sqrt{3}$.

当 $x=\pm\sqrt{3}$ 时,级数成为 $\pm\frac{1}{\sqrt{3}}\sum_{n=1}^{\infty}\frac{1}{n}$,发散,所以原幂级数的收敛域为 $\left(-\sqrt{3},\sqrt{3}\right)$.

7.4.3 幂级数的运算

定理 3 设幂级数 $\sum_{n=0}^{\infty}a_n x^n$ 和 $\sum_{n=0}^{\infty}b_n x^n$ 的收敛半径分别为 R_1 与 R_2，记 $R = \min\{R_1, R_2\}$，则在收敛区间 $(-R, R)$ 上，有

(1) $\sum_{n=0}^{\infty}a_n x^n \pm \sum_{n=0}^{\infty}b_n x^n = \sum_{n=0}^{\infty}(a_n \pm b_n)x^n$；

(2) $\left(\sum_{n=0}^{\infty}a_n x^n\right)\left(\sum_{n=0}^{\infty}b_n x^n\right) = \sum_{n=0}^{\infty}c_n x^n$，

其中 $c_n = a_0 b_n + a_1 b_{n-1} + \cdots + a_{n-1}b_1 + a_n b_0$；

(3) $\dfrac{\sum_{n=0}^{\infty}a_n x^n}{\sum_{n=0}^{\infty}b_n x^n} = \sum_{n=0}^{\infty}c_n x^n$，

这里 $b_0 \neq 0$，系数 $c_i(i=0,1,2,\cdots)$ 由等式

$$\sum_{n=0}^{\infty}a_n x^n = \left(\sum_{n=0}^{\infty}b_n x^n\right)\left(\sum_{n=0}^{\infty}c_n x^n\right)$$

两边比较同次幂的系数确定.

两个收敛幂级数相加减或相乘所得到的幂级数，其收敛半径 $R \geqslant \min\{R_1, R_2\}$，相除所得的幂级数的收敛区间可能比原来两个级数的收敛区间小得多.

7.4.4 幂级数和函数的性质

定理 4 设幂级数 $\sum_{n=0}^{\infty}a_n x^n$ 的和函数为 $s(x)$，收敛半径为 R，则

(1) $s(x)$ 在区间 $(-R, R)$ 内连续.

如果幂级数 $\sum_{n=0}^{\infty}a_n x^n$ 在区间 $(-R, R)$ 的端点 $x = R$（或 $x = -R$）处也收敛，则 $s(x)$ 在 $x = R$ 处左连续（或在 $x = -R$ 处右连续）.

(2) $s(x)$ 在区间 $(-R, R)$ 内可导，且有逐项求导公式

$$s'(x) = \left(\sum_{n=0}^{\infty}a_n x^n\right)' = \sum_{n=0}^{\infty}\left(a_n x^n\right)' = \sum_{n=1}^{\infty}n a_n x^{n-1}. \tag{7.4.5}$$

逐项求导后所得到的幂级数与原级数有相同的收敛半径.

(3) $s(x)$ 在区间 $(-R, R)$ 内可积，且有逐项积分公式

$$\int_0^x s(x)\mathrm{d}x = \int_0^x \left(\sum_{n=0}^{\infty} a_n x^n\right)\mathrm{d}x = \sum_{n=0}^{\infty} \int_0^x \left(a_n x^n\right)\mathrm{d}x = \sum_{n=0}^{\infty} \frac{a_n}{n+1} x^{n+1}. \qquad (7.4.6)$$

逐项积分后所得到的幂级数与原级数有相同的收敛半径.

推论 1 幂级数 $\sum_{n=0}^{\infty} a_n x^n$ 的和函数 $s(x)$ 在收敛区间 $(-R,R)$ 内具有任意阶导数, 且

$$s^{(n)}(x) = \sum_{k=0}^{\infty} \left(a_k x^k\right)^{(n)}.$$

注 可以证明, 如果逐项求导、逐项积分后所得的幂级数在 $x=R$ 或 $x=-R$ 处收敛, 则在 $x=R$ 或 $x=-R$ 处等式(7.4.5), (7.4.6) 仍成立.

例 8 求幂级数 $\sum_{n=1}^{\infty} n x^{n-1}$ 的和函数.

解 由

$$\lim_{n \to \infty} \left|\frac{a_{n+1}}{a_n}\right| = \lim_{n \to \infty} \frac{n+1}{n} = 1,$$

得收敛半径 $R=1$, 收敛区间为 $(-1,1)$. 当 $x=1$ 和 $x=-1$ 时级数发散, 所以幂级数 $\sum_{n=1}^{\infty} n x^{n-1}$ 的收敛域为 $(-1,1)$.

设和函数为 $s(x)$, 有

$$s(x) = \sum_{n=1}^{\infty} n x^{n-1} = \sum_{n=1}^{\infty} (x^n)' = \left(\sum_{n=1}^{\infty} x^n\right)'$$

$$= \left(\frac{x}{1-x}\right)' = \frac{1}{(1-x)^2}, \quad x \in (-1,1).$$

例 9 求幂级数 $\sum_{n=0}^{\infty} \frac{x^n}{n+1}$ 的和函数.

解 由

$$\lim_{n \to \infty} \left|\frac{a_{n+1}}{a_n}\right| = \lim_{n \to \infty} \frac{n+1}{n+2} = 1,$$

得收敛半径 $R=1$, 收敛区间为 $(-1,1)$.

当 $x=-1$ 时, 级数成为 $\sum_{n=0}^{\infty} \frac{(-1)^n}{n+1}$, 收敛; 当 $x=1$ 时, 级数成为 $\sum_{n=0}^{\infty} \frac{1}{n+1}$, 发散,

故幂级数 $\sum_{n=0}^{\infty} \dfrac{x^n}{n+1}$ 的收敛域为 $[-1,1)$.

设和函数为 $s(x)$, 即
$$s(x) = \sum_{n=0}^{\infty} \frac{x^n}{n+1}, \quad x \in [-1,1),$$

于是
$$xs(x) = \sum_{n=0}^{\infty} \frac{x^{n+1}}{n+1},$$

逐项求导, 得
$$[xs(x)]' = \left(\sum_{n=0}^{\infty} \frac{x^{n+1}}{n+1}\right)' = \sum_{n=0}^{\infty} \left(\frac{x^{n+1}}{n+1}\right)' = \sum_{n=0}^{\infty} x^n = \frac{1}{1-x}, \quad x \in (-1,1).$$

上式两端从 0 到 x 积分, 得
$$xs(x) = \int_0^x [xs(x)]' \mathrm{d}x = \int_0^x \frac{1}{1-x} \mathrm{d}x = -\ln(1-x), \quad x \in [-1,1).$$

当 $x \neq 0$ 时,
$$s(x) = -\frac{1}{x} \ln(1-x),$$

显然, $s(0) = a_0 = 1$, 所以
$$s(x) = \begin{cases} -\dfrac{1}{x} \ln(1-x), & x \in [-1,1), x \neq 0, \\ 1, & x = 0. \end{cases}$$

习 题 7.4

1. 求下列幂级数的收敛半径与收敛域:

(1) $\sum_{n=1}^{\infty} n x^n$;

(2) $\sum_{n=1}^{\infty} (-1)^n \dfrac{x^n}{n^2}$;

(3) $\sum_{n=1}^{\infty} 2^n x^n$;

(4) $\sum_{n=1}^{\infty} n! x^n$;

(5) $\sum_{n=1}^{\infty} \dfrac{x^n}{2^n \cdot n}$;

(6) $\sum_{n=1}^{\infty} (-1)^n \dfrac{5^n x^n}{\sqrt{n}}$;

(7) $\sum_{n=1}^{\infty} \dfrac{x^{2n+1}}{3^n}$;

(8) $\sum_{n=1}^{\infty} 2^n (x+3)^{2n}$;

(9) $\sum_{n=1}^{\infty} \frac{(x-2)^n}{n}$;

(10) $\sum_{n=1}^{\infty} (-1)^{n-1} \frac{(2x-3)^n}{2n-1}$.

2. 利用逐项求导或逐项积分，求下列函数的和函数：

(1) $x - \frac{x^3}{3} + \frac{x^5}{5} - \frac{x^7}{7} + \cdots$;

(2) $2x + 4x^3 + 6x^5 + 8x^7 + \cdots$;

(3) $\sum_{n=1}^{\infty} (-1)^{n-1} \frac{x^n}{n}$;

(4) $\sum_{n=1}^{\infty} (-1)^{n-1} \frac{x^n}{n+1}$;

(5) $\sum_{n=1}^{\infty} n(n+1)x^n$;

(6) $\sum_{n=1}^{\infty} \frac{1}{n \cdot 2^n} x^{n-1}$.

7.5 函数展开成幂级数

7.4 节讨论了幂级数的收敛域及其和函数的性质. 我们知道幂级数在收敛域内可以表示一个函数, 但在实际应用中经常会遇到相反的问题, 即函数 $f(x)$ 在给定的区间上是否可以展开成一个幂级数, 本节就讨论这个问题.

假设函数 $f(x)$ 可以展开成幂级数, 即它可以表示成

$$f(x) = \sum_{n=0}^{\infty} a_n (x - x_0)^n$$
$$= a_0 + a_1(x - x_0) + a_2(x - x_0)^2 + \cdots + a_n(x - x_0)^n + \cdots, \quad (7.5.1)$$

则由和函数的性质可知, $f(x)$ 必有任意阶导数, 且

$$f'(x) = a_1 + 2a_2(x - x_0) + \cdots + na_n(x - x_0)^{n-1} + \cdots,$$
$$f''(x) = 2a_2 + 6a_3(x - x_0) + \cdots + n(n-1)a_n(x - x_0)^{n-2} + \cdots, \cdots,$$
$$f^{(n)}(x) = n!a_n + (n+1)!a_{n+1}(x - x_0) + \frac{(n+2)!}{2!}a_{n+2}(x - x_0)^2 + \cdots, \cdots.$$

在以上各式中令 $x = x_0$, 得

$$f(x_0) = a_0, f'(x_0) = a_1, f''(x_0) = 2a_2, \cdots, f^{(n)}(x_0) = n!a_n, \cdots,$$

即

$$a_0 = f(x_0), a_1 = f'(x_0), a_2 = \frac{f''(x_0)}{2!}, \cdots, a_n = \frac{f^{(n)}(x_0)}{n!}, \cdots. \quad (7.5.2)$$

将求得的系数代入 (7.5.1) 式, 得

$$f(x) = f(x_0) + f'(x_0)(x - x_0) + \frac{f''(x_0)}{2!}(x - x_0)^2 + \cdots$$
$$+ \frac{f^{(n)}(x_0)}{n!}(x - x_0)^n + \cdots.$$

由此可知，如果函数 $f(x)$ 能展开为 $x-x_0$ 的幂级数，那么这个幂级数是唯一的，且它的系数 a_n 由 (7.5.2) 式确定，即

$$a_n = \frac{f^{(n)}(x_0)}{n!}, \quad n = 0, 1, 2, \cdots.$$

7.5.1 泰勒级数

定义 1 幂级数

$$\begin{aligned}
& f(x_0) + f'(x_0)(x-x_0) + \frac{f''(x_0)}{2!}(x-x_0)^2 + \cdots \\
& + \frac{f^{(n)}(x_0)}{n!}(x-x_0)^n + \cdots \\
& = \sum_{n=0}^{\infty} \frac{1}{n!} f^{(n)}(x_0)(x-x_0)^n,
\end{aligned} \quad (7.5.3)$$

称为函数 $f(x)$ 在点 x_0 处的**泰勒 (Taylor) 级数**.

显然，只要 $f(x)$ 在点 x_0 处具有任意阶导数，就可以在形式上构造出它的泰勒级数 (7.5.3). 但是，这个泰勒级数未必收敛，在收敛的情况下也不一定收敛于 $f(x)$.

下面讨论在什么条件下，泰勒级数 (7.5.3) 收敛且收敛于函数 $f(x)$.

泰勒中值定理告诉我们，如果函数 $f(x)$ 在点 x_0 的某一邻域 $U(x_0)$ 内具有任意阶导数，则对 $n \in \mathbf{N}$，有如下的**泰勒公式**：

$$\begin{aligned}
f(x) = & f(x_0) + f'(x_0)(x-x_0) + \frac{f''(x_0)}{2!}(x-x_0)^2 + \cdots \\
& + \frac{f^{(n)}(x_0)}{n!}(x-x_0)^n + R_n(x),
\end{aligned}$$

其中

$$R_n(x) = \frac{f^{(n+1)}(\xi)}{(n+1)!}(x-x_0)^{n+1} \quad (\xi \text{ 介于 } x \text{ 与 } x_0 \text{ 之间}).$$

将泰勒公式与泰勒级数加以比较可以看出，泰勒公式中关于 $x-x_0$ 的 n 次多项式就是 $f(x)$ 在点 x_0 处泰勒级数的前 $n+1$ 项部分和 $s_{n+1}(x)$. 因此，$f(x)$ 在 $U(x_0)$ 内能展开成它在点 x_0 处泰勒级数的充要条件是

$$\lim_{n \to \infty} s_{n+1}(x) = f(x), \quad x \in U(x_0),$$

即

$$\lim_{n \to \infty} R_n(x) = 0, \quad x \in U(x_0).$$

综上所述，我们有如下定理：

定理 1 设函数 $f(x)$ 在 x_0 的某邻域 $U(x_0)$ 内具有各阶导数,则在该邻域内 $f(x)$ 可展开成泰勒级数的充分必要条件是 $f(x)$ 的泰勒公式中余项 $R_n(x)$ 当 $n \to \infty$ 时极限为零,即

$$\lim_{n \to \infty} R_n(x) = 0, \quad x \in U(x_0).$$

这时,有等式

$$f(x) = f(x_0) + f'(x_0)(x - x_0) + \frac{f''(x_0)}{2!}(x - x_0)^2 + \cdots \\ + \frac{f^{(n)}(x_0)}{n!}(x - x_0)^n + \cdots, \quad x \in U(x_0). \tag{7.5.4}$$

定义 2 展开式 (7.5.4) 称为函数 $f(x)$ 在点 x_0 处的**泰勒展开式**.

特别地,取 $x_0 = 0$,得函数 $f(x)$ 在点 $x_0 = 0$ 处的泰勒展开式

$$f(x) = f(0) + f'(0)x + \frac{f''(0)}{2!}x^2 + \cdots + \frac{f^{(n)}(0)}{n!}x^n + \cdots. \tag{7.5.5}$$

(7.5.5) 式称为函数 $f(x)$ 的**麦克劳林 (Maclaurin) 展开式**,右端的级数称为函数 $f(x)$ 的**麦克劳林级数**.

函数 $f(x)$ 的泰勒级数是 $x - x_0$ 的幂级数;函数 $f(x)$ 的麦克劳林级数是 x 的幂级数.

7.5.2 函数展开成幂级数

1. 直接展开法

根据函数展开成幂级数的充要条件,可按下列步骤将函数 $f(x)$ 展开成 x 的幂级数,这种方法称为**直接展开法**.

(1) 求出 $f(x)$ 的各阶导数: $f'(x), f''(x), \cdots, f^{(n)}(x), \cdots$;

(2) 求出 $f(x)$ 及其各阶导数在 $x = 0$ 处的函数值: $f(0), f'(0), f''(0), \cdots, f^{(n)}(0), \cdots$;

(3) 写出函数的麦克劳林级数

$$f(0) + f'(0)x + \frac{f''(0)}{2!}x^2 + \cdots + \frac{f^{(n)}(0)}{n!}x^n + \cdots,$$

并求出其收敛半径 R;

(4) 考察当 $x \in (-R, R)$ 时,余项 $R_n(x)$ 的极限

$$\lim_{n \to \infty} R_n(x) = \lim_{n \to \infty} \frac{f^{(n+1)}(\xi)}{(n+1)!} x^{n+1} \quad (\xi \text{ 介于 } 0 \text{ 与 } x \text{ 之间})$$

是否为零. 如果 $\lim\limits_{n\to\infty} R_n(x) = 0$, 则函数 $f(x)$ 在 $(-R,R)$ 内的幂级数展开式为

$$f(x) = f(0) + f'(0)x + \frac{f''(0)}{2!}x^2 + \cdots + \frac{f^{(n)}(0)}{n!}x^n + \cdots, \quad x \in (-R,R).$$

例1 将函数 $f(x) = e^x$ 展开成 x 的幂级数.

解 (1) $f^{(n)}(x) = e^x, n = 0,1,2,\cdots$;

(2) $f^{(n)}(0) = 1, n = 0,1,2,\cdots$;

(3) $f(x) = e^x$ 的麦克劳林级数为

$$1 + x + \frac{1}{2!}x^2 + \frac{1}{3!}x^3 + \cdots + \frac{1}{n!}x^n + \cdots,$$

其收敛半径 $R = +\infty$;

(4) $R_n(x) = \dfrac{e^\xi}{(n+1)!}x^{n+1}$ (ξ 介于 0 与 x 之间), 对于任意有限的数 x, 有

$$|R_n(x)| = \left|\frac{e^\xi}{(n+1)!}x^{n+1}\right| < e^{|x|} \cdot \frac{|x|^{n+1}}{(n+1)!}.$$

因 $e^{|x|}$ 为有限值, 而 $\dfrac{|x|^{n+1}}{(n+1)!}$ 是收敛级数 $\sum\limits_{n=0}^{\infty} \dfrac{|x|^{n+1}}{(n+1)!}$ 的一般项, 故 $\lim\limits_{n\to\infty} \dfrac{|x|^{n+1}}{(n+1)!} = 0$, 从而 $\lim\limits_{n\to\infty} |R_n(x)| = 0$, 即 $\lim\limits_{n\to\infty} R_n(x) = 0$, 于是得展开式

$$e^x = 1 + x + \frac{1}{2!}x^2 + \frac{1}{3!}x^3 + \cdots + \frac{1}{n!}x^n + \cdots, \quad x \in (-\infty, +\infty).$$

例2 将函数 $f(x) = \sin x$ 展开成 x 的幂级数.

解 由

$$f^{(n)}(x) = \sin\left(x + n\cdot\frac{\pi}{2}\right) \quad (n = 0,1,2,\cdots),$$

得 $f(0) = 0,\ f'(0) = 1,\ f''(0) = 0,\ f'''(0) = -1,\ f^{(4)}(0) = 0,\cdots$.

$f(x) = \sin x$ 的麦克劳林级数为

$$x - \frac{1}{3!}x^3 + \frac{1}{5!}x^5 - \cdots + (-1)^{n-1}\frac{x^{2n-1}}{(2n-1)!} + \cdots,$$

可求得收敛半径 $R = +\infty$.

$$R_n(x) = \frac{\sin\left[\xi + \dfrac{n(n+1)}{2}\pi\right]}{(n+1)!}x^{n+1} \quad (\xi \text{ 介于 0 与 } x \text{ 之间}), \text{ 对于任意有限的数 } x, \text{ 有}$$

$$|R_n(x)| = \left| \frac{\sin\left[\xi + \frac{n(n+1)}{2}\pi\right]}{(n+1)!} x^{n+1} \right| < \frac{|x|^{n+1}}{(n+1)!} \to 0 \quad (n \to \infty),$$

于是得展开式

$$\sin x = x - \frac{1}{3!}x^3 + \frac{1}{5!}x^5 - \cdots + (-1)^n \frac{x^{2n+1}}{(2n+1)!} + \cdots \quad (-\infty < x < +\infty).$$

2. 间接展开法

直接展开法计算量较大,还要考察余项 $R_n(x)$ 的极限是否为零,如果 $f(x)$ 是比较复杂的函数,用直接展开法往往很不方便. 根据函数展开为幂级数的唯一性,可以从一些已知函数的幂级数展开式出发,通过变量代换、四则运算、逐项求导以及逐项积分等运算,求得所给函数的幂级数展开式,这种方法称为**间接展开法**. 间接展开法不但计算简单,而且避免研究余项,是求函数的幂级数展开式的常用方法.

前面我们已经求得的幂级数展开式有

$$e^x = \sum_{n=0}^{\infty} \frac{1}{n!} x^n \quad (-\infty < x < +\infty),$$

$$\sin x = \sum_{n=0}^{\infty} \frac{(-1)^n}{(2n+1)!} x^{2n+1} \quad (-\infty < x < +\infty),$$

$$\frac{1}{1+x} = \sum_{n=0}^{\infty} (-1)^n x^n \quad (-1 < x < 1).$$

利用这些展开式,可以求得许多函数的幂级数展开式.

例3 将函数 $f(x) = \cos x$ 展开成 x 的幂级数.

解 由于

$$\sin x = x - \frac{1}{3!}x^3 + \frac{1}{5!}x^5 - \cdots + (-1)^n \frac{x^{2n+1}}{(2n+1)!} + \cdots \quad (-\infty < x < +\infty),$$

逐项求导,得

$$\cos x = 1 - \frac{1}{2!}x^2 + \frac{1}{4!}x^4 - \cdots + (-1)^n \frac{x^{2n}}{(2n)!} + \cdots \quad (-\infty < x < +\infty).$$

例4 将函数 $f(x) = \ln(1+x)$ 展开成 x 的幂级数.

解 因为 $f'(x) = \dfrac{1}{1+x}$,而

$$\frac{1}{1+x} = \sum_{n=0}^{\infty}(-1)^n x^n$$
$$= 1 - x + x^2 - x^3 + x^4 - x^5 + \cdots + (-1)^n x^n + \cdots \quad (-1 < x < 1),$$

将上式两边从 0 到 x 积分,得

$$\ln(1+x) = x - \frac{x^2}{2} + \frac{x^3}{3} - \frac{x^4}{4} + \cdots + (-1)^n \frac{x^{n+1}}{n+1} + \cdots \quad (-1 < x < 1).$$

由于 $\ln(1+x)$ 在 $x=1$ 处连续,而当 $x=1$ 时,级数 $\sum_{n=0}^{\infty}(-1)^n \frac{x^{n+1}}{n+1}$ 是收敛的交错级数,所以上述展开式在 $x=1$ 处也成立,于是有

$$\ln(1+x) = x - \frac{x^2}{2} + \frac{x^3}{3} - \frac{x^4}{4} + \cdots + (-1)^n \frac{x^{n+1}}{n+1} + \cdots, \quad x \in (-1,1].$$

例 5 将函数 $f(x) = \arctan x$ 展开成麦克劳林级数.

解 因为

$$\arctan x = \int_0^x \frac{1}{1+t^2} dt,$$

而将函数 $\frac{1}{1+x}$ 的幂级数展开式中的 x 换成 x^2,得

$$\frac{1}{1+x^2} = 1 - x^2 + x^4 - x^6 + \cdots + (-1)^n x^{2n} + \cdots \quad (-1 < x < 1).$$

将上式两边从 0 到 x 积分,得

$$\arctan x = x - \frac{x^3}{3} + \frac{x^5}{5} - \frac{x^7}{7} + \cdots + (-1)^n \frac{x^{2n+1}}{2n+1} + \cdots \quad (-1 < x < 1).$$

由于 $\arctan x$ 在 $x = \pm 1$ 处连续,而当 $x = \pm 1$ 时,级数 $\sum_{n=0}^{\infty}(-1)^n \frac{x^{2n+1}}{2n+1}$ 是收敛的交错级数,所以上述展开式在 $x = \pm 1$ 处也成立,于是有

$$\arctan x = x - \frac{x^3}{3} + \frac{x^5}{5} - \frac{x^7}{7} + \cdots + (-1)^n \frac{x^{2n+1}}{2n+1} + \cdots \quad (-1 \leq x \leq 1).$$

特别地,取 $x=1$,可得

$$\frac{\pi}{4} = 1 - \frac{1}{3} + \frac{1}{5} - \frac{1}{7} + \cdots.$$

例 6 将函数 $f(x) = (1+x)^m$ 展开成 x 的幂级数,其中 m 为任意实数.

解 因为

$$f'(x) = m(1+x)^{m-1},$$
$$f''(x) = m(m-1)(1+x)^{m-2}, \cdots,$$
$$f^{(n)}(x) = m(m-1)\cdots(m-n+1)(1+x)^{m-n}, \cdots,$$

得

$$f(0)=1, f'(0)=m, f''(0)=m(m-1), \cdots, f^{(n)}(0)=m(m-1)\cdots(m-n+1).$$

于是得幂级数

$$1 + mx + \frac{m(m-1)}{2!}x^2 + \cdots + \frac{m(m-1)\cdots(m-n+1)}{n!}x^n + \cdots.$$

由于 $\lim\limits_{n\to\infty}\left|\dfrac{a_{n+1}}{a_n}\right| = \lim\limits_{n\to\infty}\left|\dfrac{m-n}{n+1}\right| = 1$,收敛半径 $R=1$,所以对于任何实数 m,级数在开区间 $(-1,1)$ 内收敛.

可以证明在 $(-1,1)$ 内余项 $R_n(x) \to 0 (n \to \infty)$(证明从略),于是得 $(1+x)^m$ 的幂级数展开式为

$$(1+x)^m = 1 + mx + \frac{m(m-1)}{2!}x^2 + \cdots$$
$$+ \frac{m(m-1)\cdots(m-n+1)}{n!}x^n + \cdots \quad (-1<x<1). \tag{7.5.6}$$

在区间的端点 $x=\pm 1$ 处,展开式是否成立由 m 的取值而定:

当 $m \leqslant -1$ 时,收敛域为 $(-1,1)$;当 $-1<m<0$ 时,收敛域为 $(-1,1]$;当 $m>0$ 时,收敛域为 $[-1,1]$.

(7.5.6)式称为**二项展开式**. 当 m 为正整数时,级数成为 x 的 m 次多项式,这就是代数学中的二项式定理.

在二项展开式中 m 取不同的值,就可以得到不同函数的麦克劳林展开式. 例如,当 $m=-1$ 时,得到我们已经知道的等比级数

$$\frac{1}{1+x} = 1 - x + x^2 - x^3 + x^4 - x^5 + \cdots + (-1)^n x^n + \cdots \quad (-1<x<1);$$

当 $m=-\dfrac{1}{2}$ 时,得到

$$\frac{1}{\sqrt{1+x}} = 1 - \frac{1}{2}x + \frac{1\cdot 3}{2\cdot 4}x^2 - \frac{1\cdot 3\cdot 5}{2\cdot 4\cdot 6}x^3 + \cdots \quad (-1<x\leqslant 1).$$

在上式中,以 $-x^2$ 代换 x,得到

$$\frac{1}{\sqrt{1-x^2}} = 1 + \frac{1}{2}x^2 + \frac{1\cdot 3}{2\cdot 4}x^4 + \frac{1\cdot 3\cdot 5}{2\cdot 4\cdot 6}x^6 + \cdots \quad (-1<x<1).$$

例 7 将函数 $f(x)=\dfrac{1}{x^2+3x+2}$ 展开成 $(x+3)$ 的幂级数.

解 因为

$$f(x)=\dfrac{1}{(x+1)(x+2)}=\dfrac{1}{x+1}-\dfrac{1}{x+2}$$

$$=\dfrac{1}{(x+3)-2}-\dfrac{1}{(x+3)-1}=\dfrac{1}{1-(x+3)}-\dfrac{1}{2}\cdot\dfrac{1}{1-\dfrac{x+3}{2}},$$

而

$$\dfrac{1}{1-(x+3)}=\sum_{n=0}^{\infty}(x+3)^n,\quad -4<x<-2,$$

$$\dfrac{1}{1-\dfrac{x+3}{2}}=\sum_{n=0}^{\infty}\left(\dfrac{x+3}{2}\right)^n=\sum_{n=0}^{\infty}\dfrac{1}{2^n}(x+3)^n,\quad -5<x<-1,$$

所以

$$f(x)=\dfrac{1}{x^2+3x+2}=\sum_{n=0}^{\infty}(x+3)^n-\dfrac{1}{2}\sum_{n=0}^{\infty}\dfrac{1}{2^n}(x+3)^n$$

$$=\sum_{n=0}^{\infty}\left(1-\dfrac{1}{2^{n+1}}\right)(x+3)^n,\quad -4<x<-2.$$

例 8 将函数 $f(x)=\sin x$ 展开成 $\left(x-\dfrac{\pi}{4}\right)$ 的幂级数.

解 因为

$$\sin x=\sin\left[\dfrac{\pi}{4}+\left(x-\dfrac{\pi}{4}\right)\right]=\sin\dfrac{\pi}{4}\cos\left(x-\dfrac{\pi}{4}\right)+\cos\dfrac{\pi}{4}\sin\left(x-\dfrac{\pi}{4}\right)$$

$$=\dfrac{\sqrt{2}}{2}\left[\cos\left(x-\dfrac{\pi}{4}\right)+\sin\left(x-\dfrac{\pi}{4}\right)\right],$$

又由于

$$\cos\left(x-\dfrac{\pi}{4}\right)=1-\dfrac{\left(x-\dfrac{\pi}{4}\right)^2}{2!}+\dfrac{\left(x-\dfrac{\pi}{4}\right)^4}{4!}-\dfrac{\left(x-\dfrac{\pi}{4}\right)^6}{6!}+\cdots,$$

$$\sin\left(x-\dfrac{\pi}{4}\right)=\left(x-\dfrac{\pi}{4}\right)-\dfrac{\left(x-\dfrac{\pi}{4}\right)^3}{3!}+\dfrac{\left(x-\dfrac{\pi}{4}\right)^5}{5!}-\dfrac{\left(x-\dfrac{\pi}{4}\right)^7}{7!}+\cdots,$$

所以

$$\sin x = \frac{\sqrt{2}}{2}\left[1+\left(x-\frac{\pi}{4}\right)-\frac{\left(x-\frac{\pi}{4}\right)^2}{2!}-\frac{\left(x-\frac{\pi}{4}\right)^3}{3!}+\frac{\left(x-\frac{\pi}{4}\right)^4}{4!}+\frac{\left(x-\frac{\pi}{4}\right)^5}{5!}-\cdots\right]$$

$$(-\infty < x < +\infty).$$

我们将常用函数的麦克劳林展开式列在下面, 以便于应用:

(1) $e^x = 1+x+\frac{1}{2!}x^2+\frac{1}{3!}x^3+\cdots+\frac{1}{n!}x^n+\cdots \quad x\in(-\infty,+\infty)$;

(2) $\sin x = x-\frac{1}{3!}x^3+\frac{1}{5!}x^5-\cdots+(-1)^n\frac{x^{2n+1}}{(2n+1)!}+\cdots \quad (-\infty < x < +\infty)$;

(3) $\cos x = 1-\frac{1}{2!}x^2+\frac{1}{4!}x^4-\cdots+(-1)^n\frac{x^{2n}}{(2n)!}+\cdots \quad (-\infty < x < +\infty)$;

(4) $\ln(1+x) = x-\frac{x^2}{2}+\frac{x^3}{3}-\frac{x^4}{4}+\cdots+(-1)^n\frac{x^{n+1}}{n+1}+\cdots \quad x\in(-1,1]$;

(5) $(1+x)^m = 1+mx+\frac{m(m-1)}{2!}x^2+\cdots$
$$+\frac{m(m-1)\cdots(m-n+1)}{n!}x^n+\cdots \quad (-1<x<1);$$

特别地, 有

$\frac{1}{1-x} = 1+x+x^2+\cdots+x^n+\cdots \quad (-1<x<1)$;

$\frac{1}{1+x} = 1-x+x^2-x^3+\cdots+(-1)^n x^n+\cdots \quad (-1<x<1)$;

(6) $\arctan x = x-\frac{x^3}{3}+\frac{x^5}{5}-\cdots+(-1)^n\frac{x^{2n+1}}{2n+1}+\cdots \quad (-1\leq x\leq 1)$.

习 题 7.5

1. 利用已知展开式将下列函数展开成 x 的幂级数:

(1) $f(x) = e^{-x^2}$; (2) $f(x) = \cos^2 x$;

(3) $f(x) = \frac{1}{\sqrt{1-x^2}}$; (4) $f(x) = x^3 e^{-x}$;

(5) $f(x) = \frac{1}{3-x}$; (6) $f(x) = \ln(a+x) \ (a>0)$.

2. 将函数 $f(x) = \frac{1}{x+2}$ 展开成 $(x-2)$ 的幂级数.

3. 将函数 $f(x) = \dfrac{1}{x^2 + 3x + 2}$ 展开成 $(x+4)$ 的幂级数.

4. 将函数 $f(x) = \cos x$ 展开成 $\left(x + \dfrac{\pi}{3}\right)$ 的幂级数.

7.6 傅里叶级数

函数项级数中，在理论上最重要、应用上最常见的除幂级数外还有三角级数.
在前面讨论函数的幂级数展开时知道，一个函数能够展开成幂级数的要求是很高的，如任意阶可导、余项随 n 增大趋于零等. 如果函数没有这么好的性质，我们还是希望能够用一些熟知的函数组成的级数来表示该函数，这就是本节要讨论的傅里叶级数，即将一个周期函数展开成三角函数级数.

7.6.1 三角级数, 三角函数系的正交性

在物理学中常常要研究一些非正弦函数的周期函数，它们反映了较复杂的周期运动. 下面讨论周期函数在什么情况下能展开成三角函数组成的级数(简称三角级数).

定义 1 形如

$$\frac{a_0}{2} + \sum_{n=1}^{\infty} (a_n \cos nx + b_n \sin nx) \tag{7.6.1}$$

的级数称为**三角级数**.

显然，如果三角级数(7.6.1)收敛，则其和函数也是周期函数. 反过来，一个周期函数 $f(x)$ 是否能展开成三角级数，若能够展开成三角级数，如何由 $f(x)$ 来确定系数 a_n, b_n, 以及这些系数确定后，三角级数是否一定收敛于 $f(x)$ 呢？下面我们来一一解决这些问题.

首先介绍三角函数系的正交性.

定义 2 由三角函数

$$1, \cos x, \sin x, \cos 2x, \sin 2x, \cdots, \cos nx, \sin nx, \cdots \tag{7.6.2}$$

所组成的函数系称为**三角函数系**.

三角函数系有两个重要的性质:

(1) 其中任意两个不同函数的乘积在区间 $[-\pi, \pi]$ 上的积分为零，即

$$\int_{-\pi}^{\pi} \cos nx \, dx = 0 \quad (n = 1, 2, 3, \cdots),$$

$$\int_{-\pi}^{\pi} \sin nx \, dx = 0 \quad (n = 1, 2, 3, \cdots),$$

$$\int_{-\pi}^{\pi} \sin kx \cos nx \, dx = 0 \quad (k, n = 1, 2, 3, \cdots),$$

$$\int_{-\pi}^{\pi} \cos kx \cos nx \, dx = 0 \quad (n = 1, 2, 3, \cdots, k \neq n),$$

$$\int_{-\pi}^{\pi} \sin kx \sin nx \, dx = 0 \quad (n = 1, 2, 3, \cdots, k \neq n).$$

以上等式都可以通过计算定积分来验证.

(2) 每一个函数的平方在区间$[-\pi,\pi]$上的积分为正,即

$$\int_{-\pi}^{\pi} 1^2 \, dx = 2\pi,$$

$$\int_{-\pi}^{\pi} \cos^2 nx \, dx = \pi \quad (n = 1, 2, 3, \cdots),$$

$$\int_{-\pi}^{\pi} \sin^2 nx \, dx = \pi \quad (n = 1, 2, 3, \cdots).$$

定义 3 三角函数系的上述两种性质,称为三角函数系在$[-\pi,\pi]$上的正交性.

7.6.2 周期为 2π 的函数的傅里叶级数

设$f(x)$是周期为2π的周期函数,且在$[-\pi,\pi]$上能展开成三角级数,即

$$f(x) = \frac{a_0}{2} + \sum_{n=1}^{\infty}(a_n \cos nx + b_n \sin nx). \tag{7.6.3}$$

现在要问:系数$a_0, a_n, b_n \ (n=1,2,\cdots)$与函数$f(x)$之间存在什么样的关系?即能不能利用$f(x)$把这些系数表达出来?为此,假定(7.6.3)式右端可以逐项积分,并且用$\sin nx$和$\cos nx$去乘(7.6.3)式的右端后所得到的函数项级数还可以逐项积分.

首先,求出a_0. 对(7.6.3)式从$-\pi$到π积分,于是有

$$\int_{-\pi}^{\pi} f(x) \, dx = \int_{-\pi}^{\pi} \frac{a_0}{2} \, dx + \sum_{n=1}^{\infty} \int_{-\pi}^{\pi} (a_n \cos nx + b_n \sin nx) \, dx.$$

根据三角函数系的正交性,等式右端除第一项外,其余各项均为零,所以

$$\int_{-\pi}^{\pi} f(x) \, dx = \frac{a_0}{2} \cdot 2\pi,$$

于是得

$$a_0 = \frac{1}{\pi} \int_{-\pi}^{\pi} f(x) \, dx. \tag{7.6.4}$$

其次,求出a_n. 用$\cos nx$乘(7.6.3)式的两端,再从$-\pi$到π积分,得

$$\int_{-\pi}^{\pi} f(x) \cos nx \, dx = \int_{-\pi}^{\pi} \frac{a_0}{2} \cos nx \, dx + \sum_{k=1}^{\infty} \int_{-\pi}^{\pi} (a_k \cos kx + b_k \sin kx) \cos nx \, dx.$$

根据三角函数系的正交性, 等式右端除 $k=n$ 的一项外, 其余各项均为零, 所以

$$\int_{-\pi}^{\pi} f(x)\cos nx \mathrm{d}x = a_n \int_{-\pi}^{\pi} \cos^2 nx \mathrm{d}x = a_n \pi,$$

于是得

$$a_n = \frac{1}{\pi} \int_{-\pi}^{\pi} f(x)\cos nx \mathrm{d}x \quad (n=1,2,3,\cdots). \tag{7.6.5}$$

类似地, 用 $\sin nx$ 乘 (7.6.3) 式的两端, 再从 $-\pi$ 到 π 积分, 得

$$b_n = \frac{1}{\pi} \int_{-\pi}^{\pi} f(x)\sin nx \mathrm{d}x \quad (n=1,2,3,\cdots). \tag{7.6.6}$$

公式 (7.6.4) 可以看作公式 (7.6.5) 当 $n=0$ 时的特殊情形.

定义 4 由公式 (7.6.4)~(7.6.6) 所确定的系数 $a_0, a_n, b_n (n=1,2,\cdots)$ 称为函数 $f(x)$ 的**傅里叶系数**, 将这些系数代入 (7.6.3) 式右端所得的三角级数

$$\frac{a_0}{2} + \sum_{n=1}^{\infty}(a_n \cos nx + b_n \sin nx)$$

称为函数 $f(x)$ 的**傅里叶级数**, 记作

$$f(x) = \frac{a_0}{2} + \sum_{n=1}^{\infty}(a_n \cos nx + b_n \sin nx).$$

这里, 并没有写成等式, 因为右边的这个傅里叶级数可能是不收敛的, 即使收敛也未必收敛于 $f(x)$.

到目前为止, 一个函数的傅里叶级数完全是形式上构造出来的. 那么对于一个定义在 $(-\infty,+\infty)$ 上周期为 2π 的函数 $f(x)$ 来说, 在什么条件下, 它的傅里叶级数收敛, 而且收敛于 $f(x)$ 呢?

下面的定理给出了关于上述问题的一个重要结论.

定理 1 (收敛定理, 狄利克雷 (Dirichlet) 充分条件) 设以 2π 为周期的函数 $f(x)$ 在区间 $[-\pi,\pi]$ 上满足下列条件:

(1) 连续或只有有限个第一类间断点;

(2) 至多只有有限个极值点,

则 $f(x)$ 的傅里叶级数收敛, 并且

当 x 是 $f(x)$ 的连续点时, 级数收敛于 $f(x)$;

当 x 是 $f(x)$ 的间断点时, 级数收敛于 $\frac{1}{2}[f(x-0)+f(x+0)]$;

在 $x=\pm\pi$ 处, 级数收敛于 $\frac{1}{2}[f(-\pi+0)+f(\pi-0)]$.

收敛定理告诉我们, 只要函数在 $[-\pi,\pi]$ 上至多有有限个第一类间断点, 并且不做无限次振动, 那么函数的傅里叶级数在连续点处收敛于该点的函数值, 在间

断点处收敛于该点左极限与右极限的算术平均值. 可见, 函数展开成傅里叶级数的条件比展开成幂级数的条件低得多.

例1 设 $f(x)$ 是以 2π 为周期的函数, 它在 $[-\pi,\pi)$ 上的表达式为

$$f(x) = \begin{cases} -\dfrac{\pi}{2}, & -\pi \leqslant x < 0, \\ \dfrac{\pi}{2}, & 0 \leqslant x < \pi. \end{cases}$$

将 $f(x)$ 展开成傅里叶级数.

解 所给函数在点 $x = k\pi (k = 0, \pm 1, \pm 2, \cdots)$ 处有第一类间断点, 在其他点处连续且没有极值存在, 满足收敛定理的条件, 故 $f(x)$ 的傅里叶级数收敛, 并且在间断点 $x = k\pi$ 处级数收敛于

$$\dfrac{-\dfrac{\pi}{2} + \dfrac{\pi}{2}}{2} = \dfrac{\dfrac{\pi}{2} + \left(-\dfrac{\pi}{2}\right)}{2} = 0.$$

在连续点 $x(x \neq k\pi)$ 处级数收敛于 $f(x)$, 和函数的图形如图 7-1 所示.

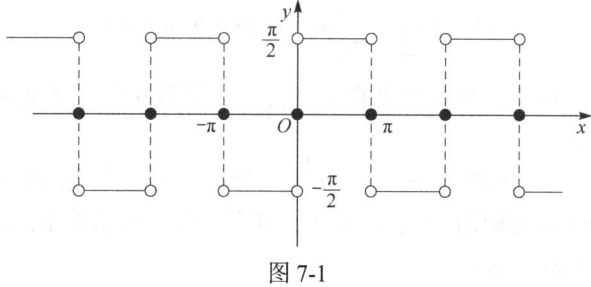

图 7-1

$f(x)$ 的傅里叶系数是

$$a_n = \dfrac{1}{\pi} \int_{-\pi}^{\pi} f(x) \cos nx \, dx$$

$$= \dfrac{1}{\pi} \int_{-\pi}^{0} \left(-\dfrac{\pi}{2}\right) \cos nx \, dx + \dfrac{1}{\pi} \int_{0}^{\pi} \dfrac{\pi}{2} \cos nx \, dx$$

$$= 0 \quad (n = 0, 1, 2, \cdots),$$

$$b_n = \dfrac{1}{\pi} \int_{-\pi}^{\pi} f(x) \sin nx \, dx$$

$$= \dfrac{1}{\pi} \int_{-\pi}^{0} \left(-\dfrac{\pi}{2}\right) \sin nx \, dx + \dfrac{1}{\pi} \int_{0}^{\pi} \dfrac{\pi}{2} \sin nx \, dx$$

$$= \frac{1}{2}\left[\frac{\cos nx}{n}\right]_{-\pi}^{0} + \frac{1}{2}\left[-\frac{\cos nx}{n}\right]_{0}^{\pi}$$

$$= \frac{1}{n}(1 - \cos n\pi)$$

$$= \begin{cases} \dfrac{2}{n}, & n = 1,3,5,\cdots, \\ 0, & n = 2,4,6,\cdots. \end{cases}$$

将求得的系数代入 (7.6.3) 式, 就得到 $f(x)$ 的傅里叶级数展开式为

$$f(x) = 2\left(\sin x + \frac{1}{3}\sin 3x + \frac{1}{5}\sin 5x + \cdots + \frac{1}{2k-1}\sin(2k-1)x + \cdots\right)$$

$(-\infty < x < +\infty; x \neq 0, \pm\pi, \pm 2\pi, \cdots)$.

若将此函数理解为矩形波的波形函数, 那么所得到的展开式表明: 矩形波是由一系列不同频率的正弦波叠加而成的, 这些正弦波的频率依次为基波频率的奇数倍.

例 2 设 $f(x)$ 是以 2π 为周期的函数, 它在 $[-\pi,\pi)$ 上的表达式为

$$f(x) = \begin{cases} x, & -\pi \leqslant x < 0, \\ 0, & 0 \leqslant x < \pi. \end{cases}$$

将 $f(x)$ 展开成傅里叶级数.

解 所给函数在点 $x = (2k+1)\pi$ $(k = 0,\pm 1,\pm 2,\cdots)$ 处有第一类间断点, 在其他点处连续且没有极值存在, 满足收敛定理的条件, 故 $f(x)$ 的傅里叶级数收敛, 并且在间断点 $x = (2k+1)\pi$ 处级数收敛于

$$\frac{f(-\pi+0) + f(\pi-0)}{2} = \frac{-\pi+0}{2} = -\frac{\pi}{2}.$$

在连续点 x $(x \neq (2k+1)\pi)$ 处级数收敛于 $f(x)$, 和函数的图形如图 7-2 所示.

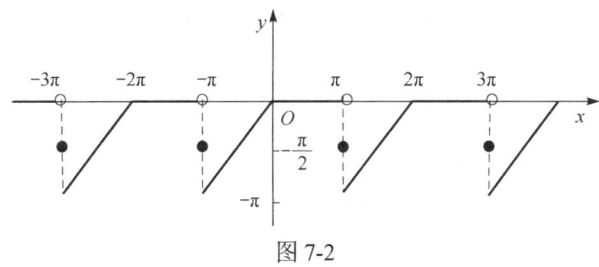

图 7-2

$f(x)$ 的傅里叶系数是

$$a_0 = \frac{1}{\pi}\int_{-\pi}^{\pi} f(x)dx = \frac{1}{\pi}\int_{-\pi}^{0} xdx = -\frac{\pi}{2},$$

$$a_n = \frac{1}{\pi}\int_{-\pi}^{\pi} f(x)\cos nx dx = \frac{1}{\pi}\int_{-\pi}^{0} x\cos nx dx$$

$$= \frac{1}{\pi}\left[\frac{x\sin nx}{n} + \frac{\cos nx}{n^2}\right]_{-\pi}^{0}$$

$$= \begin{cases} \dfrac{2}{n^2\pi}, & n=1,3,5,\cdots, \\ 0, & n=2,4,6,\cdots, \end{cases}$$

$$b_n = \frac{1}{\pi}\int_{-\pi}^{\pi} f(x)\sin nx dx = \frac{1}{\pi}\int_{-\pi}^{0} x\sin nx dx$$

$$= \frac{1}{\pi}\left[-\frac{x\cos nx}{n} + \frac{\sin nx}{n^2}\right]_{-\pi}^{0} = -\frac{\cos n\pi}{n} = \frac{(-1)^{n+1}}{n}$$

$$= \begin{cases} \dfrac{1}{n}, & n=1,3,5,\cdots, \\ -\dfrac{1}{n}, & n=2,4,6,\cdots. \end{cases}$$

将求得的系数代入 (7.6.3) 式, 就得到 $f(x)$ 的傅里叶级数展开式为

$$f(x) = -\frac{\pi}{4} + \frac{2}{\pi}\left(\frac{\cos x}{1^2} + \frac{\cos 3x}{3^2} + \frac{\cos 5x}{5^2} + \cdots\right) + \left(\sin x - \frac{\sin 2x}{2} + \frac{\sin 3x}{3} - \cdots\right)$$

$$(-\infty < x < +\infty;\ x \neq \pm\pi, \pm 3\pi, \cdots).$$

一般说来, 一个函数的傅里叶级数既含有正弦项又含有余弦项, 但有些函数的傅里叶级数只含有正弦项 (如例 1), 有些则只含有常数项和余弦项, 这是由所给函数的奇偶性决定的.

定理 2 当周期为 2π 的奇函数 $f(x)$ 展开成傅里叶级数时, 它的傅里叶系数为

$$a_n = 0 \quad (n=0,1,2,\cdots),$$

$$b_n = \frac{2}{\pi}\int_0^{\pi} f(x)\sin nx dx \quad (n=1,2,\cdots).$$

当周期为 2π 的偶函数 $f(x)$ 展开成傅里叶级数时, 它的傅里叶系数为

$$a_n = \frac{2}{\pi}\int_0^{\pi} f(x)\cos nx dx \quad (n=0,1,2,\cdots),$$

$$b_n = 0 \quad (n=1,2,\cdots).$$

证 由于奇函数在对称区间上的积分为零, 偶函数在对称区间上的积分等于半区间上积分的两倍, 因此,

当 $f(x)$ 为奇函数时,$f(x)\cos nx$ 是奇函数,$f(x)\sin nx$ 是偶函数,故

$$a_n = \frac{1}{\pi}\int_{-\pi}^{\pi} f(x)\cos nx \mathrm{d}x = 0 \quad (n=0,1,2,\cdots),$$

$$b_n = \frac{1}{\pi}\int_{-\pi}^{\pi} f(x)\sin nx \mathrm{d}x = \frac{2}{\pi}\int_{0}^{\pi} f(x)\sin nx \mathrm{d}x \quad (n=1,2,\cdots).$$

当 $f(x)$ 为偶函数时,$f(x)\cos nx$ 是偶函数,$f(x)\sin nx$ 是奇函数,故

$$a_n = \frac{1}{\pi}\int_{-\pi}^{\pi} f(x)\cos nx \mathrm{d}x = \frac{2}{\pi}\int_{0}^{\pi} f(x)\cos nx \mathrm{d}x \quad (n=0,1,2,\cdots),$$

$$b_n = \frac{1}{\pi}\int_{-\pi}^{\pi} f(x)\sin nx \mathrm{d}x = 0 \quad (n=1,2,\cdots).$$

定义 5 只含有正弦项的傅里叶级数 $\sum_{n=1}^{\infty} b_n \sin nx$ 称为**正弦级数**;只含有常数项和余弦项的傅里叶级数 $\frac{a_0}{2} + \sum_{n=1}^{\infty} a_n \cos nx$ 称为**余弦级数**.

如果函数 $f(x)$ 只在 $[-\pi,\pi]$ 上有定义,并且满足收敛定理的条件,则 $f(x)$ 也可以展开成傅里叶级数.

事实上,我们可对 $f(x)$ 作周期延拓,即在 $[-\pi,\pi)$(或 $(-\pi,\pi]$)之外补充函数 $f(x)$ 的定义,将它拓展成周期为 2π 的周期函数 $F(x)$,令

$$F(x) = \begin{cases} f(x), & x \in [-\pi,\pi), \\ f(x-2k\pi), & x \in [(2k-1)\pi,(2k+1)\pi) \end{cases} \quad (k=0,\pm1,\pm2,\cdots).$$

将 $F(x)$ 展开成傅里叶级数,则在 $(-\pi,\pi)$ 内,由于 $F(x)=f(x)$,这样便得到了 $f(x)$ 的傅里叶级数. 根据收敛定理,该级数在区间端点 $x=\pm\pi$ 处收敛于 $\frac{f(-\pi+0)+f(\pi-0)}{2}$.

例 3 将函数 $f(x)=x(-\pi \leqslant x \leqslant \pi)$ 展开成傅里叶级数.

解 函数 $f(x)=x$ 在区间 $[-\pi,\pi]$ 满足收敛定理的条件. 对 $f(x)$ 作周期延拓,得到的周期函数 $F(x)$ 仅在点 $x=(2k+1)\pi\ (k=0,\pm1,\pm2,\cdots)$ 处有第一类间断点,因此其傅里叶级数在 $x=\pm\pi$ 处收敛于

$$\frac{1}{2}[f(-\pi+0)+f(\pi-0)] = \frac{1}{2}(-\pi+\pi) = 0.$$

$F(x)$ 在 $(-\pi,\pi)$ 上收敛于 $f(x)$,其傅里叶系数如下:

$$a_n = \frac{1}{\pi}\int_{-\pi}^{\pi} f(x)\cos nx \mathrm{d}x = \frac{1}{\pi}\int_{-\pi}^{\pi} x\cos nx \mathrm{d}x = 0 \quad (n=0,1,2,\cdots),$$

$$b_n = \frac{1}{\pi}\int_{-\pi}^{\pi} f(x)\sin nx \mathrm{d}x = \frac{2}{\pi}\int_{0}^{\pi} x\sin nx \mathrm{d}x = -\frac{2}{n}\cos n\pi = (-1)^{n+1}\frac{2}{n}.$$

于是得到 $f(x)$ 的傅里叶级数展开式为

$$x = 2\left(\sin x - \frac{1}{2}\sin 2x + \frac{1}{3}\sin 3x - \cdots\right), \quad -\pi < x < \pi.$$

7.6.3 周期为 $2l$ 的函数的傅里叶级数

实际问题中的周期函数，其周期不一定是 2π. 对于周期为 $2l$ 的函数，可以通过变量代换将它转变为周期是 2π 的函数，从而得到其傅里叶级数展开式.

定理 3 设 $f(x)$ 是周期为 $2l$ 的函数，且满足收敛定理的条件，则它的傅里叶级数展开式为

$$f(x) = \frac{a_0}{2} + \sum_{n=1}^{\infty}\left(a_n \cos\frac{n\pi x}{l} + b_n \sin\frac{n\pi x}{l}\right), \tag{7.6.7}$$

其中

$$a_n = \frac{1}{l}\int_{-l}^{l} f(x)\cos\frac{n\pi x}{l}\mathrm{d}x \quad (n=0,1,2,\cdots),$$

$$b_n = \frac{1}{l}\int_{-l}^{l} f(x)\sin\frac{n\pi x}{l}\mathrm{d}x \quad (n=1,2,3,\cdots). \tag{7.6.8}$$

证 令 $z = \frac{\pi x}{l}$，设函数 $f(x) = f\left(\frac{lz}{\pi}\right) = F(z)$，则 $F(x)$ 就是以 2π 为周期的函数，并且满足收敛定理的条件. 将 $F(z)$ 展开成傅里叶级数，

$$F(z) = \frac{a_0}{2} + \sum_{n=1}^{\infty}(a_n \cos nz + b_n \sin nz),$$

其中

$$a_n = \frac{1}{\pi}\int_{-\pi}^{\pi} F(z)\cos nz\mathrm{d}z \quad (n=0,1,2,\cdots),$$

$$b_n = \frac{1}{\pi}\int_{-\pi}^{\pi} F(z)\sin nz\mathrm{d}z \quad (n=1,2,\cdots).$$

将 $z = \frac{\pi x}{l}$ 回代，并注意到 $F(z) = f(x)$，于是有

$$f(x) = \frac{a_0}{2} + \sum_{n=1}^{\infty}\left(a_n \cos\frac{n\pi x}{l} + b_n \sin\frac{n\pi x}{l}\right),$$

其中

$$a_n = \frac{1}{l}\int_{-l}^{l} f(x)\cos\frac{n\pi x}{l}\mathrm{d}x \quad (n=0,1,2,\cdots),$$

$$b_n = \frac{1}{\pi}\int_{-\pi}^{\pi} F(z)\sin nz\mathrm{d}z \quad (n=1,2,\cdots).$$

由定理 2 可知, 当 $f(x)$ 为奇函数时, 有
$$a_n = 0 \quad (n = 0,1,2,\cdots),$$
$$b_n = \frac{2}{l}\int_0^l f(x)\sin\frac{n\pi x}{l}dx \quad (n = 1,2,3,\cdots),$$

其傅里叶级数为
$$f(x) = \sum_{n=1}^{\infty} b_n \sin\frac{n\pi x}{l}.$$

当 $f(x)$ 为偶函数时, 有
$$b_n = 0 \quad (n = 1,2,\cdots),$$
$$a_n = \frac{2}{l}\int_0^l f(x)\cos\frac{n\pi x}{l}dx \quad (n = 0,1,2,\cdots),$$

其傅里叶级数为
$$f(x) = \frac{a_0}{2} + \sum_{n=1}^{\infty} a_n \cos\frac{n\pi x}{l}.$$

例 4 设 $f(x)$ 是周期为 4 的周期函数, 它在 $[-2,2)$ 上的表达式为
$$f(x) = \begin{cases} 0, & -2 \leqslant x < 0, \\ h, & 0 \leqslant x < 2 \end{cases} \quad (h > 0).$$

将 $f(x)$ 展开成傅里叶级数.

解 这时 $l = 2$, 由 (7.6.8) 式可得
$$a_0 = \frac{1}{2}\int_{-2}^{0} 0 dx + \frac{1}{2}\int_0^2 h dx = h.$$
$$a_n = \frac{1}{2}\int_0^2 h\cos\frac{n\pi x}{2}dx = \left[\frac{h}{n\pi}\sin\frac{n\pi x}{2}\right]_0^2 = 0 \quad (n = 1,2,\cdots),$$
$$b_n = \frac{1}{2}\int_0^2 h\sin\frac{n\pi x}{2}dx = \left[-\frac{h}{n\pi}\cos\frac{n\pi x}{2}\right]_0^2$$
$$= \frac{h}{n\pi}(1-\cos n\pi) = \begin{cases} \dfrac{2h}{n\pi}, & n = 1,3,5,\cdots, \\ 0, & n = 2,4,6,\cdots. \end{cases}$$

将求得的系数 a_n, b_n 代入 (7.6.7) 式, 得
$$f(x) = \frac{h}{2} + \frac{2h}{\pi}\left(\sin\frac{\pi x}{2} + \frac{1}{3}\sin\frac{3\pi x}{2} + \frac{1}{5}\sin\frac{5\pi x}{2} + \cdots\right)$$
$$(-\infty < x < +\infty;\ x \neq 0, \pm 2, \pm 4, \cdots).$$

习 题 7.6

1. (1) 设 $f(x)=\begin{cases}-1, & -\pi \leqslant x \leqslant \pi, \\ 1+x^2, & 0<x \leqslant \pi,\end{cases}$ 则其以 2π 为周期的傅里叶级数在点 $x=\pi$ 处收敛于_____;

(2) 设 $x^2=\sum_{n=0}^{\infty} a_n \cos nx \ (-\pi \leqslant x \leqslant \pi)$,则 $a_2=$_____.

2. 下列周期函数 $f(x)$ 的周期为 2π,试将 $f(x)$ 展开成傅里叶级数:

(1) $f(x)=3x^2+1 \ (-\pi \leqslant x<\pi)$;   (2) $f(x)=\mathrm{e}^{2x} \ (-\pi \leqslant x<\pi)$;

(3) $f(x)=\begin{cases}-\dfrac{\pi}{2}, & -\pi \leqslant x<-\dfrac{\pi}{2}, \\ x, & -\dfrac{\pi}{2} \leqslant x<\dfrac{\pi}{2}, \\ \dfrac{\pi}{2}, & \dfrac{\pi}{2} \leqslant x<\pi.\end{cases}$

3. 将下列函数 $f(x)$ 展开成傅里叶级数:

(1) $f(x)=\cos\dfrac{x}{2} \ (-\pi \leqslant x \leqslant \pi)$;

(2) $f(x)=\begin{cases}\mathrm{e}^x, & -\pi \leqslant x<0, \\ 1, & 0 \leqslant x \leqslant \pi.\end{cases}$

4. 将下列各周期函数展开成傅里叶级数:

(1) $f(x)=1-x^2 \ \left(-\dfrac{1}{2} \leqslant x<\dfrac{1}{2}\right)$;

(2) $f(x)=\begin{cases}x, & -1 \leqslant x<0, \\ 1, & 0 \leqslant x<\dfrac{1}{2}, \\ -1, & \dfrac{1}{2} \leqslant x<1;\end{cases}$

(3) $f(x)=\begin{cases}2x+1, & -3 \leqslant x<0, \\ 1, & 0 \leqslant x \leqslant 3.\end{cases}$

本 章 小 结

一、本章主要知识点

(1) 常数项级数的敛散性、定义与基本性质.

(2) 正项级数的审敛法.
(3) 任意项级数绝对收敛与条件收敛.
(4) 幂级数的收敛域及和函数.
(5) 函数展开成幂级数.
(6) 周期函数展开成傅里叶级数.

二、本章教学重点
(1) 级数敛散性的判定.
(2) 幂级数的收敛半径、收敛区间和收敛域.
(3) 函数展开成幂级数.

三、本章教学难点
正项级数的审敛法及幂级数的和函数.

四、本章知识体系图

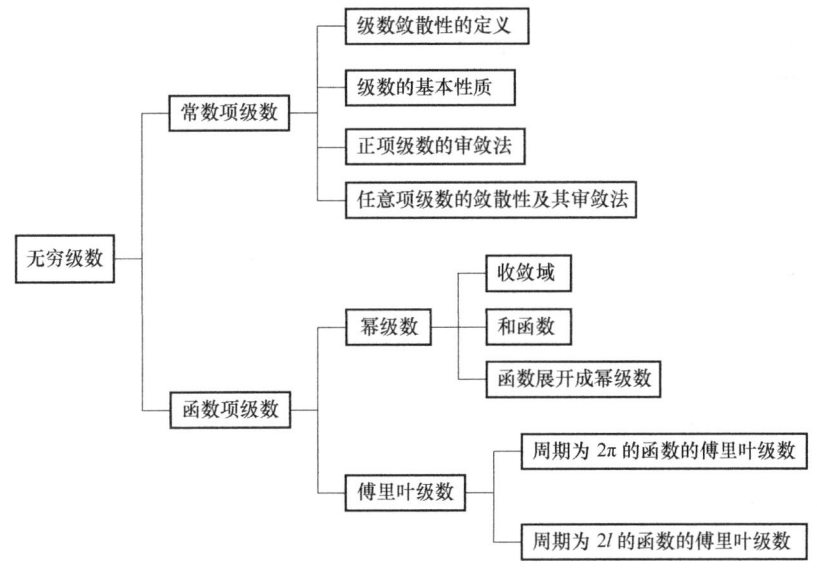

总 习 题 7

1. 判断下列级数的敛散性:

(1) $\sum\limits_{n=1}^{\infty} \sin\dfrac{n\pi}{6} = \sin\dfrac{\pi}{6} + \sin\dfrac{2\pi}{6} + \cdots + \sin\dfrac{n\pi}{6} + \cdots$;

(2) $\sum\limits_{n=1}^{\infty} \dfrac{1}{\sqrt[n]{n}} = 1 + \dfrac{1}{\sqrt[2]{2}} + \cdots + \dfrac{1}{\sqrt[3]{3}} + \cdots$.

2. 判断下列级数的敛散性：

(1) $\sum_{n=1}^{\infty} \sin \frac{1}{n}$;

(2) $\sum_{n=1}^{\infty} \ln\left(\cos \frac{1}{n}\right)$;

(3) $\sum_{n=1}^{\infty} \left(\frac{1}{n} - \sin \frac{1}{n}\right)$;

(4) $\sum_{n=1}^{\infty} \frac{1}{\sqrt{n(2n+1)}}$;

(5) $\sum_{n=1}^{\infty} \left(\sqrt[n]{n} - 1\right)$;

(6) $\sum_{n=1}^{\infty} \frac{2^n n!}{n^n}$.

3. 判断下列级数的敛散性：

(1) $\sum_{n=1}^{\infty} \frac{3^n (n+1)!}{n^n}$;

(2) $\sum_{n=1}^{\infty} \left(\frac{n}{2n+1}\right)^n$;

(3) $\sum_{n=1}^{\infty} \frac{n^n}{3^n n!}$;

(4) $\sum_{n=1}^{\infty} \frac{n^{n-1}}{(n+1)^{n+1}}$.

4. 判断下列级数的敛散性：

(1) $\sum_{n=1}^{\infty} \frac{(-1)^n}{n}$;

(2) $\sum_{n=1}^{\infty} (-1)^n \frac{k+n}{n^2}$;

(3) $\sum_{n=1}^{\infty} 2^n \sin \frac{\pi}{3^n}$.

5. 求幂级数 $\sum_{n=1}^{\infty} \frac{e^n - (-1)^n}{n^2} x^n$ 的收敛半径.

6. 求下列级数收敛域：

(1) $\sum_{n=1}^{\infty} n x^n$;

(2) $\sum_{n=1}^{\infty} \frac{(x+1)^n}{n}$;

(3) $\sum_{n=1}^{\infty} \frac{(x-1)^n}{n!}$;

(4) $\sum_{n=1}^{\infty} \frac{(x-1)^{n-1}}{n!}$.

7. 设数列 $\{a_n\}$ 满足条件：$a_0 = 3, a_1 = 1, a_{n-2} - n(n-1)a_n = 0 \, (n \geqslant 2)$，$s(x)$ 是幂级数 $\sum_{n=1}^{\infty} a_n x^n$ 的和函数.

(1) 证明：$s''(x) - s(x) = 0$；

(2) 求 $s(x)$ 的表达式.

8. 求 $\sum_{n=0}^{\infty} (n+1)(n+3) x^n$ 的收敛域及和函数.

9. 求幂级数 $\sum_{n=1}^{\infty} \frac{x^{2n+2}}{(n+1)(2n+1)}$ 的收敛域及和函数.

10. 将函数 $f(x) = \frac{1}{x^2 - 3x - 4}$ 展开成 $(x-1)$ 的幂级数，并指出其收敛区间.

11. 设银行存款的年利率为 $r=0.05$，并依年复利计算，某基金会希望存款 A 万元，实现第一年提取 19 万元，第二年提取 28 万元，…，第 n 年提取 $10+9n$ 万元，并依此规律一直提下去，问 A 至少应为多少万元.

自 测 题 7

（满分 100 分，测试时间 100 分钟）

一、填空题（本题共 10 个小题，每小题 3 分，共 30 分）

1. $\lim\limits_{n\to\infty} s_n$ 存在是 $\sum\limits_{n=1}^{\infty} u_n$ 收敛的_____（充分、必要或充分必要）条件.

2. 已知级数 $\sum\limits_{n=1}^{\infty}(-1)^{n-1}u_n = 2$，$\sum\limits_{n=1}^{\infty}u_{2n-1} = 5$，则级数 $\sum\limits_{n=1}^{\infty}u_n =$ _____.

3. 级数 $\sum\limits_{n=1}^{\infty}\dfrac{1}{(n+1)^2}$ 是_____（收敛或发散）级数.

4. 级数 $\sum\limits_{n=1}^{\infty}\dfrac{1}{2\sqrt{n(n+1)}}$ 是_____（收敛或发散）级数.

5. 级数 $\sum\limits_{n=1}^{\infty}\dfrac{2^n}{5^n - 3^n}$ 是_____（收敛或发散）级数.

6. 级数 $\sum\limits_{n=1}^{\infty}\dfrac{(-1)^{n-1}}{\ln(n+1)}$ 是_____（绝对收敛、条件收敛或发散）级数.

7. 幂级数 $\sum\limits_{n=1}^{\infty}\dfrac{x^n}{(2n)!}$ 的收敛半径是_____.

8. 幂级数 $\sum\limits_{n=1}^{\infty}\dfrac{2n-1}{2^n}x^{2n}$ 的收敛区间是_____.

9. 幂级数 $\sum\limits_{n=1}^{\infty}(-1)^n\dfrac{(x+1)^n}{n}$ 的收敛域是_____.

10. 函数 $f(x) = \dfrac{1}{x^2 - 2x - 3}$ 展开为 x 的幂级数是_____.

二、选择题（本题共 5 个小题，每小题 2 分，共 10 分）

1. 若级数 $\sum\limits_{n=1}^{\infty} u_n$ 收敛，则下列级数中发散的是（　　）.

   A. $\sum\limits_{n=1}^{\infty} 100 u_n$ 　　B. $\sum\limits_{n=1}^{\infty} (u_n + 100)$ 　　C. $100 + \sum\limits_{n=1}^{\infty} u_n$ 　　D. $\sum\limits_{n=1}^{\infty} u_{n+100}$

2. 关于级数 $\sum\limits_{n=1}^{\infty}\dfrac{(-1)^{n-1}}{n^p}$ 收敛性的下述结论中，正确的是（　　）.

   A. $0 < p \leq 1$ 时条件收敛 　　B. $0 < p \leq 1$ 时绝对收敛

   C. $p > 1$ 时条件收敛 　　D. $0 < p \leq 1$ 时发散

3. 下列级数中收敛的是（　　）.

   A. $\sum\limits_{n=1}^{\infty}\dfrac{n}{2n-1}$ 　　B. $\sum\limits_{n=1}^{\infty}(-1)^{\frac{n(n+1)}{2}}\dfrac{n!}{3^n}$

C. $\sum_{n=1}^{\infty} \dfrac{n^3}{2^n}$ D. $\sum_{n=1}^{\infty} \dfrac{\sqrt{n}}{n+1}$

4. 若幂级数在 $x=3$ 处收敛, 则该级数在 $x=1$ 处必定( ).

A. 发散   B. 条件收敛   C. 绝对收敛   D. 敛散性无法确定

5. 正项级数 $\sum_{n=1}^{\infty} u_n$ 收敛是级数 $\sum_{n=1}^{\infty} u_n^2$ 收敛的( ).

A. 充分但非必要条件   B. 必要但非充分条件

C. 充分必要条件   D. 既非充分又非必要条件

三、计算题(本题共 6 个小题, 每小题 10 分, 共 60 分)

1. 判断级数 $\sum_{n=2}^{\infty} \dfrac{1}{\sqrt[n]{\ln n}}$ 的敛散性.

2. 判断级数 $\sum_{n=1}^{\infty} \dfrac{n^2}{3^n}$ 的敛散性.

3. 判断级数 $\sum_{n=1}^{\infty} (-1)^n \dfrac{(n+1)!}{n^{n+1}}$ 的敛散性, 若收敛, 指出是绝对收敛还是条件收敛.

4. 求幂级数 $\sum_{n=1}^{\infty} \dfrac{2n-1}{2^n}(x-2)^{2n}$ 的收敛域.

5. 将函数 $f(x) = \dfrac{1}{(2-x)^2}$ 展开成 x 的幂级数.

6. 设 $f(x)$ 是周期为 2π 的函数, 它在 $[-\pi, \pi)$ 上的表达式为

$$f(x) = \begin{cases} 0, & -\pi \leqslant x < 0, \\ e^x, & 0 \leqslant x \leqslant \pi. \end{cases}$$

将 $f(x)$ 展开成傅里叶级数.

第8章 多元函数微积分学

多元函数微积分是一元函数微积分的推广,它们之间有密切的联系,同时又有较大的区别.本章要学习多元函数微分学与多元函数积分学两部分内容,主要讨论二元函数的微积分,并将它们推广到二元以上的多元函数.

8.1 多元函数及其极限的概念

8.1.1 平面点集与多元函数的概念

我们已经完成了一元函数微积分的学习,掌握了一元函数的定义、极限与连续、导数与微分、积分及其应用的有关内容.前面的学习中所研究的函数都是一元函数,即只有一个自变量对因变量产生影响,这显然是对现实情形的假设,在实际问题中我们所遇到的多是一个变量(因变量)的变化受到另外多个变量(自变量)的影响,由此引入多元函数的概念,并学习多元函数的微积分学.

1. 平面点集

引入直角坐标系后,平面上的点 P 与二元有序数组 (x,y) 之间建立了一一对应关系,这样建立了坐标系的平面与二元有序实数组的全体之间成为等同关系. 今后常用二元有序实数组的全体 $\mathbf{R}^2 = \{(x,y)|x,y \in \mathbf{R}\}$ 表示坐标平面,也将坐标平面称为二维空间.

坐标平面上具有某种共同特征的点的集合,称为**平面点集**. 例如,平面上以原点为中心,r 为半径的圆内所有点的集合记为 $C = \{(x,y)|x^2 + y^2 < r^2\}$,如果以点 P 表示 (x,y),$|OP|$ 表示点 P 到原点 O 的距离,那么集合 C 也可以表示成

$$C = \{P\big||OP|<r\}.$$

现在来引入 $\mathbf{R}^2$ 中邻域的概念.

设 $P_0(x_0, y_0)$ 是 xOy 平面上的一个点,δ 是某一正数,与点 $P_0(x_0, y_0)$ 距离小于 δ 的点 $P(x,y)$ 的全体,称为点 P_0 的 δ **邻域**,记为 $U(P_0, \delta)$,即

$$U(P_0, \delta) = \{P\big||PP_0|<\delta\}.$$

在几何上,$U(P_0, \delta)$ 就是 xOy 平面上,以点 $P_0(x_0, y_0)$ 为中心、$\delta > 0$ 为半径的圆的

内部的点的全体(图 8-1). 该邻域去掉中心 $P_0(x_0,y_0)$ 后,称为点 P_0 的去心邻域,记为 $\overset{\circ}{U}(P_0,\delta)$,即

$$\overset{\circ}{U}(P_0,\delta)=\{P|0<|PP_0|<\delta\}.$$

若不需要特别强调邻域半径,则用 $U(P_0)$ 来表示点 P_0 的某个邻域,点 P_0 的去心邻域记为 $\overset{\circ}{U}(P_0)$.

内点 设 E 是平面上的一个点集,P 是平面上的一个点,如果存在点 P 的某一邻域 $U(P)$,使得 $U(P) \subset E$,则称点 P 为 E 的**内点**,图 8-2 中的点 P_1 是 E 的内点.

外点 如果存在点 P 的某个邻域 $U(P)$,使得 $U(P) \cap E = \varnothing$,则称点 P 为 E 的外点,图 8-2 中的点 P_2 是 E 的**外点**.

边界点 如果点 P 的任一邻域内既有属于 E 的点,也有不属于 E 的点,则称点 P 为 E 的边界点,图 8-2 中的点 P_3 是 E 的**边界点**.

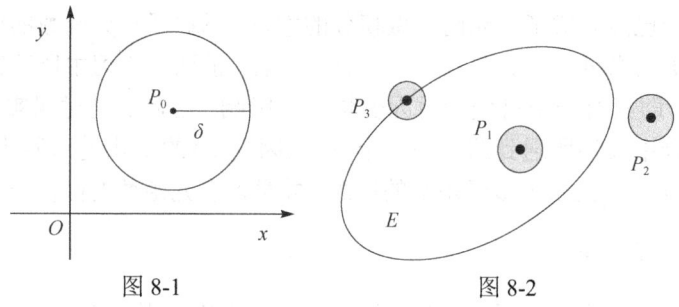

图 8-1　　　　　图 8-2

对于平面点集 E,如果存在一个正数 r,使得 $E \subseteq U(O,r)$,其中 O 是坐标原点,则称 E 为**有界集**,否则称为**无界集**.

2. 多元函数的概念

在实际问题中,经常遇到一个量的变化受多种因素的影响,从而导致了一个变量与多个变量之间的依赖关系,举例如下:

物体位移 s 的变化受到物体运动平均速度 v 和时间 t 的影响,其关系式可表示为

$$s = vt;$$

圆柱体的体积 V 和它的底圆半径 r、高 h 之间具有关系式

$$V = \pi r^2 h;$$

柯布-道格拉斯生产函数中,产出 Q 与劳动力投入 L 和资本投入 K 之间具有关系

$$Q = AL^\alpha K^\beta.$$

上面 3 个例子的具体意义虽各不相同,但它们却有共同的特点,即一个量的变化受到多个变量的影响,抽象出这些共性可得出二元函数的定义.

定义 1 设 D 是平面上的一个点集.如果对于每个点 $P(x,y) \in D$,变量 z 按照一定的法则总有确定的值和它对应,则称 z 是变量 x, y 的二元函数(或点 P 的函数),记为

$$z = f(x, y) \quad (\text{或} z = f(P)).$$

x, y 称为自变量,z 称为因变量, 点集 D 称为该函数的**定义域**,数集 $\{z \mid z = f(x, y), (x, y) \in D\}$ 称为该函数的**值域**.

z 是 x, y 的函数也可记为 $z=z(x, y)$ 或 $z=\varphi(x, y)$ 等.

类似地,可以定义三元函数 $u=f(x, y, z)$ 以及三元以上的函数.一般地,把定义 1 中的平面点集 D 换成 n 维空间内的点集 D,则可类似地定义 n 元函数 $u = f(x_1, x_2, \cdots, x_n)$.$n$ 元函数也可简记为 $u = f(P)$,这里点 $P(x_1, x_2, \cdots, x_n) \in D$,当 $n=1$ 时,就是一元函数;当 $n \geq 2$ 时,统称为多元函数.

关于多元函数的定义域,与一元函数类似,一般地,讨论用解析式表达的多元函数 $u=f(P)$ 时,使该解析式有意义的自变量所确定的点集为这个函数的**定义域**.

例 1 求下列函数的定义域并画出定义域的图形.

(1) $z = \ln(y - x^2) + \sqrt{1 - y^2 - x^2}$; (2) $z = \arcsin(x - y)$.

解 (1)要使函数有意义,需满足条件

$$\begin{cases} y - x^2 > 0, \\ 1 - y^2 - x^2 \geq 0, \end{cases}$$

故函数的定义域为

$$D = \{(x, y) \mid x^2 < y, x^2 + y^2 \leq 1\}.$$

其图形为 $y = x^2$ 与 $x^2 + y^2 = 1$ 所围成的部分(图 8-3),包括曲线 $x^2+y^2=1$.

(2)要使函数有意义,需满足条件

$$|x - y| \leq 1,$$

故函数的定义域为 $D = \{(x, y) \mid |x - y| \leq 1\}$,此函数定义域为无限区域,其图形如图 8-4 中阴影部分.

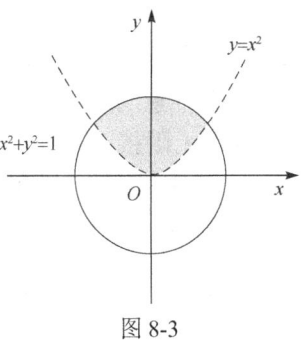

图 8-3

设函数 $z = f(x, y)$ 的定义域为 D. 对于任意取定的点 $P(x, y) \in D$,都有确定的函数值 $z = f(x, y)$ 与它对应.这样,以 x 为横坐标、y 为纵坐标、$z = f(x, y)$ 为竖坐标,在空间就确定一点 $M(x, y, z)$.当 (x, y) 取遍 D 上的一切点时,就得到一个空间点集

$$\{(x, y, z) \mid z = f(x, y), (x, y) \in D\},$$

这个点集称为二元函数的**值域**. 二元函数 $z=f(x,y)$ 的图形一般是三维空间中的一张曲面 (图 8-5). 如二元函数 $z=\sqrt{1-x^2-y^2}$ 表示以原点为球心, 以 1 个单位长度为半径的上半球面, 它的定义域是 xOy 平面上以原点为圆心的单位圆.

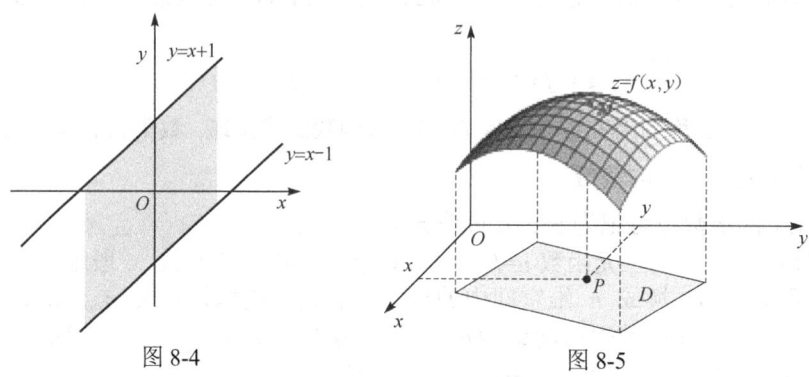

图 8-4　　　　　　　　　　图 8-5

8.1.2 多元函数的极限

我们先讨论当 $x \to x_0$, $y \to y_0$, 即 $P(x,y) \to P_0(x_0,y_0)$ 时二元函数 $z=f(x,y)$ 的极限.

与一元函数的极限概念类似, 我们给出二元函数极限的定义.

定义 2 设函数 $f(x,y)$ 的定义域是平面区域 D, $P_0(x_0,y_0)$ 是 D 的聚点[①], 若存在常数 A, 对任意正数 ε, 总存在正数 δ, 对一切 $P \in D \cap \overset{\circ}{U}(P_0,\delta)$, 都有 $|f(P)-A|<\varepsilon$, 则称 A 为函数 $f(x,y)$ 当 $(x,y) \to (x_0,y_0)$ 时的极限值. 记作

$$\lim_{(x,y) \to (x_0,y_0)} f(x,y) = A \quad \text{或} \quad f(x,y) \to A \ (\rho \to 0),$$

这里 $\rho = |PP_0|$. 为了区别于一元函数的极限, 我们把二元函数的极限叫作**二重极限**.

必须注意, 所谓二重极限存在, 是指 $P(x,y)$ 以任何方式趋于 $P_0(x_0,y_0)$ 时, 函数 $f(x,y)$ 都无限接近于常数 A. 因此, 如果 $P(x,y)$ 在定义域内, 以不同方式趋于 $P_0(x_0,y_0)$ 时, 函数 $f(x,y)$ 趋于不同的值, 或 $P(x,y)$ 以某一种方式趋于 $P_0(x_0,y_0)$ 时, $f(x,y)$ 的极限不存在, 那么就可以断定这个函数的极限不存在. 下面举例说明.

例 2 判断函数 $f(x,y) = \dfrac{xy^2}{x^2+y^4}(x^2+y^2 \neq 0)$ 在 $(0,0)$ 点的极限是否存在.

解 当点 $P(x,y)$ 沿 x 轴趋于点 $(0,0)$ 时, 在此过程中 $y=0$,

$$\lim_{x \to 0} f(x,0) = \lim_{x \to 0} 0 = 0;$$

[①] 聚点: 设 E 是 xOy 平面上的点集, 点 P_0 是 xOy 平面上的点. 若对于任意 $\varepsilon > 0$, 总有 $U(P_0,\varepsilon) \cap E \neq \varnothing$, 则称点 P_0 是 E 的聚点.

当点 $P(x,y)$ 沿着曲线 $x=y^2$ 趋于点 $(0,0)$ 时,有

$$\lim_{\substack{y\to 0\\ x=y^2}}\frac{xy^2}{x^2+y^4}=\lim_{y\to 0}\frac{y^4}{y^4+y^4}=\frac{1}{2}.$$

可见,点 $P(x,y)$ 以上述两种特殊方式趋于原点时,函数的极限存在但不相等,说明该函数在 $(0,0)$ 点的极限不存在.

二元函数极限的概念,可相应地推广到 n 元函数 $u=f(P)$.

对于 n 元函数 $f(P)$,当 $P\to P_0$ 时,若 $f(P)$ 与常数 A 无限接近,则称 A 为 n 元函数 $f(P)$ 在 $P\to P_0$ 时的极限,也称为 n 重极限,记为

$$\lim_{P\to P_0}f(P)=A.$$

多元函数极限的定义与一元函数极限的定义有着完全相同的形式,因而有关一元函数极限的运算法则和计算方法都可以应用于多元函数求极限(洛必达法则除外).

例 3 求 $\lim\limits_{(x,y)\to(0,2)}\dfrac{\sin(xy)}{x}$.

解 $\lim\limits_{(x,y)\to(0,2)}\dfrac{\sin(xy)}{x}=\lim\limits_{(x,y)\to(0,2)}\dfrac{\sin(xy)}{xy}y=\lim\limits_{xy\to 0}\dfrac{\sin(xy)}{xy}\cdot\lim\limits_{y\to 2}y=1\cdot 2=2.$

例 4 计算 $\lim\limits_{(x,y)\to(0,0)}\dfrac{\sqrt{xy+1}-1}{xy}$.

解 $\lim\limits_{(x,y)\to(0,0)}\dfrac{\sqrt{xy+1}-1}{xy}=\lim\limits_{(x,y)\to(0,0)}\dfrac{xy+1-1}{xy\left(\sqrt{xy+1}+1\right)}=\lim\limits_{(x,y)\to(0,0)}\dfrac{1}{\sqrt{xy+1}+1}=\dfrac{1}{2}.$

例 5 计算 $\lim\limits_{(x,y)\to(0,0)}\dfrac{\sqrt{x^2+y^2}-\sin\sqrt{x^2+y^2}}{(x^2+y^2)^{\frac{3}{2}}}$.

解 令 $\sqrt{x^2+y^2}=\rho$,原式转化为

$$\lim_{\rho\to 0}\frac{\rho-\sin\rho}{\rho^3}\xlongequal{\text{洛必达法则}}\lim_{\rho\to 0}\frac{1-\cos\rho}{3\rho^2}=\lim_{\rho\to 0}\frac{\sin\rho}{6\rho}=\frac{1}{6}.$$

8.1.3 多元函数的连续性

有了多元函数极限的概念,下面来定义多元函数的连续性.

定义 3 设函数 $f(x,y)$ 在开区域(闭区域)D 内有定义,聚点 $P_0(x_0,y_0)\in D$,如果

$$\lim_{(x,y)\to(x_0,y_0)}f(x,y)=f(x_0,y_0),$$

则称函数 $f(x,y)$ 在点 $P_0(x_0,y_0)$ 处连续.

如果函数 $f(x,y)$ 在开区域（或闭区域）D 内的每一点处都连续，则称函数 $f(x,y)$ 在 D 内连续，或者称 $f(x,y)$ 是 D 内的**连续函数**.

二元函数连续性的概念，可相应地推广到 n 元函数 $u=f(P)$.

若函数 $f(x,y)$ 在点 $P_0(x_0,y_0)$ 处不连续，则称 P_0 为函数 $f(x,y)$ 的**间断点**. 另外 $f(x,y)$ 不但可以有间断点，有时，间断点还可以形成一条曲线，称之为**间断线**.

例如，点 $(0,0)$ 是函数 $f(x,y)=\dfrac{1}{x^2+y^2}$ 的间断点，$x^2+y^2=1$ 是二元函数 $z=\dfrac{1}{x^2+y^2-1}$ 的间断线.

与一元函数类似，利用多元函数极限的运算法则可以证明，多元连续函数的和、差、积、商（在分母不为零处）仍是连续函数，多元连续函数的复合函数也是连续函数.

多元初等函数是指由常量及具有不同自变量的一元基本初等函数经过有限次的四则运算和复合运算而形成的能用一个算式表示的多元函数. 多元初等函数在其定义区域内是连续的.

例 6 讨论函数 $f(x,y)=\begin{cases}\dfrac{xy}{x^2+y^2}, & (x,y)\neq(0,0),\\ 0, & (x,y)=(0,0)\end{cases}$ 在点 $(0,0)$ 处的连续性.

解 点 $P(x,y)$ 沿着路径 $y=kx(k\neq 0)$ 趋近于点 $(0,0)$，计算极限

$$\lim_{\substack{x\to 0\\ y=kx}}\frac{x\cdot kx}{x^2+k^2x^2}=\frac{k}{1+k^2},$$

显然，极限值因 k 的取值不同而不同，故 $f(x,y)$ 在 $(0,0)$ 点极限不存在. 因此该函数在 $(0,0)$ 点不连续.

求多元初等函数 $f(x,y)$ 在点 $P_0(x_0,y_0)$ 的极限时，如果 $P_0(x_0,y_0)$ 在此函数的定义区域内，由多元初等函数的连续性，$f(x,y)$ 在点 $P_0(x_0,y_0)$ 的极限值就等于它在该点的函数值，即

$$\lim_{P\to P_0}f(P)=f(P_0).$$

例 7 计算 $\lim\limits_{(x,y)\to(1,2)}\dfrac{x-y}{1+xy}$.

解 由于函数 $f(x,y)=\dfrac{x-y}{1+xy}$ 是初等函数，且在点 $(1,2)$ 处连续. 故有

$$\lim_{(x,y)\to(1,2)}\frac{x-y}{1+xy}=f(1,2)=-\frac{1}{3}.$$

例 8 计算 $\lim\limits_{(x,y)\to(0,1)}\dfrac{x+y}{3-\sqrt{xy+4}}$.

解 由于 $f(x,y)=\dfrac{x+y}{3-\sqrt{xy+4}}$ 是初等函数,且在点 $(0,1)$ 处连续. 故有

$$\lim_{(x,y)\to(0,1)}\dfrac{x+y}{3-\sqrt{xy+4}}=f(0,1)=1.$$

与闭区间上一元连续函数的性质相类似,在有界闭区域上多元连续函数也有如下性质.

性质 1(最大值和最小值定理) 在有界闭区域 D 上的多元连续函数,在 D 上一定有最大值和最小值. 也就是说,在 D 上至少有一点 P_1 及一点 P_2,使得 $f(P_1)$ 为最大值而 $f(P_2)$ 为最小值,即对于一切 $P\in D$,有

$$f(P_2)\leqslant f(P)\leqslant f(P_1).$$

性质 2(介值定理) 在有界闭区域 D 上的多元连续函数,必能取得介于最大值和最小值之间的任何值.

习 题 8.1

1. 填空题

(1) 已知函数 $f(x,y)=x^2-y^2$,则 $f(x+y,x-y)=$ _____.

(2) 已知函数 $f(x+y,xy)=x^2+y^2$,则 $f(x,y)=$ _____.

(3) 二元函数 $z=\sqrt{x}+y$ 的定义域是_____.

(4) 二元函数 $z=\ln(x+y)$ 的定义域是_____.

(5) 二元函数 $z=\arcsin(1-y)+\ln(x-y)$ 的定义域是_____.

(6) 三元函数 $u=\sqrt{R^2-x^2-y^2-z^2}+\sqrt{x^2+y^2+z^2-r^2}$ 的定义域是_____.

2. 选择题

(1) $\lim\limits_{(x,y)\to(0,1)}\dfrac{1-xy}{x^2+2y^2}=($).

A. 1　　　　　　B. 0　　　　　　C. -1　　　　　　D. $\dfrac{1}{2}$

(2) $\lim\limits_{(x,y)\to(1,0)}\dfrac{\ln(x+e^y)}{\sqrt{x^2+y^2}}=($).

A. 1　　　　　　B. $\ln 2$　　　　　C. -1　　　　　　D. $\ln 3$

(3) $\lim\limits_{(x,y)\to(0,0)}\dfrac{xy}{\sqrt{xy+1}-1}=($).

A. 1　　　　　　B. 0　　　　　　C. -1　　　　　　D. 2

(4) $\lim\limits_{(x,y)\to(\infty,\infty)} (x^2+y^2)\sin\dfrac{3}{x^2+y^2} = ($ $).$

A. 1   B. 0   C. 3   D. 2

(5) $\lim\limits_{(x,y)\to(0,0)} \left(x\sin\dfrac{1}{y} + y\sin\dfrac{1}{x}\right) = ($ $).$

A. 1   B. 0   C. -1 D. 2

(6) $\lim\limits_{(x,y)\to(1,1)} \dfrac{xy-1}{\sqrt{xy}-1} = ($ $).$

A. 0   B. 1   C. -1 D. 2

3.讨论下列函数在$(0,0)$点处的连续性.

(1) $f(x,y) = \dfrac{x+y}{x-y}$；

(2) $f(x,y) = \dfrac{x^2 y^2}{x^2 y^2 - (x-y)^2}$.

8.2 偏 导 数

8.2.1 偏导数的概念

在研究一元函数时,我们从函数的变化率入手,从而引出了导数的概念.对于多元函数同样需要讨论它的变化率.但多元函数的自变量不止一个,因变量与自变量的关系要比一元函数复杂得多.在这一节里,我们首先考虑多元函数关于其中一个自变量的变化率.以二元函数$z=f(x,y)$为例,如果只有自变量x变化,而自变量y固定(即看作常量),这时它就是x的一元函数,该函数对x的导数,就称为二元函数z对于x的偏导数,有如下定义:

定义 1 设函数$z=f(x,y)$在点(x_0, y_0)的某一邻域内有定义,当y固定在y_0,而x在x_0处有增量Δx时,相应地函数有增量

$$f(x_0+\Delta x, y_0) - f(x_0, y_0).$$

如果

$$\lim_{\Delta x \to 0} \frac{f(x_0+\Delta x, y_0) - f(x_0, y_0)}{\Delta x} \tag{8.2.1}$$

存在,则称此极限值为函数$z=f(x,y)$在点(x_0, y_0)处对x的偏导数,记作

$$\left.\frac{\partial z}{\partial x}\right|_{\substack{x=x_0 \\ y=y_0}}, \quad \left.\frac{\partial f}{\partial x}\right|_{\substack{x=x_0 \\ y=y_0}}, \quad \left.z_x\right|_{\substack{x=x_0 \\ y=y_0}} \quad \text{或} \quad f_x(x_0, y_0).$$

即

$$f_x(x_0, y_0) = \lim_{\Delta x \to 0} \frac{f(x_0+\Delta x, y_0) - f(x_0, y_0)}{\Delta x}.$$

类似地, 函数 $z = f(x, y)$ 在点 (x_0, y_0) 处**对 y 的偏导数**定义为

$$\lim_{\Delta y \to 0} \frac{f(x_0, y_0 + \Delta y) - f(x_0, y_0)}{\Delta y}, \tag{8.2.2}$$

记作

$$\left.\frac{\partial z}{\partial y}\right|_{\substack{x=x_0 \\ y=y_0}}, \quad \left.\frac{\partial f}{\partial y}\right|_{\substack{x=x_0 \\ y=y_0}}, \quad z_y\bigg|_{\substack{x=x_0 \\ y=y_0}} \quad \text{或} \quad f_y(x_0, y_0).$$

如果函数 $z = f(x, y)$ 在区域 D 内每一点 (x, y) 处对 x 的偏导数都存在, 那么这个偏导数就是关于 x, y 的函数, 称为函数 $z = f(x, y)$ 对自变量 x 的偏导函数, 记作

$$\frac{\partial z}{\partial x}, \quad \frac{\partial f}{\partial x}, \quad z_x \quad \text{或} \quad f_x(x, y).$$

类似地, 可以定义函数 $z = f(x, y)$ 对自变量 y 的偏导函数, 记作

$$\frac{\partial z}{\partial y}, \quad \frac{\partial f}{\partial y}, \quad z_y \quad \text{或} \quad f_y(x, y).$$

由偏导数的定义可知, $f(x, y)$ 在点 (x_0, y_0) 处对 x 的偏导数 $f_x(x_0, y_0)$ 显然就是偏导函数 $f_x(x, y)$ 在点 (x_0, y_0) 处的函数值; $f_y(x_0, y_0)$ 就是偏导函数 $f_y(x, y)$ 在点 (x_0, y_0) 处的函数值. 就像一元函数的导函数一样, 以后在不致混淆的地方也把偏导函数简称为**偏导数**.

至于求 $z = f(x, y)$ 的偏导数, 并不需要用新的方法, 因为这里只有一个自变量在变动, 另一个自变量看作是固定的, 所以仍旧是一元函数的求导数问题. 求 $\dfrac{\partial f}{\partial x}$ 时, 只要把 y 暂时看作常量对 x 求导数; 求 $\dfrac{\partial f}{\partial y}$ 时, 则只要把 x 暂时看作常量而对 y 求导数.

偏导数的概念还可以推广到二元以上的函数. 例如, 三元函数 $u = f(x, y, z)$ 在点 (x, y, z) 处对 x 的偏导数定义为

$$f_x(x, y, z) = \lim_{\Delta x \to 0} \frac{f(x_0 + \Delta x, y, z) - f(x, y, z)}{\Delta x},$$

其中 (x, y, z) 是函数 $u = f(x, y, z)$ 的定义域的内点. 它们的求法仍旧可以看作一元函数的求导问题.

例1 求函数 $z = x^2 y + e^x + \sin y$ 的偏导数.

解 对 x 求导数时把 y 暂时看作常量,

$$\frac{\partial z}{\partial x} = 2xy + e^x;$$

对 y 求导数时把 x 暂时看作常量,

$$\frac{\partial z}{\partial y} = x^2 + \cos y.$$

例 2 求函数 $z = 3^x + xy^3$ 的偏导数.

解 对 x 求导数时把 y 暂时看作常量,
$$\frac{\partial z}{\partial x} = 3^x \ln 3 + y^3;$$
对 y 求导数时把 x 暂时看作常量,
$$\frac{\partial z}{\partial y} = 3xy^2.$$

例 3 已知函数 $z = x^y (x > 0,$ 且 $x \neq 1)$,求证
$$\frac{x}{y} \frac{\partial z}{\partial x} + \frac{1}{\ln x} \frac{\partial z}{\partial y} = 2z.$$

证 因为
$$\frac{\partial z}{\partial x} = yx^{y-1}, \quad \frac{\partial z}{\partial y} = x^y \ln x,$$
所以
$$\frac{x}{y} \frac{\partial z}{\partial x} + \frac{1}{\ln x} \frac{\partial z}{\partial y} = x^y + x^y = 2z.$$

我们知道,对一元函数来说,$\dfrac{\mathrm{d}y}{\mathrm{d}x}$ 可看作函数的微分 $\mathrm{d}y$ 与自变量的微分 $\mathrm{d}x$ 之商. 对多元函数来说,偏导数的记号是一个整体记号,不能看作分子与分母之商.

例 4 求函数 $z = x^2 + 3xy + y^2 + 1$ 在点 $(1, 2)$ 处的偏导数.

解 将 y 视为常数,对 x 求导,得
$$\frac{\partial z}{\partial x} = 2x + 3y.$$
将 x 视为常数,对 y 求导,得
$$\frac{\partial z}{\partial y} = 3x + 2y.$$
故
$$\left.\frac{\partial z}{\partial x}\right|_{(1,2)} = 2 \times 1 + 3 \times 2 = 8,$$
$$\left.\frac{\partial z}{\partial y}\right|_{(1,2)} = 3 \times 1 + 2 \times 2 = 7.$$

求多元函数在某点处的偏导数时，如求 $z=f(x,y)$ 在 (x_0,y_0) 的偏导数时，可以先将 y 的取值代入，得到相应的关于 x 的一元函数 $z=f(x,y_0)$，再对 x 求导数．对 y 的偏导数可采取同样的办法．如例 4，在计算函数点 $(1,2)$ 处对 x 的偏导数时，可先将 $y=2$ 代入，即得 $z=x^2+6x+5$，再求其对 x 的导数在 $x=1$ 处的函数值．

二元函数 $z=f(x,y)$ 在点 (x_0,y_0) 处的偏导数有下述**几何意义**．

设 $M_0(x_0,y_0,f(x_0,y_0))$ 为曲面 $z=f(x,y)$ 上的一点，过 M_0 作平面 $y=y_0$，截此曲面得一曲线，此曲线在平面 $y=y_0$ 上的方程为 $z=f(x,y_0)$，则偏导数 $f_x(x_0,y_0)$ 就是该曲线在点 M_0 处的切线 M_0T_x 对 x 轴的斜率．偏导数 $f_y(x_0,y_0)$ 的几何意义是曲面被平面 $x=x_0$ 所截得的曲线 $z=f(x_0,y)$ 在点 M_0 处的切线 M_0T_y 对 y 轴的斜率（图 8-6）．

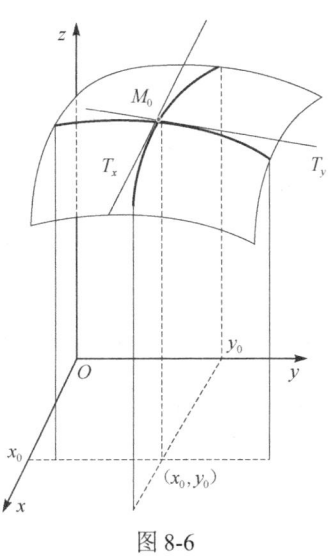

图 8-6

我们已经知道，如果一元函数在某点处具有导数，则它在该点必定连续．但对于多元函数来说，即使两个偏导数在某点处都存在，也不能保证函数在该点处连续．这是因为两个偏导数存在只能保证点 P 沿着平行于坐标轴的方向趋于 P_0 时，函数值 $f(P)$ 趋于 $f(P_0)$，但不能保证点 P 按任何方式趋于点 P_0 时，函数值 $f(P)$ 都趋于 $f(P_0)$．例如，函数

$$z=f(x,y)=\begin{cases} \dfrac{xy}{x^2+y^2}, & x^2+y^2\neq 0,\\ 0, & x^2+y^2=0 \end{cases}$$

在点 $(0,0)$ 对 x 的偏导数为

$$f_x(0,0)=\lim_{\Delta x\to 0}\frac{f(0+\Delta x,0)-f(0,0)}{\Delta x}=0；$$

同样有

$$f_y(0,0)=\lim_{\Delta y\to 0}\frac{f(0,0+\Delta y)-f(0,0)}{\Delta y}=0．$$

我们在 8.1 节例 6 中已经知道该函数在点 $(0,0)$ 不连续．

8.2.2 高阶偏导数

设函数 $z=f(x,y)$ 在区域 D 内具有偏导数

$$\frac{\partial z}{\partial x}=f_x(x,y),\quad \frac{\partial z}{\partial y}=f_y(x,y),$$

那么在 D 内 $f_x(x,y)$, $f_y(x,y)$ 都是 x, y 的函数. 如果这两个函数的偏导数也存在, 则称它们是函数 $z=f(x,y)$ 的二阶偏导数. 按照对变量求导次序的不同, 二元函数有下列四个**二阶偏导数**:

$$\frac{\partial}{\partial x}\left(\frac{\partial z}{\partial x}\right)=\frac{\partial^2 z}{\partial x^2}=f_{xx}(x,y), \qquad \frac{\partial}{\partial y}\left(\frac{\partial z}{\partial x}\right)=\frac{\partial^2 z}{\partial x \partial y}=f_{xy}(x,y),$$

$$\frac{\partial}{\partial y}\left(\frac{\partial z}{\partial y}\right)=\frac{\partial^2 z}{\partial y^2}=f_{yy}(x,y), \qquad \frac{\partial}{\partial x}\left(\frac{\partial z}{\partial y}\right)=\frac{\partial^2 z}{\partial y \partial x}=f_{yx}(x,y),$$

其中 $\dfrac{\partial^2 z}{\partial x \partial y}$ 和 $\dfrac{\partial^2 z}{\partial y \partial x}$ 称为**二阶混合偏导数**. 类似地, 可得三阶, 四阶, $\cdots$, n 阶偏导数.

例如, 二元函数 $z=f(x,y)$ 关于 x 的三阶偏导数为 $\dfrac{\partial}{\partial x}\left(\dfrac{\partial^2 z}{\partial x^2}\right)=\dfrac{\partial^3 z}{\partial x^3}$; 该函数关于 x 的 $n-1$ 阶偏导数, 再关于 y 的一阶偏导数为 $\dfrac{\partial}{\partial y}\left(\dfrac{\partial^{n-1} z}{\partial x^{n-1}}\right)=\dfrac{\partial^n z}{\partial x^{n-1} \partial y}$. 将函数二阶及二阶以上的偏导数统称为**高阶偏导数**.

例 5 已知函数 $z=x^3-3xy^3-xy^2+1$, 求该函数的所有二阶偏导数.

解 $\dfrac{\partial z}{\partial x}=3x^2-3y^3-y^2, \qquad \dfrac{\partial z}{\partial y}=-9xy^2-2xy;$

$\dfrac{\partial^2 z}{\partial x^2}=6x, \qquad \dfrac{\partial^2 z}{\partial y^2}=-18xy-2x;$

$\dfrac{\partial^2 z}{\partial x \partial y}=-9y^2-2y, \qquad \dfrac{\partial^2 z}{\partial y \partial x}=-9y^2-2y.$

例 6 已知函数 $u=\mathrm{e}^{ax}\cos by$, 求该函数所有的二阶偏导数.

解 $\dfrac{\partial u}{\partial x}=a\mathrm{e}^{ax}\cos by, \qquad \dfrac{\partial u}{\partial y}=-b\mathrm{e}^{ax}\sin by;$

$\dfrac{\partial^2 u}{\partial x^2}=a^2\mathrm{e}^{ax}\cos by, \qquad \dfrac{\partial^2 u}{\partial y^2}=-b^2\mathrm{e}^{ax}\cos by;$

$\dfrac{\partial^2 u}{\partial x \partial y}=-ab\mathrm{e}^{ax}\sin by, \qquad \dfrac{\partial^2 u}{\partial y \partial x}=-ab\mathrm{e}^{ax}\sin by.$

我们看到例 5 和例 6 中两个二阶混合偏导数均相等, 即 $\dfrac{\partial^2 z}{\partial y \partial x}=\dfrac{\partial^2 z}{\partial x \partial y}$, 这不是偶然的, 事实上, 有下述定理.

定理 1 如果函数 $z=f(x,y)$ 的两个二阶混合偏导数 $\dfrac{\partial^2 z}{\partial y \partial x}$ 及 $\dfrac{\partial^2 z}{\partial x \partial y}$ 在区域 D 内

连续, 那么在该区域内这两个二阶混合偏导数必相等.

换句话说, 二阶混合偏导数在连续的条件下与求导的次序无关.

对于二元以上的函数, 我们也可以类似地定义高阶偏导数. 而且高阶混合偏导数在偏导数连续的条件下也与求导的次序无关.

习 题 8.2

1. 填空题

(1) 已知 $z = x^3 + y^3 - 3xy^2$, 则 $\dfrac{\partial z}{\partial x} = $_____, $\dfrac{\partial z}{\partial y} = $_____.

(2) 已知 $z = x^2 y e^y$, 则 $\dfrac{\partial z}{\partial x} = $_____, $\dfrac{\partial z}{\partial y} = $_____.

(3) 已知 $z = x^2 + y^2 + 6x$, 则 $\left.\dfrac{\partial z}{\partial x}\right|_{(1,2)} = $_____, $\left.\dfrac{\partial z}{\partial y}\right|_{(1,2)} = $_____.

(4) 已知 $f(x,y,z) = xyz\sin x$, 则 $\left.\dfrac{\partial f}{\partial x}\right|_{\left(\frac{\pi}{2},1,1\right)} = $_____, $\left.\dfrac{\partial f}{\partial y}\right|_{\left(\frac{\pi}{2},1,1\right)} = $_____,

$\left.\dfrac{\partial f}{\partial z}\right|_{\left(\frac{\pi}{2},1,1\right)} = $_____.

2. 选择题

(1) 已知 $z = \ln(x + \ln y)$, 则 $z_x(1,e), z_y(1,e)$ 的值为 ( ).

A. $\dfrac{1}{2}, \dfrac{1}{2e}$ B. $\dfrac{1}{2e}, \dfrac{1}{2}$ C. $2, e$ D. $1, \dfrac{1}{2e}$

(2) 已知 $z = \sqrt{x}\sin y + e^{xy}$, 则 $z_x(1,0), z_y(1,\pi)$ 的值为 ( )

A. $0,1$ B. $0, e^\pi - 1$ C. $1, e^\pi - 1$ D. $e^\pi - 1, 1$

(3) 函数 $z = yx^y$ 的两个一阶偏导数分别是 ( ).

A. $\dfrac{\partial z}{\partial x} = yx^{y-1}, \dfrac{\partial z}{\partial y} = x^y(1 + y\ln x)$ B. $\dfrac{\partial z}{\partial x} = y^2 x^{y-1}, \dfrac{\partial z}{\partial y} = x(1 + y\ln x)$

C. $\dfrac{\partial z}{\partial x} = y^2 x^{y+1}, \dfrac{\partial z}{\partial y} = x^y(1 + y\ln x)$ D. $\dfrac{\partial z}{\partial x} = y^2 x^{y-1}, \dfrac{\partial z}{\partial y} = x^y(1 + y\ln x)$

(4) 函数 $z = \arcsin(xy)$ 的两个一阶偏导数分别是 ( ).

A. $\dfrac{\partial z}{\partial x} = \dfrac{y}{\sqrt{1 + x^2 y^2}}, \dfrac{\partial z}{\partial y} = \dfrac{x}{\sqrt{1 + x^2 y^2}}$ B. $\dfrac{\partial z}{\partial x} = \dfrac{x}{\sqrt{1 - x^2 y^2}}, \dfrac{\partial z}{\partial y} = \dfrac{y}{\sqrt{1 - x^2 y^2}}$

C. $\dfrac{\partial z}{\partial x} = \dfrac{y}{\sqrt{1 - x^2 y^2}}, \dfrac{\partial z}{\partial y} = \dfrac{x}{\sqrt{1 - x^2 y^2}}$ D. $\dfrac{\partial z}{\partial x} = \dfrac{x}{\sqrt{1 + x^2 y^2}}, \dfrac{\partial z}{\partial y} = \dfrac{y}{\sqrt{1 + x^2 y^2}}$

(5) 函数 $z = \cos xy$，则 $\dfrac{\partial^2 z}{\partial x^2}, \dfrac{\partial^2 z}{\partial x \partial y}$ 分别是（　　）.

A. $-y^2 \cos xy, \ -xy\cos xy + \sin xy$ 　　　　B. $-y\cos xy, \ -xy\cos xy - \sin xy$

C. $-y^2 \cos xy, \ xy\cos xy - \sin xy$ 　　　　D. $-y^2 \cos xy, \ -xy\cos xy - \sin xy$

3. 判断题，正确的在括号里画"√"，错误的在括号里画"×".

(1) 函数 $z = x^2 y^2 + 2xy + y^3$，则 $\dfrac{\partial^2 z}{\partial x^2} = x^2 y$. （　　）

(2) 函数 $z = e^x + xy + e^y$，则 $\dfrac{\partial^2 z}{\partial y^2} = e^y$. （　　）

(3) 函数 $z = x^2 + 6xy + y^3 - 2y$，则 $\dfrac{\partial^2 z}{\partial x \partial y} = 6$. （　　）

(4) 函数 $z = x\arctan y$，则 $\dfrac{\partial^2 z}{\partial x \partial y} = \dfrac{1}{1-y^2}$. （　　）

8.3　多元复合函数的求导法则

定理 1　设函数 $u = u(x,y)$，$v = v(x,y)$ 在点 (x,y) 处的偏导数存在，且 $z = f(u,v)$ 在对应点 (u,v) 具有连续偏导数，则复合函数 $z = f[u(x,y), v(x,y)]$ 在点 (x,y) 的两个偏导数都存在，且有如下链式法则：

$$\frac{\partial z}{\partial x} = \frac{\partial z}{\partial u} \frac{\partial u}{\partial x} + \frac{\partial z}{\partial v} \frac{\partial v}{\partial x}, \quad \frac{\partial z}{\partial y} = \frac{\partial z}{\partial u} \frac{\partial u}{\partial y} + \frac{\partial z}{\partial v} \frac{\partial v}{\partial y}. \tag{8.3.1}$$

证　只证明 (8.3.1) 中的第一个法则，第二个法则的证明类似. 对于任意固定的 y，给 x 以增量 Δx，这时 u 和 v 的增量为 $\Delta u, \Delta v$，

$$\Delta u = u(x + \Delta x, y) - u(x,y), \quad \Delta v = v(x + \Delta x, y) - v(x,y).$$

由此，函数 $z = f(u,v)$ 对应地获得增量 Δz. 由于函数 $z = f(u,v)$ 在点 (u,v) 具有连续偏导数，故 $z = f(u,v)$ 在该点可微，Δz 可表示为

$$\Delta z = \frac{\partial z}{\partial u} \Delta u + \frac{\partial z}{\partial v} \Delta v + o(\rho), \tag{8.3.2}$$

其中 $\rho = \sqrt{(\Delta u)^2 + (\Delta v)^2}$.

函数 $u = u(x,y)$，$v = v(x,y)$ 在点 (x,y) 处的偏导数存在，故当 $\Delta x \to 0$ 时，$\Delta u \to 0, \Delta v \to 0$，从而 $\rho \to 0$.

将式 (8.3.2) 两边同除以 Δx，得

$$\frac{\Delta z}{\Delta x} = \frac{\partial z}{\partial u} \frac{\Delta u}{\Delta x} + \frac{\partial z}{\partial v} \frac{\Delta v}{\Delta x} + \frac{o(\rho)}{\rho} \frac{\rho}{\Delta x}, \tag{8.3.3}$$

$$\lim_{\Delta x \to 0} \frac{\Delta u}{\Delta x} = \frac{\partial u}{\partial x}, \quad \lim_{\Delta x \to 0} \frac{\Delta v}{\Delta x} = \frac{\partial v}{\partial x},$$

$$\lim_{\Delta x \to 0} \frac{\rho}{|\Delta x|} = \lim_{\Delta x \to 0} \sqrt{\left(\frac{\Delta u}{\Delta x}\right)^2 + \left(\frac{\Delta v}{\Delta x}\right)^2} = \sqrt{\left(\frac{\partial u}{\partial x}\right)^2 + \left(\frac{\partial v}{\partial x}\right)^2}.$$

可见 $\Delta x \to 0$ 时，$\dfrac{\rho}{\Delta x}$ 是有界变量，$\dfrac{o(\rho)}{\rho}$ 是无穷小量．对式(8.3.3)两边求 $\Delta x \to 0$ 时的极限，可得

$$\frac{\partial z}{\partial x} = \frac{\partial z}{\partial u}\frac{\partial u}{\partial x} + \frac{\partial z}{\partial v}\frac{\partial v}{\partial x}.$$

链式法则可推广到中间变量多于两个的情形，类似地，设 $u = \varphi(x,y)$，$v = \psi(x,y)$ 及 $w = \omega(x,y)$ 在点 (x,y) 的偏导数都存在，函数 $z = f(u,v,w)$ 在对应点 (u,v,w) 具有连续偏导数，则复合函数

$$z = f[\varphi(x,y), \psi(x,y), \omega(x,y)]$$

在点 (x,y) 的两个偏导数都存在，且可用下列公式计算：

$$\frac{\partial z}{\partial x} = \frac{\partial z}{\partial u}\frac{\partial u}{\partial x} + \frac{\partial z}{\partial v}\frac{\partial v}{\partial x} + \frac{\partial z}{\partial w}\frac{\partial w}{\partial x}, \quad \frac{\partial z}{\partial y} = \frac{\partial z}{\partial u}\frac{\partial u}{\partial y} + \frac{\partial z}{\partial v}\frac{\partial v}{\partial y} + \frac{\partial z}{\partial w}\frac{\partial w}{\partial y}. \tag{8.3.4}$$

例 1 设 $z = e^u \sin v$，$u = xy$，$v = x - y$．求 $\dfrac{\partial z}{\partial x}$ 和 $\dfrac{\partial z}{\partial y}$．

解
$$\frac{\partial z}{\partial x} = \frac{\partial z}{\partial u}\frac{\partial u}{\partial x} + \frac{\partial z}{\partial v}\frac{\partial v}{\partial x} = e^u \sin v \cdot y + e^u \cos v \cdot 1$$
$$= e^u(y\sin v + \cos v) = e^{xy}[y\sin(x-y) + \cos(x-y)],$$
$$\frac{\partial z}{\partial y} = \frac{\partial z}{\partial u}\frac{\partial u}{\partial y} + \frac{\partial z}{\partial v}\frac{\partial v}{\partial y} = e^u \sin v \cdot x + e^u \cos v \cdot (-1)$$
$$= e^u(x\sin v - \cos v) = e^{xy}[x\sin(x-y) - \cos(x-y)].$$

例 2 求函数 $z = f(xy, x+y)$ 的偏导数 $\dfrac{\partial z}{\partial x}, \dfrac{\partial z}{\partial y}$．

解 设 $u = xy$，$v = x + y$，则 $z = f(u,v)$．按照复合函数求导的链式法则可得

$$\frac{\partial z}{\partial x} = f_u \frac{\partial u}{\partial x} + f_v \frac{\partial v}{\partial x} = yf_u + f_v,$$

$$\frac{\partial z}{\partial y} = f_u \frac{\partial u}{\partial y} + f_v \frac{\partial v}{\partial y} = xf_u + f_v.$$

公式(8.3.1)还适用于下面三种特殊情形．

情形 1 $z = f(u,v), u = u(t), v = v(t)$，则对于复合函数 $z = f[u(t), v(t)]$，

$$\frac{\mathrm{d}z}{\mathrm{d}t} = \frac{\partial z}{\partial u}\frac{\mathrm{d}u}{\mathrm{d}t} + \frac{\partial z}{\partial v}\frac{\mathrm{d}v}{\mathrm{d}t}. \tag{8.3.5}$$

式(8.3.5)中的导数 $\dfrac{\mathrm{d}z}{\mathrm{d}t}$ 称为**全导数**.

情形 2 $z = f(u)$，$u = u(x,y)$，则对于复合函数 $z = f[u(x,y)]$ 有链式法则

$$\frac{\partial z}{\partial x} = f'(u)\frac{\partial u}{\partial x}, \quad \frac{\partial z}{\partial y} = f'(u)\frac{\partial u}{\partial y}. \tag{8.3.6}$$

情形 3 $z = f(u,v), u = u(x,y), v = v(x)$，则对于复合函数 $z = f[u(x,y), v(x)]$ 有链式法则

$$\frac{\partial z}{\partial x} = \frac{\partial z}{\partial u}\frac{\partial u}{\partial x} + \frac{\partial z}{\partial v}\frac{\mathrm{d}v}{\mathrm{d}x}, \quad \frac{\partial z}{\partial y} = \frac{\partial z}{\partial u}\frac{\partial u}{\partial y}. \tag{8.3.7}$$

式(8.3.7)中的 $\dfrac{\partial z}{\partial u}, \dfrac{\partial z}{\partial v}$ 也可记作 $\dfrac{\partial f}{\partial u}, \dfrac{\partial f}{\partial v}$.

例 3 设 $z = uv, u = \mathrm{e}^t, v = \sin t$，求全导数 $\dfrac{\mathrm{d}z}{\mathrm{d}t}$.

解 $\dfrac{\mathrm{d}z}{\mathrm{d}t} = \dfrac{\partial z}{\partial u}\cdot\dfrac{\mathrm{d}u}{\mathrm{d}t} + \dfrac{\partial z}{\partial v}\cdot\dfrac{\mathrm{d}v}{\mathrm{d}t} = v\mathrm{e}^t + u\cos t = \mathrm{e}^t(\sin t + \cos t)$.

例 4 设 $z = f(x^2 + 2xy)$，且 $f(u)$ 可微，求 $\dfrac{\partial z}{\partial x}$ 和 $\dfrac{\partial z}{\partial y}$.

解 在函数 $z = f(x^2 + 2xy)$ 中，令 $u = x^2 + 2xy$，由复合函数求导的链式法则，可得

$$\frac{\partial z}{\partial x} = f'(u)\frac{\partial u}{\partial x} = 2(x+y)f'(x^2 + 2xy),$$

$$\frac{\partial z}{\partial y} = f'(u)\frac{\partial u}{\partial y} = 2xf'(x^2 + 2xy).$$

例 5 已知 $z = f(u, \mathrm{e}^{2x})$，$u = x^2\sin y$，求 $\dfrac{\partial z}{\partial x}$ 及 $\dfrac{\partial z}{\partial y}$.

解 令 $v = \mathrm{e}^{2x}$，则

$$\frac{\partial z}{\partial x} = \frac{\partial f}{\partial u}\frac{\partial u}{\partial x} + \frac{\partial f}{\partial v}\frac{\mathrm{d}v}{\mathrm{d}x} = 2x\sin y\frac{\partial f}{\partial u} + 2\mathrm{e}^{2x}\frac{\partial f}{\partial v},$$

$$\frac{\partial z}{\partial y} = \frac{\partial f}{\partial u} = \frac{\partial u}{\partial y} = x^2\cos y\frac{\partial f}{\partial u}.$$

例 6 若函数 $u = u(x,y)$ 的偏导数存在，且函数 $z = f(u,x,y)$ 在 (u,x,y) 处具有连续偏导数，求 $\dfrac{\partial z}{\partial x}, \dfrac{\partial z}{\partial y}$.

解 此题可理解为 $z = f[u,v,w]$，$u = u(x,y), v = x, w = y$ 的复合函数情形，利

用链式法则可得
$$\frac{\partial z}{\partial x} = \frac{\partial f}{\partial u}\frac{\partial u}{\partial x} + \frac{\partial f}{\partial x},$$
$$\frac{\partial z}{\partial y} = \frac{\partial f}{\partial u}\frac{\partial u}{\partial y} + \frac{\partial f}{\partial y}.$$

注 这里 $\frac{\partial z}{\partial x}$ 与 $\frac{\partial f}{\partial x}$ 是不同的，$\frac{\partial z}{\partial x}$ 是把复合函数 $z = f[\varphi(x,y), x, y]$ 中的 y 看作不变而对 x 的偏导数，$\frac{\partial f}{\partial x}$ 是把 $f(u, x, y)$ 中的 u 及 y 看作不变而对 x 的偏导数. $\frac{\partial z}{\partial y}$ 与 $\frac{\partial f}{\partial y}$ 也有类似的区别.

对于函数 $z = f(u, v)$，通常记
$$f_1' = \frac{\partial f(u,v)}{\partial u}, \quad f_2' = \frac{\partial f(u,v)}{\partial v},$$
$$f_{11}'' = \frac{\partial^2 f(u,v)}{\partial u^2}, \quad f_{12}'' = \frac{\partial^2 f(u,v)}{\partial u \partial v}, \quad f_{22}'' = \frac{\partial^2 f(u,v)}{\partial v^2}.$$

例7 已知 $z = f(u, x, y)$，$u = xe^y$，求 $\frac{\partial z}{\partial x}$ 及 $\frac{\partial z}{\partial y}$.

解 $\frac{\partial z}{\partial x} = \frac{\partial f}{\partial u}\frac{\partial u}{\partial x} + \frac{\partial f}{\partial x} = \frac{\partial f}{\partial u} \cdot e^y + \frac{\partial f}{\partial x},$

$\frac{\partial z}{\partial y} = \frac{\partial f}{\partial u}\frac{\partial u}{\partial y} + \frac{\partial f}{\partial y} = \frac{\partial f}{\partial u} \cdot xe^y + \frac{\partial f}{\partial y}.$

上面的计算结果也可记为
$$\frac{\partial z}{\partial x} = f_1' \cdot e^y + f_2',$$
$$\frac{\partial z}{\partial y} = f_1' \cdot xe^y + f_3'.$$

例8 设 $w = f(x + y + z, xyz)$，f 具有二阶连续偏导数，求 $\frac{\partial w}{\partial x}$ 及 $\frac{\partial^2 w}{\partial x \partial z}$.

解 令 $u = x + y + z$，$v = xyz$，其中
$$\frac{\partial w}{\partial x} = \frac{\partial f}{\partial u} \cdot \frac{\partial u}{\partial x} + \frac{\partial f}{\partial v} \cdot \frac{\partial v}{\partial x} = f_1' + yzf_2',$$
$$\frac{\partial^2 w}{\partial x \partial z} = \frac{\partial}{\partial z}(f_1' + yzf_2') = \frac{\partial f_1'}{\partial z} + yf_2' + yz\frac{\partial f_2'}{\partial z},$$
$$\frac{\partial f_1'}{\partial z} = \frac{\partial f_1'}{\partial u} \cdot \frac{\partial u}{\partial z} + \frac{\partial f_1'}{\partial v} \cdot \frac{\partial v}{\partial z} = f_{11}'' + xyf_{12}'',$$

$$\frac{\partial f_2'}{\partial z} = \frac{\partial f_2'}{\partial u} \cdot \frac{\partial u}{\partial z} + \frac{\partial f_2'}{\partial v} \cdot \frac{\partial v}{\partial z} = f_{21}'' + xyf_{22}'',$$

于是

$$\frac{\partial^2 w}{\partial x \partial z} = f_{11}'' + xyf_{12}'' + yf_2' + yz(f_{21}'' + xyf_{22}'')$$

$$= f_{11}'' + y(x+z)f_{12}'' + xy^2 z f_{22}'' + yf_2'.$$

例 9 已知函数 $z = f(xy^2, x^2 y)$,且 f 具有二阶连续偏导数,求 $\dfrac{\partial^2 z}{\partial x^2}$.

解 $\dfrac{\partial z}{\partial x} = f_u \dfrac{\partial u}{\partial x} + f_v \dfrac{\partial v}{\partial x} = y^2 f_u + 2xyf_v,$

$$\frac{\partial^2 z}{\partial x^2} = \frac{\partial}{\partial x}\left(\frac{\partial z}{\partial x}\right) = \frac{\partial(y^2 f_u + 2xyf_v)}{\partial x} = y^2 \cdot \frac{\partial f_u}{\partial x} + 2y \cdot f_v + 2xy \cdot \frac{\partial f_v}{\partial x}.$$

因为

$$\frac{\partial f_u}{\partial x} = \frac{\partial f_u}{\partial u} \cdot \frac{\partial u}{\partial x} + \frac{\partial f_u}{\partial v} \cdot \frac{\partial v}{\partial x} = f_{uu} \cdot \frac{\partial u}{\partial x} + f_{uv} \cdot \frac{\partial v}{\partial x},$$

$$\frac{\partial f_v}{\partial x} = \frac{\partial f_v}{\partial u} \cdot \frac{\partial u}{\partial x} + \frac{\partial f_v}{\partial v} \cdot \frac{\partial v}{\partial x} = f_{vu} \cdot \frac{\partial u}{\partial x} + f_{vv} \cdot \frac{\partial v}{\partial x},$$

即

$$\frac{\partial^2 z}{\partial x^2} = y^2(f_{uu}y^2 + f_{uv} \cdot 2xy) + (f_{vu} \cdot y^2 + f_{vv} \cdot 2xy)2xy + f_v \cdot 2y.$$

又 f 具有二阶连续偏导数,故 $f_{uv} = f_{vu}$. 因此

$$\frac{\partial^2 z}{\partial x^2} = 2yf_v + y^4 f_{uu} + 4xy^3 f_{uv} + 4x^2 y^2 f_{vv}.$$

上式的结果还可以写作

$$\frac{\partial^2 z}{\partial x^2} = 2yf_2' + y^4 f_{11}'' + 4xy^3 f_{12}'' + 4x^2 y^2 f_{22}''.$$

习 题 8.3

1. 填空题

(1) 已知二元函数 $z = \dfrac{x+y}{x-y}$,则 $z_x'(1,2) = $ _____, $z_y'(1,2) = $ _____.

(2) 已知二元函数 $z = \arctan \dfrac{y}{x}$,则 $z_x'(1,1) = $ _____, $z_y'(-1,-1) = $ _____.

(3) 已知 $z = \ln(x^2 + y)$,则 $z_x'(1,0) = $ _____, $z_y'(1,0) = $ _____.

(4) 已知 $w = e^{yz}$,则 $w_x'(1,1,0) = $ _____, $w_z'(1,1,0) = $ _____.

(5) 已知 $z = \mathrm{e}^{(x-y^2)}$,则 $z'_x(0,1) = $_____, $z'_y(0,1) = $_____.

2. 选择题

(1) 函数 $z = uv$,其中 $u = x+y$,$v = \arctan(xy)$,则 $\dfrac{\partial z}{\partial x} = $ (　　).

A. $\arctan(xy) + \dfrac{y(x+y)}{1+x^2y^2}$ 　　B. $\arctan(xy) + \dfrac{x+y}{1+x^2y^2}$

C. $\arctan(xy) + \dfrac{x(x+y)}{1+x^2y^2}$ 　　D. $\arctan(xy) + \dfrac{y(x+y)}{1+xy}$

(2) 函数 $z = \dfrac{u}{v}$,且 $u = x+y$,$v = x-2y$,则 $\dfrac{\partial z}{\partial y} = $ (　　).

A. $-\dfrac{3y}{(x-2y)^2}$　　B. $\dfrac{3x}{(x-2y)^2}$　　C. $\dfrac{3x}{(x-2y)}$　　D. $\dfrac{y}{(x-2y)^2}$

(3) 函数 $z=f(xy)$ 的两个一阶偏导数是 (　　).

A. $\dfrac{\partial z}{\partial x} = yf'(xy)$,$\dfrac{\partial z}{\partial y} = xf'(xy)$ 　　B. $\dfrac{\partial z}{\partial x} = y$,$\dfrac{\partial z}{\partial y} = xf'(xy)$

C. $\dfrac{\partial z}{\partial x} = yf'(xy)$,$\dfrac{\partial z}{\partial y} = xf(xy)$ 　　D. $\dfrac{\partial z}{\partial x} = xf'(xy)$,$\dfrac{\partial z}{\partial y} = yf'(xy)$

(4) 函数 $z = f(x,\mathrm{e}^{xy})$ 的两个一阶偏导数是 (　　).

A. $\dfrac{\partial z}{\partial x} = f'_1 + f'_2 \cdot \mathrm{e}^{xy}$,$\dfrac{\partial z}{\partial y} = f'_2 \cdot x \cdot \mathrm{e}^{xy}$

B. $\dfrac{\partial z}{\partial x} = f'_1 + f'_2 \cdot y \cdot \mathrm{e}^{xy}$,$\dfrac{\partial z}{\partial y} = f'_2 \cdot x \cdot \mathrm{e}^{xy}$

C. $\dfrac{\partial z}{\partial x} = f'_1 + f'_2 \cdot y \cdot \mathrm{e}^{xy}$,$\dfrac{\partial z}{\partial y} = f'_2 \cdot y \cdot \mathrm{e}^{xy}$

D. $\dfrac{\partial z}{\partial x} = f'_1 + f'_2 \cdot x \cdot \mathrm{e}^{xy}$,$\dfrac{\partial z}{\partial y} = f'_2 \cdot x \cdot \mathrm{e}^{xy}$

(5) 已知函数 $z = f\left(xy, \dfrac{x}{y}\right)$ 的二阶偏导数存在,且二阶混合偏导数连续,则 $\dfrac{\partial^2 z}{\partial x^2} = $ (　　).

A. $y^2 f''_{11} + \dfrac{1}{y^2} f''_{22} + f''_{12}$ 　　B. $y^2 f''_{11} - \dfrac{1}{y^2} f''_{22} + 2f''_{12}$

C. $y^2 f''_{11} + \dfrac{1}{y^2} f''_{22} + 2f''_{12}$ 　　D. $y^2 f''_{11} - \dfrac{1}{y^2} f''_{22} - 2f''_{12}$

3. 判断题,正确的在括号里画"√",错误的在括号里画"×".

(1) 设 $z = \dfrac{y^2}{2x} + \varphi(xy)$,$\varphi$ 为可微的函数,则 $x^2 \dfrac{\partial z}{\partial x} - xy \dfrac{\partial z}{\partial y} + \dfrac{3}{2}y^2 = 0$.　(　　)

(2) 已知 $z = u^2 \ln v$,$u = \dfrac{x}{y}$,$v = 3x - 2y$,且该函数的偏导数存在,则 $\dfrac{\partial z}{\partial x} = \dfrac{2x}{y^2}\ln(3x-2y) + \dfrac{3x^2}{y^2(3x-2y)}$.　(　　)

(3) 设 $z = f(u,v), u = x+y, v = xy$,且该函数的二阶偏导数都存在,则 $\dfrac{\partial^2 z}{\partial x \partial y} = f''_{uu} + f''_{vu} + x(f''_{uv} + f''_{vv})$. (   )

(4) 函数 $z = \ln(x+y)$,且该函数的二阶偏导数都存在,则 $\dfrac{\partial^2 z}{\partial y^2} = \dfrac{1}{(x+y)^2}$. (   )

(5) 若函数 $z = u^v + \sin w$, $u = 2t$, $v = \sin t$, $w = t^2$,则 z 对 t 的全导数是 $2\sin t(2t)^{\sin t - 1} + (2t)^{\sin t} \cos t \ln 2t + 2t \cos t^2$. (   )

4. 计算下列函数的一阶偏导数:

(1) $z = (x+y)^{xy}$;

(2) $z = v\ln u + w, u = 2x+y, v = x-y, w = x^2$;

(3) $z = f(x^2 - y^2, x, y)$;

(4) $z = f(u, x, y)$, $u = xe^y$.

5. 设 $z = xy + u$, $u = \varphi(xy)$,求 $\dfrac{\partial z}{\partial x}, \dfrac{\partial^2 z}{\partial x^2}, \dfrac{\partial^2 z}{\partial x \partial y}$.

6. 设 $z = \ln\sqrt{(x-a)^2 + (y-b)^2}$ (a, b 均为常数),求证:$\dfrac{\partial^2 z}{\partial x^2} + \dfrac{\partial^2 z}{\partial y^2} = 0$.

8.4 隐函数的导数

我们已经学习了由二元方程确定的一元隐函数的求导数的方法.本节根据多元复合函数的求导法则导出一元及一元以上隐函数的求导公式. 学习范围仅限于由一个方程确定的隐函数.

定理 1 设函数 $F(x,y)$ 在点 $P(x_0, y_0)$ 的某一邻域内具有连续的偏导数,且 $F(x_0, y_0) = 0$, $F_y(x_0, y_0) \neq 0$,则方程 $F(x,y) = 0$ 在点 (x_0, y_0) 的某一邻域内恒能唯一确定一个单值连续且具有连续导数的函数 $y = f(x)$,它满足条件 $y_0 = f(x_0)$,并有

$$\frac{dy}{dx} = -\frac{F_x}{F_y}. \tag{8.4.1}$$

式(8.4.1)即是一元隐函数的求导公式.

这个定理我们不证.现仅就公式(8.4.1)作如下推导.

将方程 $F(x,y) = 0$ 所确定的函数 $y = f(x)$ 代入方程,得恒等式

$$F(x, f(x)) \equiv 0,$$

其左端可以看作是 x 的一个复合函数,求这个函数的全导数.由于恒等式两端求导后仍然恒等,即得

$$F_x + F_y \frac{dy}{dx} \equiv 0.$$

由于 F_y 连续,且 $F_y(x_0, y_0) \neq 0$,所以存在 (x_0, y_0) 的一个邻域,在这个邻域内 $F_y \neq 0$,于是得

$$\frac{dy}{dx} = -\frac{F_x}{F_y}.$$

例 1 已知 x, y 满足 $x^2 - y^2 - 1 = 0$,求 $\dfrac{dy}{dx}$。

解法一 经验证该方程满足隐函数存在的条件,方程两边对 x 求导,得

$$2x - 2y\frac{dy}{dx} = 0,$$

整理得

$$\frac{dy}{dx} = \frac{x}{y}.$$

解法二 采用公式法。令

$$F(x, y) = x^2 - y^2 - 1,$$

则

$$F_x = 2x, \quad F_y = -2y,$$

由定理 1 得

$$\frac{dy}{dx} = -\frac{F_x}{F_y} = \frac{x}{y}.$$

例 2 已知 x, y 满足 $x^2 - 2xy + e^y = 2x$,求 $\left.\dfrac{dy}{dx}\right|_{(1,0)}$。

解 令 $F(x, y) = x^2 - 2xy + e^y - 2x$,则
$$F_x = 2x - 2y - 2, \quad F_y = -2x + e^y.$$

由定理 1 得

$$\frac{dy}{dx} = -\frac{F_x}{F_y} = \frac{2x - 2y - 2}{2x - e^y},$$

所以

$$\left.\frac{dy}{dx}\right|_{(1,0)} = 0.$$

隐函数存在定理还可以推广到多元函数中去,一个三元方程 $F(x, y, z) = 0$ 有可能确定一个二元隐函数。

定理 2 设函数 $F(x, y, z)$ 在点 $P(x_0, y_0, z_0)$ 的某一邻域内具有连续的偏导数,且 $F(x_0, y_0, z_0) = 0$,$F_z(x_0, y_0, z_0) \neq 0$,则方程 $F(x, y, z) = 0$ 在点 (x_0, y_0, z_0) 的某一邻

域内恒能唯一确定一个连续且具有连续偏导数的函数 $z=f(x,y)$，它满足条件 $z_0=f(x_0,y_0)$，并有

$$\frac{\partial z}{\partial x}=-\frac{F_x}{F_z}, \quad \frac{\partial z}{\partial y}=-\frac{F_y}{F_z}. \tag{8.4.2}$$

式(8.4.2)即是二元隐函数求导公式.

下面就该定理作一个简单的推导.

函数 $z=f(x,y)$ 是方程 $F(x,y,z)=0$ 确定的隐函数，代入方程使得方程成为一个恒等式，即

$$F(x,y,f(x,y))\equiv 0.$$

方程两边对 x 求偏导数，得

$$F_x+F_z\frac{\partial z}{\partial x}\equiv 0.$$

若在 (x_0,y_0,z_0) 的某邻域内

$$F_z\neq 0,$$

则

$$\frac{\partial z}{\partial x}=-\frac{F_x}{F_z},$$

同理可得

$$\frac{\partial z}{\partial y}=-\frac{F_y}{F_z}.$$

例3 已知函数 $z=z(x,y)$ 由 $x^2+y^2+z^2-4z=0$ 所确定，求 $\dfrac{\partial z}{\partial x}$，$\dfrac{\partial z}{\partial y}$，$\dfrac{\partial^2 z}{\partial x^2}$.

解 设 $F(x,y,z)=x^2+y^2+z^2-4z$，则

$$F_x=2x, \quad F_y=2y, \quad F_z=2z-4.$$

当 $z\neq 2$ 时，应用定理2得

$$\frac{\partial z}{\partial x}=-\frac{F_x}{F_z}=\frac{x}{2-z}, \quad \frac{\partial z}{\partial y}=-\frac{F_y}{F_z}=\frac{y}{2-z}.$$

将 $\dfrac{\partial z}{\partial x}$ 对 x 求偏导数，得

$$\frac{\partial^2 z}{\partial x^2}=\frac{\partial\left(\dfrac{x}{2-z}\right)}{\partial x}=\frac{(2-z)+x\dfrac{\partial z}{\partial x}}{(2-z)^2}$$

$$=\frac{(2-z)+x\left(\dfrac{x}{2-z}\right)}{(2-z)^2}=\frac{(2-z)^2+x^2}{(2-z)^3}.$$

习 题 8.4

1. 填空题

(1) 设函数 $y=f(x)$ 由方程 $\ln\sqrt{x^2+y^2}=\arctan\dfrac{y}{x}$ 所确定, 则 $\left.\dfrac{dy}{dx}\right|_{(1,0)}=$ _____.

(2) 设函数 $z=f(x,y)$ 由方程 $x^3+y^3+z^3+xyz=6$ 所确定, 则 $\dfrac{\partial z}{\partial x}=$ _____, $\dfrac{\partial z}{\partial y}=$ _____.

(3) 设 $x^2+y^2+2x-2yz=e^z$, 则 $\dfrac{\partial z}{\partial x}=$ _____, $\dfrac{\partial z}{\partial y}=$ _____.

(4) 设 $\dfrac{x}{z}=\ln\dfrac{z}{y}$, 则 $\left.\dfrac{\partial z}{\partial x}\right|_{(0,1,1)}=$ _____, $\left.\dfrac{\partial z}{\partial y}\right|_{(0,1,1)}=$ _____.

2. 选择题

(1) 设函数 $z=f(x,y)$ 由方程 $e^z-xyz=0$ 确定, 则 $\dfrac{\partial z}{\partial x}=$ (   ).

A. $\dfrac{yz}{e^z+xy}$ B. $\dfrac{yz}{e^z-xy}$ C. $\dfrac{yz}{xy-e^z}$ D. $\dfrac{yz}{e^z-xz}$

(2) 方程 $\sin y+e^x-xy-1=0$ 在点 $(0,0)$ 某邻域可确定一个可导隐函数 $y=f(x)$, 则 $\dfrac{dy}{dx}$ 与 $\dfrac{d^2y}{dx^2}$ 在 $x=0$ 处的值分别为 (   ).

A. $1, -3$ B. $-1, -3$ C. $1, 3$ D. $-1, 3$

(3) 由方程 $\dfrac{x^2}{a^2}+\dfrac{y^2}{b^2}+\dfrac{z^2}{c^2}=1$ 所确定的函数 $z=f(x,y)$ 的偏导数为 (   ).

A. $\dfrac{\partial z}{\partial x}=-\dfrac{c^2x}{a^2z}, \dfrac{\partial z}{\partial y}=-\dfrac{c^2y}{b^2z}$ B. $\dfrac{\partial z}{\partial x}=\dfrac{c^2x}{a^2z}, \dfrac{\partial z}{\partial y}=\dfrac{c^2y}{b^2z}$

C. $\dfrac{\partial z}{\partial x}=\dfrac{c^2x}{a^2z}, \dfrac{\partial z}{\partial y}=-\dfrac{c^2y}{b^2z}$ D. $\dfrac{\partial z}{\partial x}=-\dfrac{c^2x}{a^2z}, \dfrac{\partial z}{\partial y}=\dfrac{c^2y}{b^2z}$

(4) 设函数 $z=f(x,y)$ 由方程 $e^x-xy-z^2=0$ 确定, 则 $\dfrac{\partial^2 z}{\partial x^2}=$ (   ).

A. $\dfrac{2z^2e^x+(e^x-y)^2}{4z^3}$ B. $\dfrac{2z^2e^x-(e^x-y)^2}{4z^2}$

C. $\dfrac{2z^2e^x-(e^x-y)^2}{4z^3}$ D. $\dfrac{2z^2e^x+(e^x-y)^2}{4z^2}$

3. 设 $u=f(x,y,z)$ 具有连续偏导数, $y=y(x)$ 和 $z=z(x)$ 分别由方程 $e^{xy}-y=0$ 和 $e^z-xz=0$ 所确定, 求 $\dfrac{du}{dx}$.

8.5 全微分

与一元函数可微的概念类似，对于多元函数有时需要研究各个自变量都取得增量时，因变量所获得的增量，即全增量的问题，下面以二元函数 $z=f(x,y)$ 为例进行讨论.

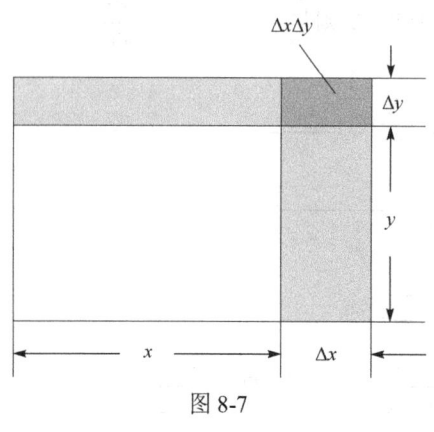

图 8-7

引例 一块长为 x，宽为 y 的长方形金属薄片受温度变化的影响，其长由 x 变到 $x+\Delta x$，宽由 y 变到 $y+\Delta y$（图 8-7），问此薄片面积改变了多少？

解 记面积的增量为 ΔA，
$$\Delta A = (x+\Delta x)(y+\Delta y) - xy$$
$$= y\Delta x + x\Delta y + \Delta x \Delta y.$$

当 $\Delta x \to 0$, $\Delta y \to 0$ 时，$\Delta x \Delta y$ 是比 $\rho = \sqrt{(\Delta x)^2 + (\Delta y)^2}$ 高阶的无穷小，计算面积增量时可以忽略不计，则面积增量可以近似表示为

$$\Delta A \approx y\Delta x + x\Delta y.$$

8.5.1 全微分的定义

定义 1 对于自变量 x, y 在点 $P(x,y)$ 处的增量 $\Delta x, \Delta y$，如果函数 $z=f(x,y)$ 相应的增量

$$\Delta z = f(x+\Delta x, y+\Delta y) - f(x,y)$$

可以表示为

$$\Delta z = A\Delta x + B\Delta y + o(\rho), \tag{8.5.1}$$

其中 A, B 不依赖于 $\Delta x, \Delta y$，而仅与 x, y 有关，$\rho = \sqrt{(\Delta x)^2 + (\Delta y)^2}$，$o(\rho)$ 表示 $(\Delta x, \Delta y) \to (0,0)$ 时 ρ 的高阶无穷小，则称函数 $z=f(x,y)$ 在点 $P(x,y)$ 可微，称 $A\Delta x + B\Delta y$ 为函数 $z=f(x,y)$ 在点 $P(x,y)$ 的**全微分**，记作 dz，即

$$dz = A\Delta x + B\Delta y.$$

如果函数在区域 D 内各点处都可微分，那么称该函数在 D 内可微分.

在 8.4 节中曾指出，多元函数在某点的各个偏导数即使都存在，也不能保证函数在该点连续. 但是，如果函数 $z=f(x,y)$ 在点 $P(x,y)$ 可微分，那么函数在该点处必定连续. 由式(8.5.1)可得

$$\lim_{\rho \to 0} \Delta z = 0,$$

从而

$$\lim_{\substack{\Delta x \to 0 \\ \Delta y \to 0}} f(x + \Delta x, y + \Delta y) = \lim_{\Delta \rho \to 0} [f(x, y) + \Delta z] = f(x, y).$$

因此函数 $z = f(x, y)$ 在点 $P(x, y)$ 处连续.

下面讨论函数 $z = f(x, y)$ 在点 $P(x, y)$ 可微分的条件.

定理 1(必要条件) 如果函数 $z = f(x, y)$ 在点 $P(x, y)$ 可微分, 则该函数在点 $P(x, y)$ 的偏导数 $\dfrac{\partial z}{\partial x}$, $\dfrac{\partial z}{\partial y}$ 必定存在, 且函数 $z = f(x, y)$ 在点 $P(x, y)$ 的全微分为

$$dz = \frac{\partial z}{\partial x} \Delta x + \frac{\partial z}{\partial y} \Delta y.$$

证 设函数 $z = f(x, y)$ 在点 $P(x, y)$ 可微分. 于是, 对于点 P 的某个邻域的任意一点 $P'(x + \Delta x, y + \Delta y)$, (8.5.1) 式总成立. 特别当 $\Delta y = 0$ 时 (8.5.1) 式也应成立, 这时 $\rho = |\Delta x|$, 所以 (8.5.1) 式成为

$$f(x + \Delta x, y) - f(x, y) = A \cdot \Delta x + o(|\Delta x|).$$

上式两边各除以 Δx, 再令 $\Delta x \to 0$ 而取极限, 就得

$$\lim_{\Delta x \to 0} \frac{f(x + \Delta x, y) - f(x, y)}{\Delta x} = A,$$

从而偏导数 $\dfrac{\partial z}{\partial x}$ 存在, 且等于 A. 同样可证 $\dfrac{\partial z}{\partial y} = B$. 证毕.

一元函数在某点的导数存在是微分存在的充分必要条件. 但对于多元函数来说, 情形不同. 当函数的各偏导数都存在时, 虽然在形式上能写出 $\dfrac{\partial z}{\partial x} \Delta x + \dfrac{\partial z}{\partial y} \Delta y$, 但它与 Δz 之差并不一定是较 ρ 高阶的无穷小, 因此它不一定是函数的全微分. 换句话说, 各偏导数存在只是全微分存在的必要条件而非充分条件.

例如, 函数

$$z = f(x, y) = \begin{cases} \dfrac{xy}{\sqrt{x^2 + y^2}}, & x^2 + y^2 \neq 0, \\ 0, & x^2 + y^2 = 0 \end{cases}$$

在点 $(0,0)$ 处有 $f_x(0,0) = 0$ 及 $f_y(0,0) = 0$, 所以

$$\Delta z - [f_x(0,0) \cdot \Delta x + f_y(0,0) \cdot \Delta y] = \frac{\Delta x \cdot \Delta y}{\sqrt{(\Delta x)^2 + (\Delta y)^2}}.$$

如果考虑点 $P(x + \Delta x, y + \Delta y)$ 沿着直线 $y = x$ 趋于 $(0,0)$, 则

$$\lim_{\substack{\Delta x \to 0 \\ \Delta y \to 0}} \frac{\frac{\Delta x \cdot \Delta y}{\sqrt{(\Delta x)^2 + (\Delta y)^2}}}{\rho} = \lim_{\substack{\Delta x \to 0 \\ \Delta y \to 0}} \frac{\Delta x \cdot \Delta y}{(\Delta x)^2 + (\Delta y)^2} = \lim_{\substack{\Delta x \to 0 \\ \Delta y = \Delta x}} \frac{\Delta x \cdot \Delta x}{(\Delta x)^2 + (\Delta x)^2} = \frac{1}{2},$$

这表示 $\rho \to 0$ 时,

$$\Delta z - [f_x(0,0) \cdot \Delta x + f_y(0,0) \cdot \Delta y]$$

并不是较 ρ 高阶的无穷小,因此函数在点 $(0,0)$ 处的全微分并不存在,即函数在点 $P(0,0)$ 处是不可微的.

由定理 1 及这个例子可知,偏导数存在是可微分的必要条件而不是充分条件. 但是,如果再假定函数的各个偏导数连续,则可以证明函数是可微分的,即有下面定理.

定理 2(充分条件) 如果函数 $z = f(x,y)$ 的偏导数 $\dfrac{\partial z}{\partial x}$,$\dfrac{\partial z}{\partial y}$ 在点 $P(x,y)$ 处连续,则函数在该点可微.

以上关于二元函数全微分的定义及微分的必要条件和充分条件,可以完全类似地推广到三元和三元以上的多元函数.

习惯上,我们将自变量的增量 Δx,Δy 分别记作 dx,dy,并分别称为自变量 x,y 的微分. 这样,函数 $z = f(x,y)$ 的全微分就可以写为

$$dz = \frac{\partial z}{\partial x} dx + \frac{\partial z}{\partial y} dy.$$

通常我们把二元函数的全微分等于它的两个偏微分之和称为二元函数的微分符合**叠加原理**.

叠加原理也适用于二元以上的函数的情形. 例如,若三元函数 $u = f(x,y,z)$ 可微分,那么它的全微分就等于它的三个偏微分之和,即

$$du = \frac{\partial u}{\partial x} dx + \frac{\partial u}{\partial y} dy + \frac{\partial u}{\partial z} dz.$$

例 1 计算函数 $z = x^2 + e^x + y^2 - 2y + 1$ 的全微分.

解 由于 $\dfrac{\partial z}{\partial x} = 2x + e^x$,$\dfrac{\partial z}{\partial y} = 2y - 2 = 2(y-1)$,故

$$dz = \frac{\partial z}{\partial x} dx + \frac{\partial z}{\partial y} dy = (2x + e^x)dx + 2(y-1)dy.$$

例 2 计算函数 $u = xy + \sin\dfrac{y}{2} + e^{yz}$ 的全微分.

解 由于 $\dfrac{\partial u}{\partial x} = y$,$\dfrac{\partial u}{\partial y} = x + \dfrac{1}{2}\cos\dfrac{y}{2} + ze^{yz}$,$\dfrac{\partial u}{\partial z} = ye^{yz}$,故

$$du = \frac{\partial u}{\partial x}dx + \frac{\partial u}{\partial y}dy + \frac{\partial u}{\partial z}dz$$

$$= ydx + \left(x + \frac{1}{2}\cos\frac{y}{2} + ze^{yz}\right)dy + ye^{yz}dz.$$

例 3 计算函数 $z = xy + e^{xy}$ 在点 $(2,1)$ 处的全微分.

解 由于

$$\frac{\partial z}{\partial x} = y(1 + e^{xy}), \quad \frac{\partial z}{\partial y} = x(1 + e^{xy}),$$

$$\left.\frac{\partial z}{\partial x}\right|_{(2,1)} = 1 + e^2, \quad \left.\frac{\partial z}{\partial y}\right|_{(2,1)} = 2(1 + e^2),$$

故

$$dz\big|_{(2,1)} = (1 + e^2)dx + 2(1 + e^2)dy.$$

*8.5.2 全微分在近似计算中的应用

二元函数 $z = f(x, y)$ 在点 (x, y) 处可微，由全微分的定义

$$\Delta z = \frac{\partial u}{\partial x}\Delta x + \frac{\partial u}{\partial y}\Delta y + o(\rho)$$

可知当 $|\Delta x|$ 及 $|\Delta y|$ 都较小时，有近似等式

$$\Delta z \approx dz = \frac{\partial z}{\partial x}\Delta x + \frac{\partial z}{\partial y}\Delta y.$$

因 $\Delta z = f(x + \Delta x, y + \Delta y) - f(x, y)$，故有

$$f(x + \Delta x, y + \Delta y) \approx f(x, y) + \frac{\partial z}{\partial x}\Delta x + \frac{\partial z}{\partial y}\Delta y.$$

例 4 计算 $1.04^{2.02}$ 的近似值.

解 设 $f(x, y) = x^y$，则有

$$\frac{\partial z}{\partial x} = yx^{y-1}, \quad \frac{\partial z}{\partial y} = x^y \ln x.$$

取

$$x = 1, \quad y = 2, \quad \Delta x = 0.04, \quad \Delta y = 0.02,$$

则

$$1.04^{2.02} = f(1.04, 2.02)$$

$$\approx f(1, 2) + \left.\frac{\partial z}{\partial x}\right|_{(1,2)}\Delta x + \left.\frac{\partial z}{\partial y}\right|_{(1,2)}\Delta y$$

$$= 1 + 2 \times 0.04 + 0 \times 0.02 = 1.08.$$

8.5.3 全微分形式的不变性

与一元函数相同，多元函数的一阶全微分形式也具有不变性，下面以二元函数为例来说明.

设二元函数 $z = f(u,v)$ 可微，若 u, v 为自变量，则其全微分为

$$dz = \frac{\partial z}{\partial u}du + \frac{\partial z}{\partial v}dv.$$

当 u,v 是中间变量时，设 $u=u(x,y)$，$v=v(x,y)$，则复合函数 $z = f[u(x,y),v(x,y)]$ 的全微分可表示为

$$\begin{aligned}
dz &= \frac{\partial z}{\partial x}dx + \frac{\partial z}{\partial y}dy \\
&= \left(\frac{\partial z}{\partial u}\cdot\frac{\partial u}{\partial x} + \frac{\partial z}{\partial v}\cdot\frac{\partial v}{\partial x}\right)dx + \left(\frac{\partial z}{\partial u}\cdot\frac{\partial u}{\partial y} + \frac{\partial z}{\partial v}\cdot\frac{\partial v}{\partial y}\right)dy \\
&= \frac{\partial z}{\partial u}\left(\frac{\partial u}{\partial x}dx + \frac{\partial u}{\partial y}dy\right) + \frac{\partial z}{\partial v}\left(\frac{\partial v}{\partial x}dx + \frac{\partial v}{\partial y}dy\right) \\
&= \frac{\partial z}{\partial u}du + \frac{\partial z}{\partial v}dv.
\end{aligned}$$

可见，无论 u,v 是自变量还是中间变量，它的全微分形式是一样的，这种性质叫作**微分形式的不变性**. 掌握这一规律会给求初等函数的偏导数和全微分带来很大的方便.

例 5 求二元函数 $z = (x-y)e^{xy}$ 的全微分与偏导数.

解 由微分运算法则可得

$$\begin{aligned}
dz &= (x-y)de^{xy} + e^{xy}d(x-y) \\
&= (x-y)e^{xy}(xdy + ydx) + e^{xy}(dx - dy) \\
&= e^{xy}(1 + xy - y^2)dx + e^{xy}(x^2 - xy - 1)dy.
\end{aligned}$$

由此可得

$$\frac{\partial z}{\partial x} = e^{xy}(1 + xy - y^2), \quad \frac{\partial z}{\partial y} = e^{xy}(x^2 - xy - 1).$$

例 6 求二元函数 $z = x^2\ln(x-2y)$ 的全微分与偏导数.

解 由微分运算法则可得

$$\begin{aligned}
dz &= x^2 d\ln(x-2y) + \ln(x-2y)d(x^2) \\
&= x^2 \frac{d(x-2y)}{x-2y} + 2x\ln(x-2y)dx
\end{aligned}$$

$$= x^2 \frac{dx - 2dy}{x - 2y} + 2x\ln(x-2y)dx$$

$$= \left[\frac{x^2}{x-2y} + 2x\ln(x-2y)\right]dx - \frac{2x^2}{x-2y}dy,$$

由此可得

$$\frac{\partial z}{\partial x} = \frac{x^2}{x-2y} + 2x\ln(x-2y), \quad \frac{\partial z}{\partial y} = -\frac{2x^2}{x-2y}.$$

习 题 8.5

1.填空题

(1) 函数 $z = e^{xy}$ 的全微分是_____.

(2) 函数 $u = xy+yz+zx$ 的全微分是_____.

(3) 函数 $z = \ln(x^2 + y^2)$ 的全微分是_____.

(4) 函数 $u = \sqrt{x^2 + y^2 + z^2}$ 在点 $(1,1,0)$ 处的全微分是_____.

(5) 函数 $u = e^{xy+z}$ 的全微分是_____.

(6) 函数 $z = \arctan(xy)$ 的全微分是_____.

2. 选择题

(1) 设函数 $z = z(x,y)$ 由方程 $yz=\arctan(xz)$ 所确定, 则 $dz = ($ $)$.

A. $dz = \dfrac{z}{y(1+x^2z^2)-x}dx + \dfrac{z(1+x^2z^2)}{y(1+x^2z^2)-x}dy$

B. $dz = \dfrac{z}{y(1+x^2z^2)-x}dx - \dfrac{z(1+x^2z^2)}{y(1+x^2z^2)-x}dy$

C. $dz = \dfrac{z}{y(1+x^2z^2)-x}dx - \dfrac{z(1-x^2z^2)}{y(1+x^2z^2)-x}dy$

D. $dz = \dfrac{z}{y(1-x^2z^2)-x}dx - \dfrac{z(1+x^2z^2)}{y(1+x^2z^2)-x}dy$

(2) 设函数 $z = z(x,y)$ 由方程 $xyz = e^z$ 所确定, 则 $dz = ($ $)$.

A. $dz = \dfrac{yz}{e^z - xy}dx + \dfrac{xz}{e^z - xy}dy$ \qquad B. $dz = \dfrac{yz}{e^z - xy}dx - \dfrac{xz}{e^z - xy}dy$

C. $dz = \dfrac{yz}{e^z + xy}dx + \dfrac{xz}{e^z + xy}dy$ \qquad D. $dz = \dfrac{yz}{e^z + xy}dx - \dfrac{xz}{e^z + xy}dy$

(3) 设函数 $z = z(x,y)$ 由方程 $\cos^2 x+\cos^2 y+\cos^2 z=1$ 所确定, 则 $dz = ($ $)$.

A. $dx-dy$ \qquad B. $\dfrac{\sin 2x}{\sin 2z}dx+\dfrac{\sin 2y}{\sin 2z}dy$

C. $dx+dy$ 　　　　　　　D. $-\dfrac{\sin 2x}{\sin 2z}dx-\dfrac{\sin 2y}{\sin 2z}dy$

(4) 设函数 $z=z(x,y)$ 由方程 $x+y+z=e^{-(x+y+z)}$ 所确定, 则 $dz=$(　).

A. $dx-dy$　　　　B. $-dx-dy$　　　　C. $dx+dy$　　　　D. $-dx+dy$

3. 计算题

(1) 设二元函数 $z=(x^2+y^2)e^{-\arctan\frac{y}{x}}$, 求 dz.

(2) 若函数 $z=z(x,y)$ 由方程 $e^{x+2y+3z}+xyz=1$ 所确定, 求 $dz\big|_{(0,0)}$.

(3) 设函数 $f(u,v)$ 可微, $z=z(x,y)$ 由方程 $(x+1)z-y^2=x^2f(x-z,y)$ 所确定, 求 $dz\big|_{(0,1)}$.

4. 判断 $f(x,y)=\begin{cases}\dfrac{2xy^3}{x^2+y^4}, & x^2+y^2\neq 0,\\ 0, & x^2+y^2=0\end{cases}$ 在 $(0,0)$ 点处的可微性.

8.6 二元函数的极值与最值

8.6.1 二元函数的无条件极值和最值

在实际问题中, 往往会遇到多元函数的最大值和最小值问题. 与一元函数相类似, 多元函数的最大值、最小值与极大值、极小值有着密切的联系, 我们以二元函数为例, 先来讨论多元函数的极值问题.

定义 1 设函数 $z=f(x,y)$ 在点 (x_0,y_0) 的某个邻域内有定义, 对于该邻域内异于 (x_0,y_0) 的点, 如果都有

$$f(x,y)<f(x_0,y_0),$$

则称函数 $f(x,y)$ 在点 (x_0,y_0) 处取得**极大值** $f(x_0,y_0)$; 如果都有

$$f(x,y)>f(x_0,y_0),$$

则称函数 $f(x,y)$ 在点 (x_0,y_0) 处取得**极小值** $f(x_0,y_0)$. 极大值、极小值统称为**极值**. 使函数取得极值的点称为**极值点**.

例 1 函数 $z=x^2+y^2$ 在点 $(0,0)$ 处取得极小值. 因为函数在点 $(0,0)$ 处的函数值为 0, 对于点 $(0,0)$ 的任一邻域内异于 $(0,0)$ 的点, 其函数值都大于 0. 故点 $(0,0)$ 是函数的极小值点, 而在点 $(0,0)$ 的函数值为 0. 点 $(0,0,0)$ 是开口朝上的旋转抛物面 $z=x^2+y^2$ 的顶点.

例 2 函数 $z=-\sqrt{x^2+y^2}$ 在点 $(0,0)$ 处有极大值. 因为在点 $(0,0)$ 处函数值为 0, 而对于点 $(0,0)$ 的任一邻域内异于 $(0,0)$ 的点, 其函数值都小于 0, 点 $(0,0,0)$ 是位于 xOy 平面下方的锥面 $z=-\sqrt{x^2+y^2}$ 的顶点.

例 3 函数 $z=xy$ 在点 $(0,0)$ 处既取不到极大值也取不到极小值. 因为在点 $(0,0)$ 处的函数值为 0, 而在点 $(0,0)$ 的任一邻域内, 总有使函数值大于 0 的点, 也有使函数值小于 0 的点.

以上关于二元函数的极值概念, 可推广到 n 元函数. 设 n 元函数 $u=f(P)$ 在点 P_0 的某一邻域内有定义, 如果对于该邻域内所有异于 P_0 的点都有

$$f(P)<f(P_0) \quad (或 f(P)>f(P_0)),$$

则称函数 $f(P)$ 在点 P_0 处取得**极大值**(或**极小值**) $f(P_0)$.

二元函数的极值问题, 一般可以利用偏导数来解决. 下面两个定理提供这个问题的解决办法.

定理 1(必要条件) 设函数 $z=f(x,y)$ 在点 (x_0,y_0) 具有偏导数, 且在点 (x_0,y_0) 处取得极值, 则它在该点的偏导数必然为零, 即有

$$f_x(x_0,y_0)=0, \quad f_y(x_0,y_0)=0.$$

证 不妨设 $z=f(x,y)$ 在点 (x_0,y_0) 处取得极大值. 依极大值的定义, 在点 (x_0,y_0) 的某邻域内异于 (x_0,y_0) 的点都有

$$f(x,y)<f(x_0,y_0).$$

特殊地, 在该邻域内取 $y=y_0$, 而 $x \neq x_0$ 的点, 也应有

$$f(x,y_0)<f(x_0,y_0).$$

这表明一元函数 $f(x,y_0)$ 在 $x=x_0$ 处取得极大值, 若在该点导数存在, 则必有

$$f_x(x_0,y_0)=0.$$

类似地可证

$$f_y(x_0,y_0)=0.$$

如果三元函数 $u=f(x,y,z)$ 在点 (x_0,y_0,z_0) 具有偏导数, 则它在点 (x_0,y_0,z_0) 具有极值的必要条件为

$$f_x(x_0,y_0,z_0)=0, \quad f_y(x_0,y_0,z_0)=0, \quad f_z(x_0,y_0,z_0)=0.$$

与一元函数类似, 能使 $f_x(x,y)=0, f_y(x,y)=0$ 同时成立的点 (x_0,y_0) 称为函数 $z=f(x,y)$ 的**驻点**, 由定理 1 可知, 具有偏导数的函数的极值点必定是驻点. 但是函数的驻点不一定是极值点, 例如, 点 $(0,0)$ 是函数 $z=xy$ 的驻点, 但该点并不是函数的极值点.

怎样判定一个驻点是否是极值点呢?

定理 2(充分条件) 设函数 $z=f(x,y)$ 在点 (x_0,y_0) 的某邻域内连续且具有一阶及二阶连续偏导数, 又 $f_x(x_0,y_0)=0, f_y(x_0,y_0)=0$, 令

$$f_{xx}(x_0, y_0) = A, \quad f_{xy}(x_0, y_0) = B, \quad f_{yy}(x_0, y_0) = C,$$

则 $f(x, y)$ 在 (x_0, y_0) 处是否取得极值的条件如下：

(1) $AC - B^2 > 0$ 时具有极值，且当 $A < 0$ 时函数在点 (x_0, y_0) 取得极大值，当 $A > 0$ 时取得极小值；

(2) $AC - B^2 < 0$ 时，取不到极值；

(3) $AC - B^2 = 0$ 时，可能取到极值，也可能取不到极值，还需另作讨论.

利用定理 1 和定理 2，具有二阶连续偏导数的函数 $z = f(x, y)$ 的极值的求解步骤如下：

第一步 求函数的两个一阶偏导数，并令其为零. 解方程组

$$\begin{cases} f_x(x, y) = 0, \\ f_y(x, y) = 0. \end{cases}$$

求得一切实数解，即得到全部驻点.

第二步 对于每一个驻点 (x_0, y_0)，求出二阶偏导数的值 A，B 和 C.

第三步 确定 $AC - B^2$ 的符号，按定理 2 的结论判定 (x_0, y_0) 是否是极值点、是极大值点还是极小值点，若是极值点，将点的坐标代入函数中，求出函数的极值.

例 4 求函数 $f(x, y) = -x^4 - y^4 + 4xy - 1$ 的极值.

解 先解方程组

$$\begin{cases} f_x(x, y) = -4x^3 + 4y = 0, \\ f_y(x, y) = -4y^3 + 4x = 0. \end{cases}$$

求得驻点为 $(0, 0)$，$(1, 1)$，$(-1, -1)$.

再求出函数的二阶偏导数

$$f_{xx}(x, y) = -12x^2, \quad f_{xy}(x, y) = 4, \quad f_{yy}(x, y) = -12y^2.$$

在点 $(0, 0)$ 处，$AC - B^2 = -16 < 0$，所以函数在 $(0, 0)$ 处取不到极值；

在点 $(1, 1)$ 处，$AC - B^2 = 128 > 0, A = -12 < 0$，所以函数在点 $(1, 1)$ 处取得极大值，$f(1, 1) = 1$；

在点 $(-1, -1)$ 处，$AC - B^2 = 128 > 0, A = -12 < 0$，所以函数在点 $(-1, -1)$ 处也取得极大值 $f(-1, -1) = 1$.

例 5 求函数 $f(x, y) = 2y^2 - x(x-1)^2$ 的极值.

解 先解方程组

$$\begin{cases} f_x(x, y) = -(x-1)(3x-1) = 0, \\ f_y(x, y) = 4y = 0. \end{cases}$$

求得驻点为 $(1, 0), \left(\dfrac{1}{3}, 0\right)$.

再求出函数的二阶偏导数
$$f_{xx}(x,y) = -6x+4, \quad f_{xy}(x,y) = 0, \quad f_{yy}(x,y) = 4.$$

在点$(1,0)$处，$AC-B^2 = -8 < 0$，所以$(0,0)$不是函数的极值点；

在点$\left(\frac{1}{3},0\right)$处，$AC-B^2 = 8 > 0$，$A = 2 > 0$，所以$\left(\frac{1}{3},0\right)$是函数的极小值点，函数的极小值为$f\left(\frac{1}{3},0\right) = -\frac{4}{27}$.

例6 求由方程$x^2+y^2+z^2-2x=0$所确定的函数$z=f(x,y)$的极值.

解 将方程两边分别对x,y求偏导，得
$$\begin{cases} 2x + 2z \cdot z_x - 2 = 0, \\ 2y + 2z \cdot z_y = 0. \end{cases}$$

令$\begin{cases} z_x = 0, \\ z_y = 0, \end{cases}$解得唯一驻点$(1,0)$. 将上面的方程组再分别对$x,y$求偏导数，得

$$\begin{cases} 2 + 2(z_x)^2 + 2z \cdot z_{xx} = 0, \\ 2 + 2(z_y)^2 + 2z \cdot z_{yy} = 0, \\ 2z_x \cdot z_y + 2z \cdot z_{xy} = 0. \end{cases}$$

由于$z_x = 0$, $z_y = 0$，当$x=0$, $y=1$时$z \neq 0$，由上面方程组解得
$$A = z_{xx} = -\frac{1}{z}, \quad B = z_{xy} = 0, \quad C = z_{yy} = -\frac{1}{z},$$

故$AC - B^2 = \frac{1}{z^2} > 0$，因此函数在$(1,0)$点取得极值，将点$(1,0)$代入原方程得$z = \pm 1$.

当$z_1 = 1$时，$A = -1 < 0$, $z = f(1,0) = 1$为极大值；

当$z_2 = -1$时，$A = 1 > 0$, $z = f(1,0) = -1$为极小值.

此题也可用配方法求解，请读者自行练习.

讨论函数的极值问题时，如果函数在所讨论的区域内的任意点处都具有偏导数，则由定理1可知，极值只可能在驻点处取得. 然而，如果函数在个别点处的偏导数不存在，这些点也可能是极值点. 函数$z = -\sqrt{x^2+y^2}$在点$(0,0)$处的偏导数不存在，但该函数在点$(0,0)$处却具有极大值. 因此，在考虑函数的极值问题时，除了函数的驻点外，对偏导数不存在的点也要考虑.

我们可以利用函数的极值来求函数的最大值和最小值. 在8.1节中已经指出，如果$f(x,y)$在有界闭区域D上连续，则$f(x,y)$在D上必定能取得最大值和最小值. 这种使函数取得最大值或最小值的点既可能在D的内部，也可能在D的边界上.

我们假定，函数在 D 上连续，在 D 内可微分且只有有限个驻点，这时如果函数在 D 的内部取得最大值(最小值)，那么这个最大值(最小值)也是函数的极大值(极小值)．因此，在上述假定下，求函数的最大值和最小值的一般方法是：将函数 $f(x,y)$ 在 D 内的所有驻点处的函数值及在 D 的边界上的最大值和最小值相互比较，其中最大的就是最大值，最小的就是最小值．

例7 某公司在生产中使用甲、乙两种原料，已知甲和乙两种原料分别使用 x 单位和 y 单位可生产 Q 单位的产品，且

$$Q = Q(x,y) = 10xy + 20.2x + 30.3y - 10x^2 - 5y^2.$$

已知甲原料单价为每单位 20 元，乙原料单价为每单位 30 元，产品每单位售价为 100 元，产品固定成本为 1000 元，求该公司的最大利润．

解 用 L 表示该公司的利润，则

$$L = L(x,y) = 100Q(x,y) - (20x + 30y + 1000)$$
$$= 1000xy + 2000x + 3000y - 1000x^2 - 500y^2 - 1000 \quad (x>0, y>0).$$

令

$$\begin{cases} L_x = 1000y + 2000 - 2000x = 0, \\ L_y = 1000x + 3000 - 1000y = 0, \end{cases}$$

解此方程组，得唯一驻点 $(5,8)$．由于

$$A = L_{xx}(5,8) = -2000, \quad B = L_{xy}(5,8) = 1000, \quad C = L_{yy}(5,8) = -1000,$$

$$AC - B^2 = 1000000 > 0, \quad A = -2000 < 0,$$

因此 $L(x,y)$ 在 $(5,8)$ 处取得极大值 $L(5,8) = 16000$，从而是最大值，即该公司的最大利润为 16000 元．

8.6.2 条件极值

上面所讨论的极值问题，对于函数的自变量，除了限制在函数的定义域内以外，并无其他条件，所以有时候称为**无条件极值**．但在实际问题中，有时会遇到对函数的自变量还有附加条件的极值问题．例如，表面积为 a^2 而体积为最大的长方体的体积问题．设长方体的三棱的长为 x,y,z，则体积 $V = xyz$．又因假定表面积为 a^2，所以自变量 x,y,z 还必须满足附加条件 $2(xy+yz+xz) = a^2$．像这种对自变量有附加条件的极值称为**条件极值**．对于有些实际问题，可以把条件极值化为无条件极值来解决问题．例如上述问题可由条件 $2(xy+yz+xz) = a^2$，将 z 表成 x, y 的函数

$$z = \frac{a^2 - 2xy}{2(x+y)}.$$

再把它代入 $V=xyz$ 中，于是问题就化为求

$$V = \frac{xy}{2}\left(\frac{a^2-2xy}{x+y}\right)$$

的无条件极值.

但在很多情形下，将条件极值化为无条件极值并非这么简单. 我们另有一种直接寻求条件极值的方法，不必先把问题化为无条件极值问题，即**拉格朗日乘数法**.

现在我们来寻求函数 $z=f(x,y)$ 在条件 $\varphi(x,y)=0$ 下取得极值的必要条件.

如果函数 $z=f(x,y)$ 在点 (x_0,y_0) 取得所求的极值，那么首先有 $\varphi(x_0,y_0)=0$. 我们假定在 (x_0,y_0) 的某一邻域内 $f(x,y)$ 与 $\varphi(x,y)$ 均有连续的一阶偏导数，而 $\varphi_y(x_0,y_0)\neq 0$. 由隐函数存在定理可知，方程 $\varphi(x,y)=0$ 确定一个连续且具有连续导数的函数 $y=\psi(x)$，将其代入 $z=f(x,y)$ 中，结果得到一个变量为 x 的函数

$$z = f[x,\psi(x)].$$

于是函数 $z=f(x,y)$ 在 (x_0,y_0) 取得所求的极值，也就是相当于函数 $z=f[x,\psi(x)]$ 在 $x=x_0$ 取得极值. 由一元可导函数取得极值的必要条件知道

$$\left.\frac{\mathrm{d}z}{\mathrm{d}x}\right|_{x=x_0} = f_x(x_0,y_0) + f_y(x_0,y_0)\left.\frac{\mathrm{d}y}{\mathrm{d}x}\right|_{x=x_0} = 0, \tag{8.6.1}$$

而由 $\varphi(x,y)=0$，用隐函数求导公式，有

$$\left.\frac{\mathrm{d}y}{\mathrm{d}x}\right|_{x=x_0} = -\frac{\varphi_x(x_0,y_0)}{\varphi_y(x_0,y_0)}. \tag{8.6.2}$$

把(8.6.2)式代入(8.6.1)式，得

$$f_x(x_0,y_0) - f_y(x_0,y_0)\frac{\varphi_x(x_0,y_0)}{\varphi_y(x_0,y_0)} = 0. \tag{8.6.3}$$

设 $\dfrac{f_y(x_0,y_0)}{\varphi_y(x_0,y_0)} = -\lambda$，式(8.6.3)结合约束条件就变为方程组

$$\begin{cases} f_x(x_0,y_0) + \lambda\varphi_x(x_0,y_0) = 0, \\ f_y(x_0,y_0) + \lambda\varphi_y(x_0,y_0) = 0, \\ \varphi(x_0,y_0) = 0. \end{cases} \tag{8.6.4}$$

容易看出，式(8.6.4)中的前两式的左端正是函数

$$L(x,y) = f(x,y) + \lambda\varphi(x,y) \tag{8.6.5}$$

的两个一阶偏导数在 (x_0,y_0) 的值，其中 λ 是一个待定常数. 我们称该函数为**拉格**

朗日函数，参数 λ 称为**拉格朗日乘子**.

由以上讨论，得到以下的方法.

拉格朗日乘数法 求函数 $z = f(x, y)$ 在附加条件 $\varphi(x, y) = 0$ 下的可能极值点，可以先构造拉格朗日函数

$$L(x, y) = f(x, y) + \lambda \varphi(x, y),$$

其中 λ 为某一常数，求函数对 x 与 y 的一阶偏导数，并使之为零，然后与方程 $\varphi(x,y)=0$ 联立有

$$\begin{cases} f_x(x, y) + \lambda \varphi_x(x, y) = 0, \\ f_y(x, y) + \lambda \varphi_y(x, y) = 0, \\ \varphi(x, y) = 0. \end{cases} \tag{8.6.6}$$

由方程组(8.6.6)解出 x, y 及 λ，则其中 x, y 就是函数 $f(x,y)$ 在附加条件 $\varphi(x,y)=0$ 下的可能极值点.

此方法还可以推广到自变量多于两个、约束条件多于一个的情形. 例如，要求函数

$$u = f(x, y, z, t)$$

在附加条件

$$\varphi(x, y, z, t) = 0, \quad \psi(x, y, z, t) = 0 \tag{8.6.7}$$

下的极值，可以先构造辅助函数

$$L(x, y, z, t) = f(x, y, z, t) + \lambda_1 \varphi(x, y, z, t) + \lambda_2 \psi(x, y, z, t),$$

其中 λ_1, λ_2 均为常数，求其对各个自变量的一阶偏导数，并令之为零，然后与(8.6.7)中的两个方程联立求解，这样得出的 (x, y, z, t) 就是函数 $f(x, y, z, t)$ 在附加条件(8.6.7)下的可能极值点的坐标.

至于如何确定所求得的点是否为极值点，在实际问题中往往可根据问题本身的性质来判定.

例8 求表面积为 a^2 而体积为最大的长方体的体积.

解 设长方体的三条棱长为 x, y, z，则问题转化为在约束条件

$$2xy + 2yz + 2xz = a^2$$

下，求函数

$$V(x,y,z) = xyz \quad (x>0,\ y>0,\ z>0)$$

的最大值.

记 $\varphi(x, y, z) = 2xy + 2yz + 2xz - a^2$，构造辅助函数

$$\begin{aligned} F(x, y, z) &= V(x,y,z) + \lambda \varphi(x,y,z) \\ &= xyz + \lambda(2xy + 2yz + 2xz - a^2), \end{aligned}$$

求其对 x, y, z, λ 的偏导数，并使之为零，得到方程组

$$\begin{cases} yz + 2\lambda(y+z) = 0, \\ xz + 2\lambda(x+z) = 0, \\ xy + 2\lambda(y+x) = 0, \\ 2xy + 2yz + 2xz - a^2 = 0. \end{cases}$$

因 x, y, z 都不等于零，所以解方程组可得

$$x = y = z = \frac{\sqrt{6}}{6}a.$$

这是唯一可能的极值点．因为由问题本身可知最大值一定存在，所以最大值就在这个可能的极值点处取得．也就是说，表面积为 a^2 的长方体中，以棱长为 $\frac{\sqrt{6}}{6}a$ 的正方体的体积为最大，最大体积 $V = \frac{\sqrt{6}}{36}a^3$.

例9 设某工厂生产某产品的数量 S 与所用的两种原料 A, B 的数量 x, y 间有关系式 $S(x, y) = 0.005x^2y$. 现用 150 万元购置原料，已知 A, B 原料每吨单价分别为 1 万元和 2 万元，问怎样购进两种原料，才能使生产的数量最多？

解 依题意，可归结为求函数 $S(x, y) = 0.005x^2y$ 在约束条件 $x + 2y = 150$ 下的最大值，故可用拉格朗日乘数法求解．

构造拉格朗日函数

$$L(x, y, \lambda) = 0.005x^2y + \lambda(x + 2y - 150) \quad (x > 0, y > 0),$$

求该函数对各个变量的一阶偏导数，并令其等于零，得方程组

$$\begin{cases} L_x = 0.01xy + \lambda = 0, \\ L_y = 0.005x^2 + 2\lambda = 0, \\ L_\lambda = x + 2y - 150 = 0. \end{cases}$$

解此方程组得

$$\lambda = -25, \ x = 100, \ y = 25.$$

即 $(100, 25)$ 是目标函数 $S(x, y) = 0.005x^2y$ 在定义域 $D = \{(x, y) | x > 0, y > 0\}$ 内的唯一可能极值点，而由该问题本身可知产量的最大值是存在的，因此驻点 $(100, 25)$ 是函数 $S(x, y)$ 的最大值点，最大值为 $S(100, 25) = 0.005 \times 100^2 \times 25 = 1250$，即购进 A 原料 100 吨、B 原料 25 吨时，可使生产量达到最大值 1250 吨．

习 题 8.6

1. 填空题

(1) 二元函数 $z = 6 - x^2 - y^2$ 的极大值是_____．

(2) 二元函数 $z=x^2+y^2-2x+1$ 在点_____取得极小值.

(3) 二元函数 $z=xy(3-x-y)$ 的极值点是_____.

(4) 若函数 $z = 2x^2 + 2y^2 + 3xy + ax + by + c$ 在 $(-2, 3)$ 处取得极小值 -3,则常数 a,b,c 的乘积 $abc=$_____.

2. 选择题

(1) 设可微函数 $f(x,y)$ 在 (x_0, y_0) 取得极小值,则下列结论正确的是( ).

A. $f(x_0, y)$ 在 $y=y_0$ 处的导数等于零

B. $f(x_0, y)$ 在 $y=y_0$ 处的导数大于零

C. $f(x_0, y)$ 在 $y=y_0$ 处的导数小于零

D. $f(x_0, y)$ 在 $y=y_0$ 处的导数不存在

(2) 二元函数 $z=x^3+y^3-3x^2-3y^2$ 的极小值点是( ).

A. $(0,0)$ B. $(2,2)$ C. $(0,2)$ D. $(2,0)$

(3) 设函数 $z = 1-\sqrt{x^2+y^2}$,则点 $(0,0)$ 是函数 z 的( ).

A. 极小值点且是最小值点   B. 极大值点且是最大值点

C. 极小值点但非最小值点   D. 极大值点且非最大值点

3. 判断题,正确的在括号里画"√",错误的在括号里画"×".

(1) 二元函数 $z = xy$ 在 $(0,0)$ 点处取得极小值. ( )

(2) 二元函数 $z = \dfrac{xy}{x^2+y^2+1}$ 在 $(0,0)$ 点取得极大值. ( )

(3) 若二元函数 $z = f(x,y)$ 在 (x_0, y_0) 处取得极值,则函数在该点处的两个偏导数等于零. ( )

4. 求下列函数的极值:

(1) $f(x,y) = y^3 - x^2 + 6x - 12y + 5$;   (2) $f(x,y) = (a-x-y)xy\ (a \neq 0)$;

(3) $f(x,y) = (6x - x^2)(4y - y^2)$;   (4) $f(x,y) = e^{2x}(x + y^2 + 2y)$.

5. 求表面积为 12m^2 的无盖长方形水箱的最大容积.

6. 某工厂生产两种产品 I 与 II,出售单价分别为 10 元与 9 元,生产 x 单位的产品 I 和生产 y 单位的产品 II 的总费用是

$$f(x,y) = 400 + 2x + 3y + 0.01(3x^2 + xy + 3y^2).$$

求取得最大利润时,两种产品的产量各多少?

8.7 二重积分的概念与性质

与定积分类似,重积分的概念也是从实践中抽象出来的,它是定积分的推广,其中的数学思想是一样的,也是一种"和的极限". 所不同的是重积分的被积函数是多元函数而不是一元函数,重积分的积分区域是平面区域或空间区域而不是闭区间. 但它们又存在着联系,即重积分可以通过定积分来计算. 本章将讨论

重积分的定义、性质、计算以及应用.

8.7.1 二重积分的概念

1. 引例

引例 1 曲顶柱体的体积.

设有一个柱体, 它的底是 xOy 平面上的闭区域 D, 它的侧面是以 D 的边界曲线为准线, 且母线平行于 z 轴的柱面, 它的顶是曲面 $z=f(x,y)$, 设 $f(x,y)\geqslant 0$ 为 D 上的连续函数. 我们称这个柱体为曲顶柱体, 如图 8-8 所示.

现在来求这个曲顶柱体的体积 V.

1) 分割

用两组曲线把区域 D 任意分割成 n 个小块, $\Delta\sigma_1, \Delta\sigma_2, \cdots, \Delta\sigma_n$, 其中 $\Delta\sigma_i$ 既表示第 i 个小块, 也表示第 i 个小块的面积, 如图 8-8 所示.

2) 近似代替

记 d_i 为 $\Delta\sigma_i$ 的直径 (即 d_i 表示 $\Delta\sigma_i$ 中任意两点间距离的最大值), 在 $\Delta\sigma_i$ 中任取一点 (ξ_i,η_i), 以 $f(\xi_i,\eta_i)$ 为高, 以 $\Delta\sigma_i$ 为底的平顶柱体体积为 $f(\xi_i,\eta_i)\cdot\Delta\sigma_i$, 此为小曲顶柱体体积的近似值.

3) 求和

把所有小平顶柱体的体积加起来, 得到曲顶柱体体积的近似值为

$$\sum_{i=1}^{n}f(\xi_i,\eta_i)\Delta\sigma_i.$$

4) 取极限

记 $d=\max\{d_1,d_2,\cdots,d_n\}$, 则极限

$$\lim_{d\to 0}\sum_{i=1}^{n}f(\xi_i,\eta_i)\Delta\sigma_i$$

为所求曲顶柱体的体积. 即

$$V=\lim_{d\to 0}\sum_{i=1}^{n}f(\xi_i,\eta_i)\Delta\sigma_i.$$

引例 2 平面薄片的质量.

设有一平面薄片(不计厚度), 如图 8-9 所示, 占有 xOy 面上的闭区域 D, 已知薄片上点的面密度为非负连续函数 $\mu=\mu(x,y)$, 求平面薄片的质量 M.

如果平面薄片的密度是常数, 则薄片的质量可以用公式

质量＝面密度×面积

来计算, 但是由于密度并不是常数, 因此上述公式并不适用.

由于质量具有可加性, 所以仍可以把上述处理曲顶柱体体积的方法用于本问

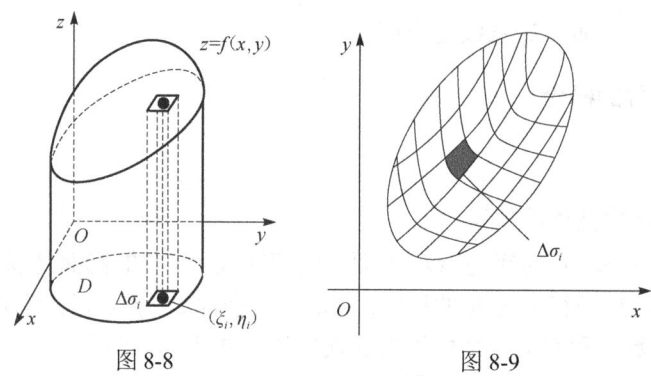

图 8-8   图 8-9

题: 将薄片分成割成许多小薄片,每个薄片足够小,以致可以看作是质量均匀分布的,它们的质量之和就是薄片质量的近似值,再运用求极限的方法求出薄片的质量,具体步骤如下:

首先把薄片 D 分成 n 个小块 $\Delta\sigma_i$,$i=1,2,\cdots,n$. 其面积记为 $\Delta\sigma_i$,当 $\Delta\sigma_i$ 的直径比较小时,$\Delta\sigma_i$ 中各点的密度变化不大,可以看作常数,在 $\Delta\sigma_i$ 中任取一点 (ξ_i,η_i),将该点的面密度作为整个小块的密度,于是 $\Delta\sigma_i$ 的质量

$$\Delta M_i \approx \mu(\xi_i,\eta_i)\Delta\sigma_i, \quad i=1,2,\cdots,n,$$

平面薄片的质量为

$$M = \sum_{i=1}^{n} \Delta M_i \approx \sum_{i=1}^{n} \mu(\xi_i,\eta_i)\Delta\sigma_i.$$

当所有小闭区域 $\Delta\sigma_i$ 的最大直径 d 趋于零时,上式右端近似值将无限接近总质量 M,即

$$M = \lim_{d \to 0} \sum_{i=1}^{n} \mu(\xi_i,\eta_i)\Delta\sigma_i.$$

上述两个问题虽然具有不同的背景,一个是几何问题,另一个是物理问题,但是在数学上都可以归结为二元函数在平面闭区域 D 上一个和式的极限,在实际问题中,很多问题都可以归结为上述特定和的极限,因此我们抽象出二重积分的定义.

2. 二重积分的定义

定义 1 设二元函数 $z=f(x,y)$ 在有界闭区域 D 上有定义,将区域 D 任意分割成 n 个小区域 $\Delta\sigma_1,\Delta\sigma_2,\cdots,\Delta\sigma_n$,且以 $\Delta\sigma_i$ 表示第 i 块小区域的面积,用 d_i 表示其直径,任取一点 $(x_i,y_i)\in\Delta\sigma_i$,作和 $\sum_{i=1}^{n} f(x_i,y_i)\Delta\sigma_i$,令 $d=\max\{d_1,d_2,\cdots,d_n\}$. 若

极限 $\lim\limits_{d\to 0}\sum\limits_{i=1}^{n}f(x_i,y_i)\Delta\sigma_i$ 存在，且与区域 D 的划分及点 (x_i,y_i) 的取法无关，则称此极限值为函数 $f(x,y)$ 在区域 D 上的**二重积分**. 记作 $\iint\limits_{D}f(x,y)\mathrm{d}\sigma$，即

$$\iint\limits_{D}f(x,y)\mathrm{d}\sigma=\lim_{d\to 0}\sum_{i=1}^{n}f(x_i,y_i)\Delta\sigma_i,$$

其中 $f(x,y)$ 称为**被积函数**，$f(x,y)\mathrm{d}\sigma$ 称为**被积表达式**，$\mathrm{d}\sigma$ 称为**面积元素**，x,y 称为**积分变量**，D 称为**积分区域**.

引例 1 中，曲顶柱体的体积可表示为

$$V=\iint\limits_{D}f(x,y)\mathrm{d}\sigma;$$

引例 2 中，平面薄片的质量可表示为

$$M=\iint\limits_{D}\mu(x,y)\mathrm{d}\sigma.$$

关于定义 1 的几点说明：

(1) 积分和 $\sum\limits_{i=1}^{n}f(\xi_i,\eta_i)\Delta\sigma_i$ 的极限存在，是指对积分区域 D 的任意划分和点 (x_i,y_i) 的任意取法，其极限值 $\lim\limits_{d\to 0}\sum\limits_{i=1}^{n}f(x_i,y_i)\Delta\sigma_i$ 是存在的，即 $\iint\limits_{D}f(x,y)\mathrm{d}\sigma$ 与区域 D 的划分及点 (x_i,y_i) 的取法无关；

(2) 二重积分 $\iint\limits_{D}f(x,y)\mathrm{d}\sigma$ 是一个数值，此数值只与积分区域 D 和被积函数 $f(x,y)$ 有关，而与积分变量的符号无关，即

$$\iint\limits_{D}f(x,y)\mathrm{d}\sigma=\iint\limits_{D}f(u,v)\mathrm{d}\sigma;$$

(3) 若 $f(x,y)$ 连续，且 $f(x,y)\geqslant 0$，则 $\iint\limits_{D}f(x,y)\mathrm{d}\sigma$ 表示以积分区域 D 为底面，曲面 $z=f(x,y)$ 为顶的曲顶柱体的体积.

8.7.2 二重积分的性质

类似于一元函数定积分，二元积分具有下面的一些基本性质，其证明与定积分类似，请读者自行完成.

性质 1 常数因子可提到积分符号的外面，即

$$\iint\limits_{D}kf(x,y)\mathrm{d}\sigma=k\iint\limits_{D}f(x,y)\mathrm{d}\sigma.$$

性质 2　函数代数和的积分等于各个函数积分的代数和，即
$$\iint_D [f(x,y) \pm g(x,y)]\mathrm{d}\sigma = \iint_D f(x,y)\mathrm{d}\sigma \pm \iint_D g(x,y)\mathrm{d}\sigma.$$

通常将性质 1 和性质 2 称为二重积分的线性运算性质，即线性性质
$$\iint_D [kf(x,y) \pm mg(x,y)]\mathrm{d}\sigma = k\iint_D f(x,y)\mathrm{d}\sigma \pm m\iint_D g(x,y)\mathrm{d}\sigma.$$

线性性质可以推广至有限个函数的情形.

性质 3（关于积分区域的可加性）　若 $D = D_1 + D_2$，则
$$\iint_D f(x,y)\mathrm{d}\sigma = \iint_{D_1} f(x,y)\mathrm{d}\sigma + \iint_{D_2} f(x,y)\mathrm{d}\sigma.$$

性质 4（保序性）　若在区域 D 上，恒有 $f(x,y) \leqslant g(x,y)$，则
$$\iint_D f(x,y)\mathrm{d}\sigma \leqslant \iint_D g(x,y)\mathrm{d}\sigma.$$

特殊地，由于 $-|f(x,y)| \leqslant f(x,y) \leqslant |f(x,y)|$，又有
$$\left|\iint_D f(x,y)\mathrm{d}\sigma\right| \leqslant \iint_D |f(x,y)|\mathrm{d}\sigma.$$

例 1　设积分区域 D 是由 x 轴、y 轴与直线 $x+y=1$ 所围成，若
$$I_1 = \iint_D (x+y)^2 \mathrm{d}x\mathrm{d}y, \quad I_2 = \iint_D (x+y)^4 \mathrm{d}x\mathrm{d}y, \quad I_3 = \iint_D (x+y)^6 \mathrm{d}x\mathrm{d}y,$$
比较 I_1, I_2, I_3 的大小.

解　易知在积分区域 D 上，$(x+y)^2 > (x+y)^4 > (x+y)^6$，因此由性质 4，有 $I_3 < I_2 < I_1$.

性质 5　若在区域 D 上，$f(x,y) \equiv 1$，则 $\iint_D f(x,y)\mathrm{d}\sigma$ 为积分区域 D 的面积 A，即
$$\iint_D \mathrm{d}\sigma = \iint_D 1 \cdot \mathrm{d}\sigma = A.$$

性质 6（估值定理）　设 M 和 m 分别是函数 $f(x,y)$ 在闭区域 D 上的最大值和最小值，A 为区域 D 的面积，则
$$mA \leqslant \iint_D f(x,y)\mathrm{d}\sigma \leqslant MA.$$

例 2　估计二重积分的值：
$$\iint_D xy(x+y)\mathrm{d}\sigma, \quad \text{其中} \quad D = \{(x,y) | 0 \leqslant x \leqslant 1, 0 \leqslant y \leqslant 1\}.$$

解 因为在积分区域 D 上 $0 \leqslant x \leqslant 1, 0 \leqslant y \leqslant 1$，所以

$$0 \leqslant xy \leqslant 1, \quad 0 \leqslant x+y \leqslant 2,$$

可得

$$0 \leqslant xy(x+y) \leqslant 2.$$

于是 $\iint\limits_{D} 0 \mathrm{d}\sigma \leqslant \iint\limits_{D} xy(x+y) \mathrm{d}\sigma \leqslant \iint\limits_{D} 2 \mathrm{d}\sigma$，即

$$0 \leqslant \iint\limits_{D} xy(x+y) \mathrm{d}\sigma \leqslant 2.$$

性质 7(二重积分的中值定理) 设函数 $f(x,y)$ 在有界闭区域 D 上连续，A 为区域 D 的面积，则至少存在一点 $(\xi,\eta) \in D$，使得

$$\iint\limits_{D} f(x,y) \mathrm{d}\sigma = f(\xi,\eta) A.$$

性质 8(二重积分的对称性) (1) 如果积分域 D 关于 y 轴对称，$f(x,y)$ 为关于 x 的奇(偶)函数，则有

$$\iint\limits_{D} f(x,y) \mathrm{d}\sigma = \begin{cases} 0, & f(-x,y) = -f(x,y), \\ 2\iint\limits_{D_1} f(x,y) \mathrm{d}\sigma, & f(-x,y) = f(x,y), \end{cases}$$

其中 D_1 为 D 位于 y 轴右侧的部分；

(2) 积分域 D 关于 x 轴对称，$f(x,y)$ 为 y 的奇(偶)函数，则有

$$\iint\limits_{D} f(x,y) \mathrm{d}\sigma = \begin{cases} 0, & f(x,-y) = -f(x,y), \\ 2\iint\limits_{D_1} f(x,y) \mathrm{d}\sigma, & f(x,-y) = f(x,y), \end{cases}$$

其中 D_1 为 D 位于 x 轴上侧的部分．

例如，计算二重积分 $\iint\limits_{D} y \mathrm{d}\sigma$，其中 D 是由圆 $x^2+y^2=4$ 和 $(x+1)^2+y^2=1$ 所围成的平面区域，如图 8-10 所示．

因为积分区域 D 关于 x 轴对称，被积函数 $f(x,y)$ 关于变量 y 是奇函数，故

$$\iint\limits_{D} y \mathrm{d}\sigma = 0.$$

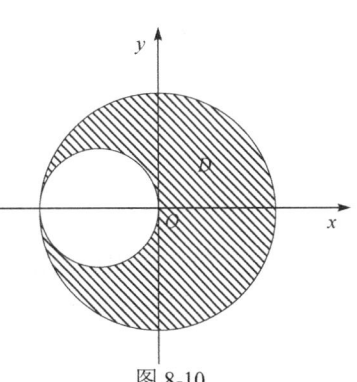

图 8-10

习 题 8.7

1. 填空题

(1) 平面区域 $D = \{(x,y) \mid 0 \leqslant x \leqslant 3, 3 \leqslant y \leqslant 5\}$,则 $\iint\limits_{D} \ln(x+y)\,d\sigma$ _____ $\iint\limits_{D} [\ln(x+y)]^2\,d\sigma$ (填">"或"<").

(2) 利用二重积分的几何意义计算 $\iint\limits_{x^2+y^2 \leqslant 4} \sqrt{4-x^2-y^2}\,d\sigma = $ _____.

(3) 二重积分 $\iint\limits_{|x|+|y| \leqslant 1} \ln(x^2+y^2)\,dxdy$ 的符号为_____.

(4) 设 $f(u)$ 为连续函数, D 是由 $y=1, x^2-y^2=1$ 及 $y=0$ 所围成的平面闭区域,则 $\iint\limits_{D} xf(y^2)\,d\sigma = $ _____.

2. 选择题

(1) 已知 $I_1 = \iint\limits_{D} \ln^3(x+y)\,d\sigma$, $I_2 = \iint\limits_{D} (x+y)^3\,d\sigma$,其中 D 是由 $x=0, y=0, x+y=\dfrac{1}{2}, x+y=1$ 所围成的闭区域,则下列选项中正确的是( ).

 A. $I_1 = I_2$ B. $I_1 > I_2$ C. $I_1 < I_2$ D. 不能判定

(2) 已知 $I_1 = \iint\limits_{D} (x+y)^3\,d\sigma$, $I_2 = \iint\limits_{D} [\sin(x+y)]^3\,d\sigma$,其中 D 是由 $x=0, y=0, x+y=\dfrac{1}{2}, x+y=1$ 所围成的闭区域,则下列选项中正确的是( ).

 A. $I_1 = I_2$ B. $I_1 > I_2$ C. $I_1 < I_2$ D. 不能判定

(3) 设 $T_i = \iint\limits_{D_i} \sqrt[3]{x-y}\,dxdy\,(i=1,2,3)$,其中 $D_1 = \{(x,y) \mid 0 \leqslant x \leqslant 1, 0 \leqslant y \leqslant 1\}$, $D_2 = \{(x,y) \mid 0 \leqslant x \leqslant 1, 0 \leqslant y \leqslant \sqrt{x}\}$, $D_3 = \{(x,y) \mid 0 \leqslant x \leqslant 1, x^2 \leqslant y \leqslant 1\}$,则( ).

 A. $T_1 < T_2 < T_3$ B. $T_3 < T_1 < T_2$ C. $T_2 < T_3 < T_1$ D. $T_2 < T_1 < T_3$

(4) 设平面区域 D 由曲线 $y = \sin x\left(-\dfrac{\pi}{2} \leqslant x \leqslant \dfrac{\pi}{2}\right)$,直线 $x = -\dfrac{\pi}{2}$ 及 $y=1$ 围成,则 $\iint\limits_{D} (xy^3-1)\,d\sigma = ($).

 A. 2   B. -2 C. π D. $-\pi$

8.8 二重积分的计算

  直接使用二重积分的定义来计算二重积分是不切实际的,只有对于被积函数比较简单,积分区域形状比较特殊的才可以使用定义来计算,对于一般的函数与积分区域,计算二重积分时常转换为二次积分(也叫累次积分)来计算.

8.8.1 在直角坐标系下计算二重积分

先从几何上讨论二重积分的计算问题.

设 $f(x,y)$ 在有界闭区域 D 上可积,由于积分值与积分区域 D 的分割方式及点 (x_i,y_i) 的取法无关,因此在计算二重积分时常采用对平面区域 D 的特殊分割方式和选取特殊的点.

在直角坐标系下,常用平行于 x 轴与 y 轴的两组直线来分割积分区域 D,这时,小区域 $\Delta\sigma_i(i=1,2,\cdots,n)$ 除了边界外都是一些小矩形,而随着分割的加细,边界区域不规则图形的面积可以忽略不计,因而分割小区域全都是小矩形,如图 8-10 所示.

由图 8-11 知小区域的面积 $\Delta\sigma_i = \Delta x_i \Delta y_i$,因此 $\iint\limits_{D} f(x,y)\mathrm{d}\sigma$ 中的面积元素 $\mathrm{d}\sigma = \mathrm{d}x\mathrm{d}y$,即在直角坐标系下 $\iint\limits_{D} f(x,y)\mathrm{d}\sigma = \iint\limits_{D} f(x,y)\mathrm{d}x\mathrm{d}y$.

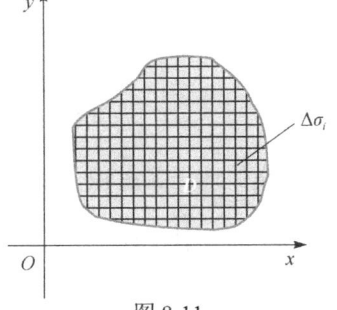

图 8-11

当被积函数 $f(x,y) \geq 0$,且在 D 上连续时,平面区域 D(图 8-12)可以表示为如下的不等式组:
$$D:\begin{cases}\varphi_1(x) \leq y \leq \varphi_2(x),\\ a \leq x \leq b.\end{cases}$$

由于被积函数 $f(x,y)$ 在区域 D 上非负连续,由二重积分的几何意义可知 $\iint\limits_{D} f(x,y)\mathrm{d}\sigma$ 等于以区域 D 为底,以曲面 $f(x,y)$ 为顶的曲顶柱体的体积(图 8-13),而由截面面积为已知的立体体积的求法可知
$$V = \iint\limits_{D} f(x,y)\mathrm{d}\sigma = \int_a^b A(x)\mathrm{d}x,$$

截面 $A(x)$ 为曲边梯形,可知
$$A(x) = \int_{\varphi_1(x)}^{\varphi_2(x)} f(x,y)\mathrm{d}y.$$

因此有
$$\iint\limits_{D} f(x,y)\mathrm{d}x\mathrm{d}y = \int_a^b \left[\int_{\varphi_1(x)}^{\varphi_2(x)} f(x,y)\mathrm{d}y\right]\mathrm{d}x = \int_a^b \mathrm{d}x \int_{\varphi_1(x)}^{\varphi_2(x)} f(x,y)\mathrm{d}y.$$

上式将二重积分化为先对 y 后对 x 的累次积分,这就是二重积分的计算公式. 当 $f(x,y) \leq 0$ 时,上述公式仍然成立.

若区域 D 可用如下的不等式组表示:
$$D:\begin{cases}\psi_1(y) \leq x \leq \psi_2(y),\\ c \leq y \leq d.\end{cases}$$

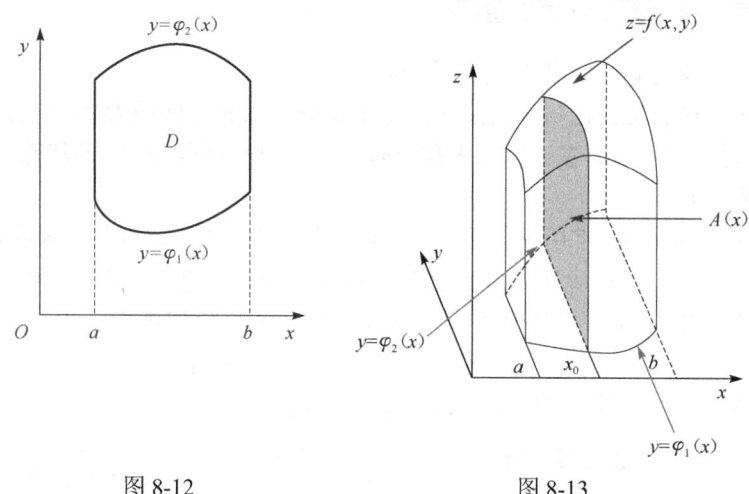

图 8-12　　　　　　　　　图 8-13

类似地，二重积分化为先 x 后 y 的二次积分：

$$\iint_D f(x,y)\mathrm{d}x\mathrm{d}y = \int_c^d \left[\int_{\psi_1(y)}^{\psi_2(y)} f(x,y)\,\mathrm{d}x\right]\mathrm{d}y = \int_c^d \mathrm{d}y \int_{\psi_1(y)}^{\psi_2(y)} f(x,y)\mathrm{d}x.$$

我们称如图 8-12 所示的区域为 **X-型区域**，X-型区域的特点是：穿过区域内部且平行于 y 轴的直线与 D 的边界相交不多于两个交点；类似地，还有 Y-型区域.

注　(1) 如果平行于坐标轴的直线与积分区域 D 的边界交点多于两点，则作辅助线把 D 分为若干 X-型区域或 Y-型区域，利用二重积分对区域的可加性进行计算. 如图 8-14 所示.

(2) 一些区域既可以看作 X-型区域也可以看作 Y-型区域(图 8-15)，要选择积分计算方便的区域类型进行计算.

二重积分化为二次积分的步骤：

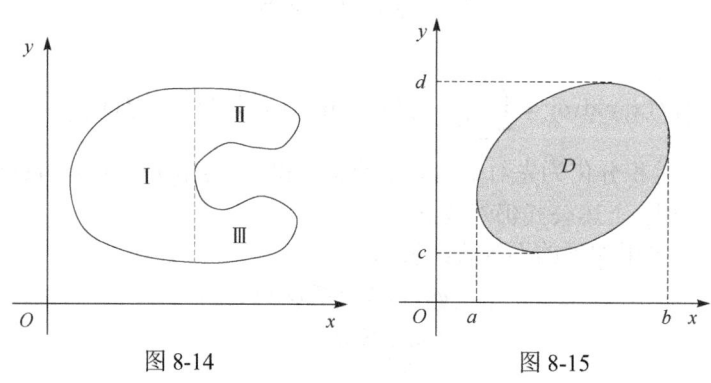

图 8-14　　　　　　　　　图 8-15

(1) 画出积分区域 D 的图形，确定区域所属类型;
(2) 写出区域 D 上的点的坐标满足的不等式，从而定出积分的上、下限;
(3) 将二重积分化为累次积分;
(4) 计算两次定积分算出二重积分的值.

例 1 二元函数 $f(x,y)$ 可积，改变二重积分
$$\int_0^{\frac{\sqrt{2}}{2}} dy \int_0^y f(x,y)dx + \int_{\frac{\sqrt{2}}{2}}^1 dy \int_0^{\sqrt{1-y^2}} f(x,y)dx$$
的积分次序.

解 题目中的积分次序是先 x 后 y，积分区域如图 8-16 所示，其中
$$D_1 = \begin{cases} 0 \leqslant y \leqslant \dfrac{\sqrt{2}}{2}, \\ 0 \leqslant x \leqslant y, \end{cases} \quad D_2 = \begin{cases} \dfrac{\sqrt{2}}{2} \leqslant y \leqslant 1, \\ 0 \leqslant x \leqslant \sqrt{1-y^2}, \end{cases}$$

$D = D_1 \bigcup D_2$，将积分次序改变为先 y 后 x，即将区域 D 视为 X-型区域，
$$D = \begin{cases} 0 \leqslant x \leqslant \dfrac{\sqrt{2}}{2}, \\ x \leqslant y \leqslant \sqrt{1-x^2}, \end{cases}$$
则
$$\int_0^{\frac{\sqrt{2}}{2}} dy \int_0^y f(x,y)dx + \int_{\frac{\sqrt{2}}{2}}^1 dy \int_0^{\sqrt{1-y^2}} f(x,y)dx$$
$$= \int_0^{\frac{\sqrt{2}}{2}} dx \int_x^{\sqrt{1-x^2}} f(x,y)dy.$$

例 2 计算 $\iint_D xy dx dy$，其中 D 是由直线 $y=1, x=2, y=x$ 所围成的平面区域.

解法一 如图 8-17 所示，将 D 看作 X-型区域，则 $D: \begin{cases} 1 \leqslant y \leqslant x, \\ 1 \leqslant x \leqslant 2, \end{cases}$

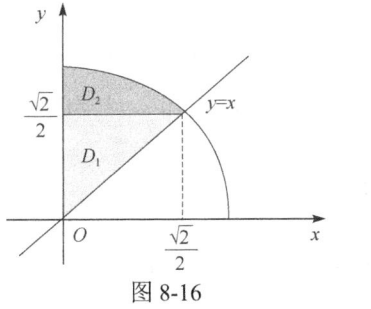

图 8-16

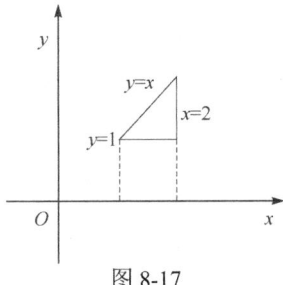

图 8-17

$$I = \int_1^2 dx \int_1^x xy\,dy = \int_1^2 \left[\frac{1}{2}xy^2\right]_1^x dx$$

$$= \int_1^2 \left[\frac{1}{2}x^3 - \frac{1}{2}x\right] dx = \frac{9}{8}.$$

解法二 将 D 看作 Y-型区域，则

$$D: \begin{cases} y \leqslant x \leqslant 2, \\ 1 \leqslant y \leqslant 2, \end{cases}$$

$$I = \int_1^2 dy \int_y^2 xy\,dx = \int_1^2 \left[\frac{1}{2}x^2 y\right]_y^2 dy$$

$$= \int_1^2 \left[2y - \frac{1}{2}y^3\right] dy = \frac{9}{8}.$$

例3 计算 $\iint\limits_D xy\,d\sigma$，其中 D 是抛物线 $y^2 = x$ 及直线 $y = x - 2$ 所围成的闭区域.

解 积分区域为图 8-18 中阴影部分，交点坐标为 $(1, -1)$, $(4, 2)$. 为计算简便，先对 x 后对 y 积分，则

$$D: \begin{cases} y^2 \leqslant x \leqslant y+2, \\ -1 \leqslant y \leqslant 2, \end{cases}$$

$$\iint\limits_D xy\,d\sigma = \int_{-1}^2 dy \int_{y^2}^{y+2} xy\,dx$$

$$= \int_{-1}^2 \left[\frac{1}{2}x^2 y\right]_{y^2}^{y+2} dy = \frac{1}{2} \int_{-1}^2 [y(y+2)^2 - y^5]\,dy$$

$$= \frac{1}{2}\left[\frac{y^4}{4} + \frac{4}{3}y^3 + 2y^2 - \frac{1}{6}y^6\right]_{-1}^2 = \frac{45}{8}.$$

例4 计算 $\iint\limits_D \frac{\sin x}{x}\,dxdy$，其中 D 是由直线 $x = \pi, y = x$ 与 $y = 0$ 所围成.

解 若化为先 x 后 y 的二次积分，$\frac{\sin x}{x}$ 的原函数不能求出，将使计算无法进行. 此例应化为先 y 后 x 的二次积分方能计算，因此取 D（图 8-19）为 X-型域：

$$D: \begin{cases} 0 \leqslant y \leqslant x, \\ 0 \leqslant x \leqslant \pi, \end{cases}$$

$$\iint\limits_D \frac{\sin x}{x}\,dxdy = \int_0^\pi \frac{\sin x}{x} dx \int_0^x dy = \int_0^\pi \sin x\,dx = [-\cos x]_0^\pi = 2.$$

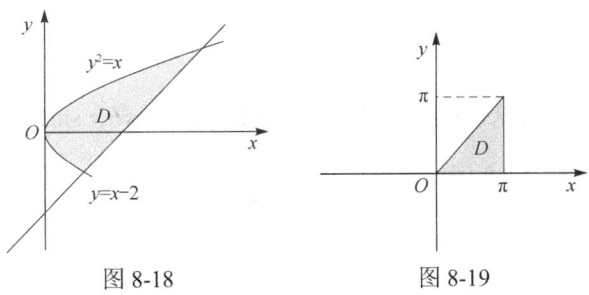

图 8-18   图 8-19

注 在化二重积分为二次积分时，有时由于积分次序不当，可能导致计算过程烦琐，甚至使计算无法进行，所以应选择恰当的积分次序.

8.8.2 在极坐标系下计算二重积分

在极坐标系下，用同心圆 $r=$ 常数及射线 $\theta=$ 常数，划分区域 D 如图 8-20 所示，

$$\Delta\sigma_k \quad (k=1,2,\cdots,n),$$

则除包含边界点的小区域外，小区域的面积

$$\begin{aligned}\Delta\sigma_k &= \frac{1}{2}(r_k+\Delta r_k)^2\cdot\Delta\theta_k-\frac{1}{2}r_k^2\cdot\Delta\theta_k \\ &= \frac{1}{2}[r_k+(r_k+\Delta r_k)]\Delta r_k\cdot\Delta\theta_k \\ &= \overline{r_k}\Delta r_k\cdot\Delta\theta_k.\end{aligned}$$

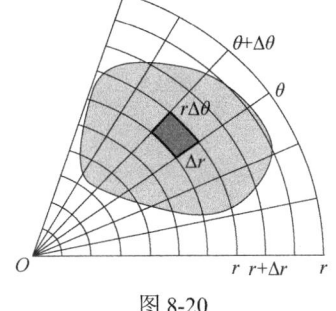

图 8-20

在 $\Delta\sigma_k$ 内取点 $(\overline{r_k},\overline{\theta_k})$，对应有

$$\xi_k=\overline{r_k}\cos\overline{\theta_k},\quad \eta_k=\overline{r_k}\sin\overline{\theta_k},$$

$$\lim_{\lambda\to 0}\sum_{k=1}^n f(\xi_k,\eta_k)\Delta\sigma_k=\lim_{\lambda\to 0}\sum_{k=1}^n f\left(\overline{r_k}\cos\overline{\theta_k},\overline{r_k}\sin\overline{\theta_k}\right)\overline{r_k}\Delta r_k\Delta\theta_k,$$

即 $\iint\limits_D f(x,y)\mathrm{d}x\mathrm{d}y=\iint\limits_D f(r\cos\theta,r\sin\theta)r\mathrm{d}r\mathrm{d}\theta.$

特别地：

(1) 极点 O 在区域 D 之外，如图 8-21(a) 所示，则

$$D=\{(r,\theta)|\alpha\leqslant\theta\leqslant\beta,r_1(\theta)\leqslant r\leqslant r_2(\theta)\}.$$

于是

$$\iint\limits_D f(r\cos\theta,r\sin\theta)r\mathrm{d}r\mathrm{d}\theta=\int_\alpha^\beta \mathrm{d}\theta\int_{r_1(\theta)}^{r_2(\theta)}f(r\cos\theta,r\sin\theta)r\mathrm{d}r.$$

(2) 极点 O 在区域 D 的边界上，如图 8-21(b) 所示，则

$$D = \{(r,\theta) | \alpha \leq \theta \leq \beta, 0 \leq r \leq r(\theta)\},$$

于是

$$\iint_D f(r\cos\theta, r\sin\theta) r dr d\theta = \int_\alpha^\beta d\theta \int_0^{r(\theta)} f(r\cos\theta, r\sin\theta) r dr.$$

(3) 极点 O 在区域 D 之内, 如图 8-21(c) 所示, 则

$$D = \{(r,\theta) | 0 \leq \theta \leq 2\pi, 0 \leq r \leq r(\theta)\},$$

于是

$$\iint_D f(r\cos\theta, r\sin\theta) r dr d\theta = \int_0^{2\pi} d\theta \int_0^{r(\theta)} f(r\cos\theta, r\sin\theta) r dr.$$

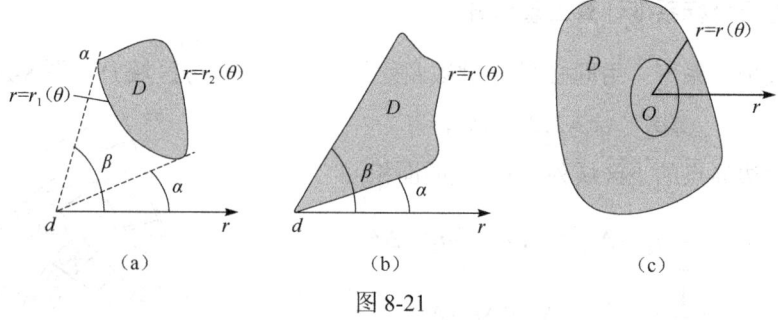

图 8-21

注 一般地, 当积分区域为圆形、扇形或环形时, 或者被积函数为 $f(x^2+y^2)$, $f\left(\dfrac{y}{x}\right)$, $f\left(\dfrac{x}{y}\right)$ 时, 利用极坐标计算比较简单.

例 5 计算 $\iint_D e^{-x^2-y^2} dxdy$, 其中 D 是由曲线 $x^2+y^2=1$ 所围成的平面区域.

解 在极坐标系下, 积分区域 D 可表示为

$$D = \{(r,\theta) | 0 \leq \theta \leq 2\pi, 0 \leq r \leq 1\},$$

$$\text{原式} = \iint_D e^{-r^2} r dr d\theta = \int_0^{2\pi} d\theta \int_0^1 r e^{-r^2} dr$$

$$= 2\pi \left[-\frac{1}{2} e^{-r^2} \right]_0^1 = \pi(1-e^{-1}).$$

例 6 计算二重积分 $\iint_D \sqrt{x^2+y^2} d\sigma$ 其中 D 是由曲线 $x^2+y^2-2x=0$ 所围成的平面区域.

解 积分区域 D 如图 8-22 所示, 用极坐标表示为

$$D = \left\{(r,\theta) \middle| -\frac{\pi}{2} \leqslant \theta \leqslant \frac{\pi}{2}, 0 \leqslant r \leqslant 2\cos\theta\right\},$$

$$\iint\limits_D \sqrt{x^2+y^2}\,\mathrm{d}\sigma = \iint\limits_D r^2\mathrm{d}r\mathrm{d}\theta = \int_{-\frac{\pi}{2}}^{\frac{\pi}{2}} \mathrm{d}\theta \int_0^{2\cos\theta} r^2 \mathrm{d}r$$

$$= \frac{8}{3}\int_{-\frac{\pi}{2}}^{\frac{\pi}{2}} \cos^3\theta\,\mathrm{d}\theta = \frac{32}{9}.$$

8.8.3 无界区域上的反常二重积分

设函数 $f(x,y)$ 在无界区域 D 上有定义，用任意光滑或分段光滑曲线 C 在 D 中划出有界区域 D_C，如图 8-23 所示.

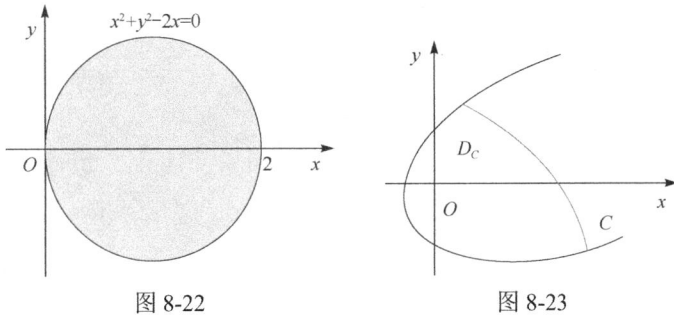

图 8-22   图 8-23

若二重积分 $\iint\limits_{D_C} f(x,y)\mathrm{d}\sigma$ 存在，且当 C 连续变动使区域 D_C 无限扩展而趋于区域 D 时，不论 C 的形状如何，也不论 C 的扩展过程怎样，极限 $\lim\limits_{D_C \to D} \iint\limits_{D_C} f(x,y)\mathrm{d}\sigma$ 总存在，称反常**二重积分** $\iint\limits_D f(x,y)\mathrm{d}\sigma$ **收敛**，即

$$\iint\limits_D f(x,y)\mathrm{d}\sigma = \lim_{D_C \to D} \iint\limits_{D_C} f(x,y)\mathrm{d}\sigma = I;$$

否则，称 $\iint\limits_D f(x,y)\mathrm{d}\sigma$ **发散**.

例 7 设 D 是由全平面构成的，求 $\iint\limits_D \mathrm{e}^{-x^2-y^2}\mathrm{d}x\mathrm{d}y$，$\int_{-\infty}^{+\infty} \mathrm{e}^{-x^2}\mathrm{d}x$ 及 $\int_0^{+\infty} \mathrm{e}^{-x^2}\mathrm{d}x$.

解 设 $D_R: x^2+y^2 \leqslant R^2$，由极坐标可得

$$\iint\limits_{D_R} \mathrm{e}^{-x^2-y^2}\mathrm{d}x\mathrm{d}y = \int_0^{2\pi} \mathrm{d}\theta \int_0^R \mathrm{e}^{-r^2} r\mathrm{d}r = \pi(1-\mathrm{e}^{-R^2}),$$

$$\iint_D e^{-x^2-y^2} dxdy = \lim_{R\to +\infty} \iint_{D_R} e^{-x^2-y^2} dxdy = \pi.$$

再设 $D_M : -M \leqslant x \leqslant M, -M \leqslant y \leqslant M$,

$$\iint_{D_M} e^{-x^2-y^2} dxdy = \int_{-M}^{M} dx \int_{-M}^{M} e^{-x^2-y^2} dy = \left(\int_{-M}^{M} e^{-x^2} dx\right)^2,$$

因此

$$\iint_D e^{-x^2-y^2} dxdy = \lim_{M\to +\infty} \iint_{D_R} e^{-x^2-y^2} dxdy = \left(\int_{-\infty}^{+\infty} e^{-x^2} dx\right)^2,$$

所以

$$\int_{-\infty}^{+\infty} e^{-x^2} dx = \sqrt{\pi}.$$

又因为 e^{-x^2} 为偶函数, 所以

$$\int_0^{+\infty} e^{-x^2} dx = \frac{\sqrt{\pi}}{2}.$$

习 题 8.8

1. 填空题

(1) 交换积分次序 $\int_0^1 dx \int_0^{1-x} f(x,y) dy = $ _____.

(2) 交换积分次序 $\int_0^1 dy \int_0^y f(x,y) dx + \int_1^2 dy \int_0^{2-y} f(x,y) dx = $ _____.

(3) 由 $y = x^2, y = \sqrt{x}$ 所围成的区域的面积为_____.

(4) 平面区域 D 是由 $x^2 + y^2 \leqslant 4$ 所确定的圆域, 则 $\iint_D \dfrac{1}{1+x^2+y^2} dxdy = $ _____.

2. 选择题

(1) 设 D 是由 $|x|+|y| \leqslant 1$ 所围成的区域, 则 $\iint_D (|x|+y) dxdy = ($).

A. 0   B. $\dfrac{1}{3}$ C. $\dfrac{2}{3}$ D. 1

(2) 设 $D = \{(x,y) | 0 \leqslant x \leqslant 1, 0 \leqslant y \leqslant 1\}$, 则 $\iint_D (x^3 + 3x^2y + y^3) d\sigma = ($).

A. 0   B. 3   C. 2   D. 1

(3) $\iint_D e^{-x^2-y^2} dxdy = ($), 其中 D 为 $x^2 + y^2 \leqslant R^2$ 围成的区域.

A. 3   B. $\pi(1-e^{-R^2})$ C. 2π D. $2\pi R^2$

3. 计算下列二重积分.

(1) $I = \iint\limits_D (3x+2y)d\sigma$, 其中 D 由坐标轴与 $x+y=2$ 所围成.

(2) $I = \iint\limits_D xe^{xy}dxdy$, 其中 $D = \{(x,y) | 0 \leqslant x \leqslant 1, 0 \leqslant y \leqslant 1\}$.

(3) $I = \iint\limits_D (x+6y)dxdy$, 其中 D 是由 $y=x, y=5x, x=1$ 所围成的区域.

(4) $I = \iint\limits_D y\sqrt{1+x^2-y^2}dxdy$, 其中 $D = \{(x,y) | -1 \leqslant x \leqslant y, -1 \leqslant y \leqslant 1\}$.

(5) $I = \iint\limits_D x^2 dxdy$, 其中 D 是由 $y=x^3$ 和 $y=x$ 所围成的区域.

4. 选择适当的坐标计算下列二重积分.

(1) $\iint\limits_D \sqrt{x^2+y^2}dxdy$, 其中 D 是由 $y=0, y=x, x^2+y^2=2x$ 围成的区域.

(2) $\iint\limits_D \sin\sqrt{x^2+y^2}dxdy$, 其中 D 是圆环形闭区域: $\pi^2 \leqslant x^2+y^2 \leqslant 4\pi^2$.

(3) $\iint\limits_D \dfrac{x^2}{y^2}dxdy$, 其中 D 是由直线 $x=2, y=x$ 及曲线 $xy=1$ 所围成的闭区域.

(4) $\iint\limits_D (3x^2+y^2)dxdy$, 其中 D 是由直线 $y=x, y=x+1, y=1, y=3$ 所围成的闭区域.

(5) $\iint\limits_D \sqrt{R^2-x^2-y^2}dxdy$, 其中 D 是由圆周 $x^2+y^2=Rx$ 所围成的闭区域.

(6) $\iint\limits_D (x^2+y^2+2x)dxdy$, 其中 $D = \{(x,y) | x^2+y^2 \leqslant 2y\}$.

5. 计算二重积分 $\iint\limits_D xe^{-y^2}dxdy$, 其中 D 是由曲线 $y=4x^2$, $y=9x^2$ 在第一象限所围成的区域.

本 章 小 结

一、本章主要知识点

(1) 多元函数的定义、极限与连续.

(2) 多元函数的偏导数与全微分.

(3) 多元复合函数与隐函数的导数.

(4) 二元函数极值的概念、极值存在的必要条件与充分条件.

(5) 求多元函数条件极值的拉格朗日乘数法.

(6) 二重积分的概念、性质.

(7) 在直角坐标系下计算二重积分.

(8) 在极坐标系下计算二重积分.

(9) 计算比较简单的反常二重积分.

二、本章教学重点

(1) 二元函数的极限与连续.

(2) 二元函数的偏导数与全微分.

(3) 二元函数的极值.

(4) 二重积分的概念、性质与计算.

三、本章教学难点

(1) 二元函数的极限与连续.

(2) 多元复合函数与隐函数的导数.

(3) 二元函数的条件极值.

(4) 二重积分的概念、性质与计算.

四、本章知识体系图

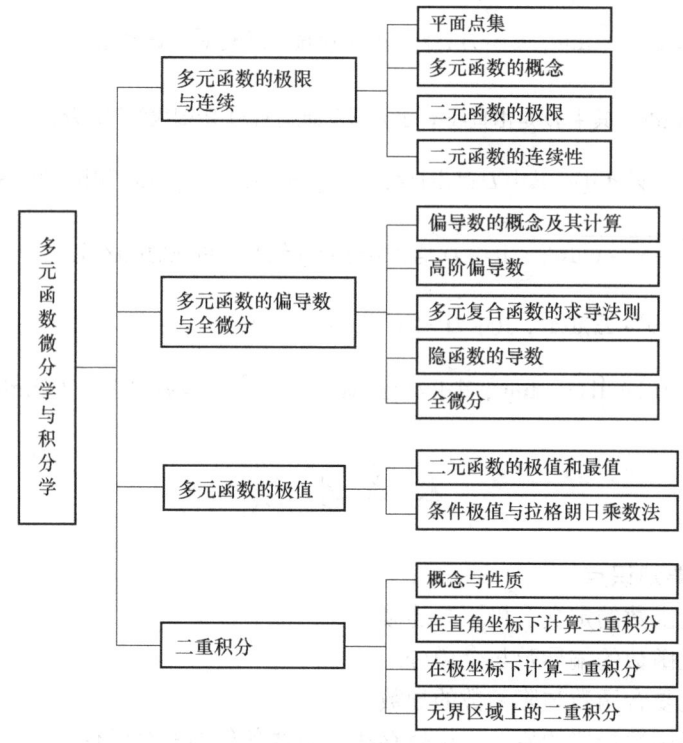

总 习 题 8

1. 设函数 $z = \left(1 + \dfrac{x}{y}\right)^{\frac{x}{y}}$，求 $\mathrm{d}z \big|_{(1,1)}$.

2. 已知函数 $f(u,v)$ 具有连续的二阶偏导数，$f(1,1) = 2$ 是 $f(u,v)$ 的极值，$z = f[x+y,$

$f(x,y)]$，求 $\dfrac{\partial^2 z}{\partial x \partial y}\Big|_{(1,1)}$.

3. 求函数 $f(x,y) = \left(y + \dfrac{x^3}{3}\right) e^{x+y}$ 的极值.

4. 已知平面区域 $D = \left\{(r,\theta) \Big| 2 \leqslant r \leqslant 2(1+\cos\theta), -\dfrac{\pi}{2} \leqslant \theta \leqslant \dfrac{\pi}{2} \right\}$，计算二重积分 $\iint\limits_D x\,dxdy$.

5. 设平面区域 $D = \{(x,y) | 1 \leqslant x^2 + y^2 \leqslant 4, x \geqslant 0, y \geqslant 0\}$，计算 $\iint\limits_D \dfrac{x\sin\left(\pi\sqrt{x^2+y^2}\right)}{x+y}dxdy$.

6. 设函数 $f(u)$ 具有二阶连续导数，$z = f(e^x \cos y)$ 满足 $\dfrac{\partial^2 z}{\partial x^2} + \dfrac{\partial^2 z}{\partial y^2} = 4(z + e^x \cos y)e^{2x}$，若 $f(0) = 0, f'(0) = 0$，求 $f(u)$ 的表达式.

7. 求函数 $f(x,y) = x^2 y(4-x-y)$ 在由直线 $x+y=6$，x 轴和 y 轴所围成的闭区域 D 上的最大值和最小值.

自 测 题 8

(满分 100 分，测试时间 100 分钟)

一、填空题(本题共 10 小题，每小题 2 分，共 20 分)

1. 二元函数 $z = \dfrac{\sqrt{2x-x^2-y^2}}{\sqrt{x^2+y^2-1}}$ 的定义域为_____.

2. $\lim\limits_{\substack{x \to 1 \\ y \to 1}} \dfrac{xy-1}{\sqrt{xy}+1} = $_____.

3. 已知 $z = \ln\sin(2x-y)$，则 $\dfrac{\partial z}{\partial x} = $_____.

4. 设 $z = \ln(x^2+y^2)$，则 $dz\big|_{(2,2)} = $_____.

5. 设 $\ln\dfrac{z}{x} = \dfrac{y}{z}$，则 $\dfrac{\partial z}{\partial y} = $_____.

6. 二元函数 $z = 5 - x^2 - y^2$ 的极大值点是_____.

7. 二元函数 $f(x,y) = xy + (x-1)\sin\sqrt[3]{\dfrac{y}{x}}$，则 $f_x(1,0) = $_____.

8. 设 D 是由曲线 $|x|+|y| \leqslant 1$ 所围成的闭区域，则二重积分 $\iint\limits_D (1+x+y)dxdy = $_____.

9. $\iint\limits_{x^2+y^2 \leqslant 4} e^{x^2+y^2} d\sigma$ 的值是_____.

10. 平面区域 D 由 $x=0, y=0, x+y=\frac{1}{2}, x+y=1$ 围成，若 $I_1 = \iint\limits_{D}[\ln(x+y)]^7 \mathrm{d}x\mathrm{d}y$, $I_2 = \iint\limits_{D}(x+y)^7 \mathrm{d}x\mathrm{d}y$, $I_3 = \iint\limits_{D}[\sin(x+y)]^7 \mathrm{d}x\mathrm{d}y$，则 I_1, I_2, I_3 之间的大小顺序为_____.

二、选择题(本题共 5 个小题，每小题 2 分，共 10 分)

1. 设 $f(x,y) = \dfrac{x^2+y^2}{xy}$，则下式中正确的是( ).

   A. $f(x,-y) = f(x,y)$　　　　B. $f(x+y, x-y) = f(x,y)$

   C. $f(y,x) = f(x,y)$　　　　　D. $f\left(x, \dfrac{y}{x}\right) = f(x,y)$

2. 已知 $z = f(u,v), u = x+y, v = x-y$，且 f_u', f_v' 存在，则 $\dfrac{\partial f}{\partial x} + \dfrac{\partial f}{\partial y} = ($　$)$.

   A. $2f_u'$　　　　B. $2f_v'$　　　　C. $f_u' - f_v'$　　　　D. $f_u' + f_v'$

3. 函数 $z = 2x^2 - y^2$ 的极值点为( ).

   A. $(0,0)$　　B. $(0,1)$　　C. $(1,0)$　　D. 不存在

4. $f(x,y) = \begin{cases} \dfrac{xy}{x^2+y^2}, & x^2+y^2 \neq 0 \\ 0, & x^2+y^2 = 0 \end{cases}$ 在 $(0,0)$ 处( ).

   A. 连续，偏导数存在　　　　　B. 连续，偏导数不存在

   C. 不连续，偏导数存在　　　　D. 不连续，偏导数不存在

5. 设 $D: 1 \leq x^2+y^2 \leq 2^2$，$f$ 在 D 上连续函数，则二重积分 $\iint\limits_{D} f(x^2+y^2)\mathrm{d}x\mathrm{d}y$ 在极坐标下等于( ).

   A. $2\pi \int_1^2 \rho f(\rho^2)\mathrm{d}\rho$　　　　　　B. $2\pi\left[\int_0^2 \rho f(\rho)\mathrm{d}\rho - \int_0^1 \rho f(\rho)\mathrm{d}\rho\right]$

   C. $2\pi \int_1^2 \rho f(\rho)\mathrm{d}\rho$　　　　　　D. $2\pi\left[\int_0^2 f(\rho^2)\mathrm{d}\rho - \int_0^1 f(\rho)\mathrm{d}\rho\right]$

三、计算题(本题共 6 个小题，每题 8 分，共 48 分)

1. $z = \mathrm{e}^{-x} \sin \dfrac{x}{y}$，求 $\left.\dfrac{\partial^2 z}{\partial x \partial y}\right|_{(2, \frac{1}{\pi})}$.

2. 设 $z = f\left(x, \dfrac{y}{x}\right)$，求 $\dfrac{\partial z}{\partial x}, \dfrac{\partial^2 z}{\partial y^2}$.

3. 设 $z = u^2 v - uv^2, u = x\sin y, v = x\cos y$，求 $\dfrac{\partial z}{\partial x}, \dfrac{\partial z}{\partial y}$.

4. 求 $\int_0^{\frac{R}{\sqrt{2}}} \mathrm{e}^{-y^2}\mathrm{d}y \int_0^{y} \mathrm{e}^{-x^2}\mathrm{d}x + \int_{\frac{R}{\sqrt{2}}}^{R} \mathrm{e}^{-y^2}\mathrm{d}y \int_0^{\sqrt{R^2-y^2}} \mathrm{e}^{-x^2}\mathrm{d}x$.

5. 计算二重积分 $\iint\limits_{D}|x^2+y^2-2|\mathrm{d}x\mathrm{d}y$，其中 $D: x^2+y^2 \leqslant 3$.

6. 计算积分 $\iint\limits_{D}\mathrm{e}^{x^2}\mathrm{d}x\mathrm{d}y$，其中 $D=\{(x,y)|0\leqslant x\leqslant 1, x^3\leqslant y\leqslant x\}$.

四、应用题(本题 12 分)

设生产函数和成本函数分别为 $Q=4K^{1/2}L^{1/2}$，$C=2K+8L$，其中 K, L 为投入的两种生产要素，当产量 $Q_0=64$ 时，求最低成本的投入组合及最低成本.

五、证明题(本题 10 分)

设 $z=xy+xF(u)$，其中 $u=\dfrac{y}{x}$，且 F 是可微函数，证明

$$x\frac{\partial z}{\partial x}+y\frac{\partial z}{\partial y}=xy+z.$$

第9章 微分方程及其应用

微积分的研究对象是函数关系,但在一些问题中,却不能直接找到所要研究的函数关系,只能根据所给的条件建立一个含有未知函数的导数或微分的关系式,我们把这个关系式称为微分方程,通过解微分方程可以得到我们所要研究的函数关系,即这些问题可以通过微分方程来解决.

本章我们就来介绍微分方程的一些基本概念、常见的方程类型及其解法,并介绍微分方程在经济中的一些应用.

9.1 微分方程的基本概念

9.1.1 实例

下面通过例子来说明微分方程的基本概念.

例 1 一条过点 $(1,1)$ 的曲线,该曲线上各点处的切线斜率等于该点横坐标平方的 3 倍,求此曲线方程.

解 设所求的曲线方程为 $y = y(x)$,根据导数的几何意义,可知未知函数 $y = y(x)$ 应满足关系式

$$y' = 3x^2. \tag{9.1.1}$$

两边积分,得

$$y = x^3 + C. \tag{9.1.2}$$

因为曲线过点 $(1,1)$,即有 $y|_{x=1} = 1$,将此条件代入(9.1.2)中,得

$$C = 0.$$

故所求的曲线方程为

$$y = x^3. \tag{9.1.3}$$

9.1.2 微分方程的基本概念

我们把形如上述实例中 $y' = 3x^2$ 的关系式叫一阶微分方程,而形如 $y'' = 3x^2$,$y''' = x^2 + 6$ 的关系式分别叫二阶、三阶微分方程. 而 $y = x^3 + C$,$y = x^3$ 都叫微分方程 $y' = 3x^2$ 的解. 因 $y = x^3 + C$ 中含一个独立的任意常数,故称它为微分方程 $y' = 3x^2$ 的通解,$y = x^3$ 称作满足条件 $y|_{x=1} = 1$ 的特解,条件 $y|_{x=1} = 1$ 称作初始条件.

定义 1 凡含有未知函数、未知函数的导数(或微分)以及自变量之间关系的方程称为**微分方程**.

微分方程中所出现的未知函数导数的最高阶数,称为微分方程的**阶**.

未知函数是一元的叫作常微分方程,未知函数是多元的叫作**偏微分方程**. 本章只讨论**常微分方程**,简称**微分方程**.

定义 2 能使微分方程成为恒等式的函数叫作微分方程的**解**. 如果微分方程的解中含有独立的任意常数,且常数的个数与微分方程的阶数相同,我们把这样的解叫作微分方程的**通解**.

由于通解中含有独立的任意常数,所以它不能完全确定地反映某一客观事物的规律性,要完全确定地反映某一客观事物的规律性必须确定这些常数的值,为此要根据具体情况给出确定这些常数的条件. 一般地,一阶微分方程常给条件 $y|_{x=x_0}=y_0$,二阶微分方程通解中由于有两个独立常数,故需要两个条件,一般为 $y|_{x=x_0}=y_0$,$y'|_{x=x_0}=y_1$ 等. 我们把这些条件叫作初始条件. 通过初始条件确定了通解中的任意常数后,得到的微分方程的解叫作微分方程的**特解**.

例 2 某地考察人口数量 y 的增长情况,已知人口数量 y 是关于时间 t 的函数,根据自然规律,该地区某时刻的人口增长率 $\dfrac{dy}{dt}$ 与当时人口数量 y 成正比,而这个比例系数是当时当地的人口出生率 m 和人口死亡率 n 之差,即 $\dfrac{dy}{dt}=(m-n)y$,试判断人口增长率 $\dfrac{dy}{dt}=(m-n)y$ 是否为微分方程? 若是,指出阶数并判断 $y=e^{(m-n)t}$ 是否为此方程的解?

解 由微分方程的定义知,$\dfrac{dy}{dt}=(m-n)y$ 是一阶微分方程.

将 $y=e^{(m-n)t}$ 求导得 $\dfrac{dy}{dt}=e^{(m-n)t}(m-n)$,将其代入方程 $\dfrac{dy}{dt}=(m-n)y$ 中,

$$e^{(m-n)t}(m-n)=(m-n)y,$$

故 $y=e^{(m-n)t}$ 是此方程的解.

例 3 验证 $y=C_1\cos 2x+C_2\sin 2x$ (C_1,C_2 为任意常数)为 $y''+4y=0$ 的通解,并求出满足 $y|_{x=0}=3$,$y'|_{x=0}=-2$ 的特解.

解 由已知得

$$y'=-2C_1\sin 2x+2C_2\cos 2x,$$
$$y''=-4C_1\cos 2x-4C_2\sin 2x.$$

将 y,y'' 代入方程 $y''+4y=0$ 的左端,得

$$(-4C_1\cos 2x - 4C_2\sin 2x) + 4(C_1\cos 2x + C_2\sin 2x) = 0,$$

所以
$$y = C_1\cos 2x + C_2\sin 2x$$

为 $y'' + 4y = 0$ 的解. 又因为此解中含两个任意常数, 故此解为 $y'' + 4y = 0$ 的通解. 再将 $x = 0, y = 3$ 和 $x = 0, y' = -2$ 代入 y, y' 中, 得 $\begin{cases} C_1 = 3, \\ C_2 = -1, \end{cases}$ 故满足初始条件的特解为

$$y = 3\cos 2x - \sin 2x.$$

注 (1) 微分方程的解是函数, 通解是函数簇.

(2) 通解中的常数是独立的. 如 $y = C_1 e^x + C_2 e^{x+3}$ 是某个二阶微分方程的解, 但不是通解, 因为 $y = C_1 e^x + C_2 e^{x+3} = (C_1 + C_2 e^3)e^x = Ce^x$, 其中 $C = C_1 + C_2 e^3$, 实际上只含一个独立常数.

(3) 通解未必是全部解. 如 $y' = -y^2 \sin x$, 可验证 $y = -\dfrac{1}{\cos x + C}$ 是它的解且是通解. 这里显然 $y \neq 0$, 但实际上 $y = 0$ 满足原方程, 即 $y = 0$ 也是它的解.

(4) 并不是所有的微分方程都有通解. 如 $(y')^2 + 1 = 0$ 无实数解.

习 题 9.1

1. 指出下列微分方程的阶数:

(1) $x(y')^2 - 2yy' + x = 0$;   (2) $y'' - 2xy' + 3y = 0$;

(3) $x\mathrm{d}x - y\mathrm{d}y = 0$;   (4) $y''' - xy' - y = 0$.

2. 指出下列各题中的函数是否为所给微分方程的通解或特解:

(1) $xy' = 2y, y = x^2$;

(2) $y'' - y = 0, y = 3\sin x + 4\cos x$;

(3) $y'' = y, y = C_1 e^x + C_2 e^{-x}$ (C_1, C_2 是任意常数).

3. 已知微分方程的通解为 $y = (C_1 + C_2 x)e^{2x}$, 且 $y|_{x=0} = 0$, $y'|_{x=0} = 1$, 求 C_1, C_2.

4. 写出由下列条件确定的曲线所满足的微分方程:

(1) 曲线在点 (x, y) 处的切线斜率等于该点横坐标的 5 倍;

(2) 曲线在点 (x, y) 处的切线斜率等于该点横坐标与纵坐标乘积的倒数.

9.2 一阶微分方程的解法

实际问题中遇到的微分方程是多种多样的, 有的微分方程非常简单, 直接通

过积分就可以求得通解,而有的微分方程则很复杂,它们的解法也各不相同,一阶微分方程是微分方程中最基本的一类方程,它的一般形式为 $F(x,y,y')=0$,其中 $F(x,y,y')$ 是 x,y,y' 的已知函数. 下面将介绍几种一阶微分方程的解法.

9.2.1 可分离变量方程

形如 $f(x)\mathrm{d}x=g(y)\mathrm{d}y$ 的一阶微分方程称为可分离变量方程. 将两边同时积分得此方程的通解为

$$\int f(x)\mathrm{d}x=\int g(y)\mathrm{d}y+C,$$

其中 $\int f(x)\mathrm{d}x$,$\int g(y)\mathrm{d}y$ 分别表示 $f(x)$,$g(x)$ 的一个具体原函数,C 是任意常数.

凡是形如 $\dfrac{\mathrm{d}y}{\mathrm{d}x}=f(x)g(y)$,$f_1(x)f_2(y)\mathrm{d}y+g_1(x)g_2(y)\mathrm{d}x=0$ 的一阶微分方程,通过运算能够化为 $f(x)\mathrm{d}x=g(y)\mathrm{d}y$ 的形式,均称为可分离变量方程. 下面介绍可分离变量方程通解的具体求法.

例1 求微分方程 $\dfrac{\mathrm{d}y}{\mathrm{d}x}+xy^2=0$ 的通解.

解 将方程变形为 $\dfrac{\mathrm{d}y}{\mathrm{d}x}=-xy^2$,这是一个可以分离变量的方程,分离变量,得

$$-\dfrac{\mathrm{d}y}{y^2}=x\mathrm{d}x.$$

两边积分,得

$$y=\dfrac{1}{\dfrac{1}{2}x^2+C}\quad(C \text{ 为任意常数}).$$

例2 求微分方程 $x\mathrm{d}x-3y\mathrm{d}y=3x^2y\mathrm{d}y$ 的通解.

解 合并同类项,得

$$x\mathrm{d}x=3(x^2+1)y\mathrm{d}y.$$

分离变量,得

$$\dfrac{x\mathrm{d}x}{(x^2+1)}=3y\mathrm{d}y.$$

两边积分,得

$$\dfrac{1}{2}\ln(x^2+1)=\dfrac{3}{2}y^2+C_1,$$

即通解为

$$\ln(x^2+1)=3y^2+C\quad(C=2C_1).$$

例 3 求微分方程 $x^2y\mathrm{d}x+(x^2y^2+y^2-x^2-1)\mathrm{d}y=0$ 满足条件 $y|_{x=0}=1$ 的特解.

解 分离变量, 得

$$\frac{x^2}{1+x^2}\mathrm{d}x = \frac{1-y^2}{y}\mathrm{d}y.$$

积分得通解为

$$x-\arctan x - \ln|y| + \frac{1}{2}y^2 = C.$$

由 $y|_{x=0}=1$, 得

$$C = \frac{1}{2}.$$

故所求特解为

$$2(x-\arctan x) + y^2 - \ln y^2 = 1.$$

9.2.2 齐次方程

如果一阶微分方程可化为

$$\frac{\mathrm{d}y}{\mathrm{d}x} = \varphi\left(\frac{y}{x}\right) \tag{9.2.1}$$

的形式, 则称此方程为**齐次方程**.

例如, $y' = \dfrac{x+y}{x-y}$ 可化为 $y' = \dfrac{1+\dfrac{y}{x}}{1-\dfrac{y}{x}}$, 而 $\dfrac{\mathrm{d}y}{\mathrm{d}x} = \dfrac{2xy}{x^2+y^2}$ 可化为 $\dfrac{\mathrm{d}y}{\mathrm{d}x} = \dfrac{2\dfrac{y}{x}}{1+\dfrac{y^2}{x^2}}$, 所以它们都是齐次方程.

对于齐次方程, 通过变量替换可化为可分离变量方程来求解, 设 $u = \dfrac{y}{x}$, 则有

$$\frac{\mathrm{d}y}{\mathrm{d}x} = u + x\frac{\mathrm{d}u}{\mathrm{d}x}. \tag{9.2.2}$$

将方程(9.2.2)代入方程(9.2.1)中, 得

$$u + x\frac{\mathrm{d}u}{\mathrm{d}x} = \varphi(u), \quad 即 \quad x\frac{\mathrm{d}u}{\mathrm{d}x} = \varphi(u) - u.$$

分离变量再积分, 得 $\displaystyle\int\frac{\mathrm{d}u}{\varphi(u)-u} = \int\frac{\mathrm{d}x}{x}$, 求出积分结果后, 将 $\dfrac{y}{x} = u$ 回代即可得出通解.

例 4 求方程 $\dfrac{\mathrm{d}y}{\mathrm{d}x} = 2\sqrt{\dfrac{y}{x}} + \dfrac{y}{x}$ 的通解.

解 该方程为齐次方程，设 $\dfrac{y}{x} = u$，则

$$\frac{\mathrm{d}y}{\mathrm{d}x} = u + x\frac{\mathrm{d}u}{\mathrm{d}x},$$

代入原方程有

$$x\frac{\mathrm{d}u}{\mathrm{d}x} = 2\sqrt{u}.$$

分离变量，得

$$\frac{\mathrm{d}u}{2\sqrt{u}} = \frac{\mathrm{d}x}{x}.$$

两端积分，得

$$\sqrt{u} = \ln|x| + C, \quad 即 \quad u = (\ln|x| + C)^2.$$

代回原来的变量，得到通解为

$$y = x(\ln|x| + C)^2 \quad (C\text{ 是任意常数}).$$

例 5 求方程 $y^2 + x^2 \dfrac{\mathrm{d}y}{\mathrm{d}x} = xy \dfrac{\mathrm{d}y}{\mathrm{d}x}$ 的通解.

解 原方程可写成

$$\frac{\mathrm{d}y}{\mathrm{d}x} = \frac{y^2}{xy - x^2} = \frac{\left(\dfrac{y}{x}\right)^2}{\dfrac{y}{x} - 1},$$

该方程为齐次方程. 设 $u = \dfrac{y}{x}$，有

$$\frac{\mathrm{d}y}{\mathrm{d}x} = u + x\frac{\mathrm{d}u}{\mathrm{d}x}.$$

代入原方程，得

$$u + x\frac{\mathrm{d}u}{\mathrm{d}x} = \frac{u^2}{u-1}, \quad 即 \quad x\frac{\mathrm{d}u}{\mathrm{d}x} = \frac{u}{u-1}.$$

分离变量，得

$$\left(1 - \frac{1}{u}\right)\mathrm{d}u = \frac{\mathrm{d}x}{x}.$$

两端积分，得

$$u - \ln|u| + C = \ln|x|.$$

整理得

$$\ln|xu| = u + C.$$

将 $u = \dfrac{y}{x}$ 代回，即可求得通解为

$$\ln|y| = \dfrac{y}{x} + C \quad (C \text{ 是任意常数}).$$

例 6 求微分方程 $\dfrac{\mathrm{d}y}{\mathrm{d}x} = \dfrac{y}{x} + \tan\dfrac{y}{x}$ 满足初始条件 $y|_{x=1} = \dfrac{\pi}{6}$ 的特解.

解 所求方程为齐次方程，设 $\dfrac{y}{x} = u$，有

$$\dfrac{\mathrm{d}y}{\mathrm{d}x} = u + x\dfrac{\mathrm{d}u}{\mathrm{d}x}.$$

代入原方程，得

$$u + x\dfrac{\mathrm{d}u}{\mathrm{d}x} = u + \tan u.$$

分离变量，得

$$\cot u\, \mathrm{d}u = \dfrac{1}{x}\mathrm{d}x.$$

两端积分，得

$$\ln|\sin u| = \ln|x| + \ln|C|,$$

即

$$\sin u = Cx.$$

将 $u = \dfrac{y}{x}$ 代入，则方程的通解是

$$\sin\dfrac{y}{x} = Cx.$$

由 $y|_{x=1} = \dfrac{\pi}{6}$ 得 $C = \dfrac{1}{2}$，故满足 $y|_{x=1} = \dfrac{\pi}{6}$ 的特解为

$$\sin\dfrac{y}{x} = \dfrac{1}{2}x.$$

注 齐次方程本质是换元法，若方程为 $\dfrac{\mathrm{d}y}{\mathrm{d}x} = \varphi\left(\dfrac{x}{y}\right)$，$\dfrac{\mathrm{d}y}{\mathrm{d}x} = \varphi(xy)$，$\dfrac{\mathrm{d}y}{\mathrm{d}x} = \varphi(x \pm y)$，$\dfrac{\mathrm{d}y}{\mathrm{d}x} = \varphi(x^2 \pm y^2)$，$\cdots$，也可以用此方法，分别设 u 为 $\dfrac{x}{y}$，xy，$x \pm y$，$x^2 \pm y^2$，$\cdots$.

例 7 求 $y\dfrac{\mathrm{d}x}{\mathrm{d}y} = x\ln\dfrac{x}{y}$ 的通解.

解 原方程可变形为

$$\frac{dx}{dy} = \frac{x}{y}\ln\frac{x}{y}.$$

设 $u = \frac{x}{y}$，有 $x = yu$，$\frac{dx}{dy} = u + y\frac{du}{dy}$，代入方程，得

$$u + y\frac{du}{dy} = u\ln u.$$

分离变量并积分得

$$\ln|\ln u - 1| = \ln|y| + \ln|C|, \quad 即 \quad \ln u - 1 = Cy.$$

故方程的通解为

$$\ln\frac{x}{y} = Cy + 1 \quad (C为任意常数).$$

从上面计算可知，$C \neq 0$，但 $C = 0$ 时，有 $\ln\frac{x}{y} = 1$，即 $x = ey$，它满足原方程，故不必有 C 非零的限制.

9.2.3 一阶线性微分方程

形如

$$\frac{dy}{dx} + p(x)y = q(x) \tag{9.2.3}$$

的方程叫作一阶线性微分方程，若 $q(x) = 0$，则称为一阶齐次线性微分方程；若 $q(x)$ 不恒为零，则称为一阶非齐次线性微分方程.

对于齐次线性微分方程 $\frac{dy}{dx} + p(x)y = 0$，因为它是一个可分离变量方程，分离变量得

$$\frac{dy}{y} = -p(x)dx.$$

两边积分后即得其通解为

$$y = Ce^{-\int p(x)dx}. \tag{9.2.4}$$

若 $\frac{dy}{dx} + p(x)y = q(x)$ 是非齐次线性微分方程，我们来探讨其通解的求法.

由于齐次线性微分方程是非齐次线性微分方程的特殊情形，两者有着密切的联系，我们猜想两个方程的解之间也应该有联系，而非齐次方程的解不可能再具有形式 $y = C_1 e^{-\int p(x)dx}$（C_1 为常数），这是因为将其代入 $\frac{dy}{dx} + p(x)y = q(x)$ 后，左端

一定是零，不满足非齐次方程．我们尝试将(9.2.4)中的任意常数 C 换为不恒为零的函数 $C(x)$，得函数

$$y(x) = C(x)e^{-\int p(x)dx}. \tag{9.2.5}$$

下面看 $y(x) = C(x)e^{-\int p(x)dx}$ 能否成为非齐次方程的解．将 $y(x) = C(x)e^{-\int p(x)dx}$ 代入

$$\frac{dy}{dx} + p(x)y = q(x),$$

得

$$\left(C(x)e^{-\int p(x)dx}\right)' + C(x)e^{-\int p(x)dx} \cdot p(x) = q(x),$$

即

$$C'(x)e^{-\int p(x)dx} + C(x)e^{-\int p(x)dx} \cdot [-p(x)] + C(x)e^{-\int p(x)dx} \cdot p(x) = q(x).$$

化简得

$$C'(x)e^{-\int p(x)dx} = q(x), \quad 即 \quad C'(x) = q(x)e^{\int p(x)dx}.$$

积分得

$$C(x) = \int q(x)e^{\int p(x)dx}dx + C.$$

将 $C(x)$ 代入 $y(x) = C(x)e^{-\int p(x)dx}$，得

$$y = e^{-\int p(x)dx}\left[\int q(x)e^{\int p(x)dx}dx + C\right]. \tag{9.2.6}$$

由直接检验可知，$y = e^{-\int p(x)dx}\left[\int q(x)e^{\int p(x)dx}dx + C\right]$ 是非齐次线性微分方程的解，又因为它含有一个任意常数，所以它也是非齐次线性微分方程的通解，此式可作为非齐次线性微分方程的通解公式．

这种求非齐次线性微分方程通解的方法，称为常数变易法．

例 8 求方程 $\dfrac{dy}{dx} - \dfrac{2y}{x+1} = (x+1)^{\frac{5}{2}}$ 的通解．

解法一 这是一个非齐次线性微分方程，下面我们用常数变易法求它的通解．

由 $\dfrac{dy}{dx} - \dfrac{2y}{x+1} = 0$ 分离变量并两端积分得通解为

$$y = C(x+1)^2.$$

把 C 换成 $C(x)$,即令 $y = C(x)(x+1)^2$,求导得

$$\frac{\mathrm{d}y}{\mathrm{d}x} = C'(x)(x+1)^2 + 2C(x)(x+1).$$

代入所给的非齐次线性微分方程,得

$$C'(x) = (x+1)^{\frac{1}{2}}.$$

积分得

$$C(x) = \frac{2}{3}(x+1)^{\frac{3}{2}} + C.$$

再把上式代入到 $y = C(x)(x+1)^2$ 中,得到所求方程的通解为

$$y = (x+1)^2 \left[\frac{2}{3}(x+1)^{\frac{3}{2}} + C\right] = \frac{2}{3}(x+1)^{\frac{7}{2}} + C(x+1)^2.$$

解法二 设 $p(x) = -\dfrac{2}{x+1}$, $q(x) = (x+1)^{\frac{5}{2}}$,代入公式

$$y = \mathrm{e}^{-\int p(x)\mathrm{d}x}\left[\int q(x)\mathrm{e}^{\int p(x)\mathrm{d}x}\mathrm{d}x + C\right],$$

得

$$y = \mathrm{e}^{\int \frac{2}{x+1}\mathrm{d}x}\left[\int (x+1)^{\frac{5}{2}}\mathrm{e}^{\int -\frac{2}{x+1}\mathrm{d}x}\mathrm{d}x + C\right]$$

$$= (x+1)^2 \left[\frac{2}{3}(x+1)^{\frac{3}{2}} + C\right]$$

$$= \frac{2}{3}(x+1)^{\frac{7}{2}} + C(x+1)^2.$$

例 9 求 $x^2\mathrm{d}y + (2xy - x + 1)\mathrm{d}x = 0$ 满足初始条件 $y|_{x=1} = 0$ 的特解.

解 将方程变形为 $\dfrac{\mathrm{d}y}{\mathrm{d}x} + \dfrac{2}{x}y = \dfrac{x-1}{x^2}$,则通解为

$$y = \mathrm{e}^{-\int \frac{2}{x}\mathrm{d}x}\left[\int \frac{x-1}{x^2}\mathrm{e}^{\int \frac{2}{x}\mathrm{d}x}\mathrm{d}x + C\right]$$

$$= \frac{1}{x^2}\left(\frac{1}{2}x^2 - x + C\right)$$

$$= \frac{1}{2} - \frac{1}{x} + \frac{C}{x^2}.$$

将初始条件 $y|_{x=1}=0$ 代入通解得 $C=\dfrac{1}{2}$, 故特解为

$$y=\dfrac{1}{2}-\dfrac{1}{x}+\dfrac{1}{2x^2}.$$

例 10 求微分方程 $y\mathrm{d}x+(x-y^3)\mathrm{d}y=0\,(y>0)$ 的通解.

解 如果将题设方程写为 $y'+\dfrac{y}{x-y^3}=0$, 则它不是一阶线性微分方程. 若将方程改写为 $\dfrac{\mathrm{d}x}{\mathrm{d}y}+\dfrac{x}{y}=y^2$, 将 x 看作 y 的函数, 那它就是形如 $x'+p(y)x=q(y)$ 的一阶线性微分方程. 得出此类线性微分方程的通解公式为

$$x=\mathrm{e}^{-\int p(y)\mathrm{d}y}\left[\int q(y)\mathrm{e}^{\int p(y)\mathrm{d}y}\mathrm{d}y+C\right].$$

利用此公式, 方程 $\dfrac{\mathrm{d}x}{\mathrm{d}y}+\dfrac{x}{y}=y^2$ 的通解为

$$\begin{aligned}x&=\mathrm{e}^{-\int p(y)\mathrm{d}y}\left[\int q(y)\mathrm{e}^{\int p(y)\mathrm{d}y}\mathrm{d}y+C\right]\\&=\mathrm{e}^{-\int\frac{1}{y}\mathrm{d}y}\left[\int y^2\mathrm{e}^{\int\frac{1}{y}\mathrm{d}y}\mathrm{d}y+C\right]\\&=\dfrac{1}{y}\left[\dfrac{1}{4}y^4+C\right]=\dfrac{1}{4}y^3+\dfrac{C}{y}.\end{aligned}$$

习 题 9.2

1. 求下列微分方程的通解:

   (1) $3x^2+5x-5y'=0$;
   (2) $\sqrt{1-x^2}\,y'=2^{-y}$;
   (3) $\dfrac{\mathrm{d}y}{\mathrm{d}x}=1+x+y^2+xy^2$;
   (4) $(\sin^2 x)y'-y\ln y=0$;
   (5) $\dfrac{\mathrm{d}y}{\mathrm{d}x}=3xy+xy^2$;
   (6) $x(y^2-1)\mathrm{d}x+y(x^2-1)\mathrm{d}y=0$.

2. 求下列微分方程满足所给初始条件的特解:

   (1) $y'=\mathrm{e}^{2x-y},\ y|_{x=0}=0$;
   (2) $\cos x\sin y\,\mathrm{d}y=\cos y\sin x\,\mathrm{d}x,\ y|_{x=0}=\dfrac{\pi}{4}$.

3. 求下列微分方程的通解:

   (1) $(x^3+y^3)\mathrm{d}x-3xy^2\mathrm{d}y=0$;
   (2) $xy'=x\mathrm{e}^{\frac{y}{x}}+y$;

(3) $(x^2+y^2)dx - xy dy = 0$；

(4) $\left(1+2e^{\frac{x}{y}}\right)dx + 2e^{\frac{x}{y}}\left(1-\frac{x}{y}\right)dy = 0$.

4. 求下列微分方程满足所给初始条件的特解：

(1) 求 $y' = \frac{x}{y} + \frac{y}{x}$ 满足初始条件 $y|_{x=1} = 2$ 的特解；

(2) 微分方程 $xy' + y(\ln x - \ln y) = 0$ 满足 $y(1) = e^3$ 的特解.

5. 求下列微分方程的通解：

(1) $\frac{dy}{dx} + \frac{1}{x}y = x + 3 + \frac{2}{x}$；

(2) $x\ln x \, dy + (y - \ln x)dx = 0$；

(3) $(y^2 - 6x)\frac{dy}{dx} + 2y = 0$；

(4) $y' + y\tan x = \cos x$.

6. 求下列微分方程满足所给初始条件的特解：

(1) 求微分方程 $xy' + 2y = x\ln x$ 满足 $y(1) = -\frac{1}{9}$ 的特解；

(2) 求微分方程 $ydx + (x - 3y^2)dy = 0$ 满足初始条件 $y|_{x=1} = 1$ 的特解.

7. 选择题

(1) 设非齐次线性微分方程 $y' + p(x)y = q(x)$ 有两个不同的解 $y_1(x)$，$y_2(x)$，C 为任意常数，则该方程的通解为（　　）.

A. $C[y_1(x) - y_2(x)]$
B. $y_1(x) + C[y_1(x) - y_2(x)]$
C. $C[y_1(x) + y_2(x)]$
D. $y_1(x) + C[y_1(x) + y_2(x)]$

(2) 设 y_1，y_2 为一阶线性非齐次微分方程 $y' + p(x)y = q(x)$ 的两个特解. 若常数 λ，μ 使得 $\lambda y_1 + \mu y_2$ 为该方程的解，$\lambda y_1 - \mu y_2$ 为对应的齐次方程的解，则（　　）.

A. $\lambda = \frac{1}{2}$，$\mu = \frac{1}{2}$
B. $\lambda = -\frac{1}{2}$，$\mu = -\frac{1}{2}$
C. $\lambda = \frac{2}{3}$，$\mu = \frac{1}{3}$
D. $\lambda = \frac{2}{3}$，$\mu = \frac{2}{3}$

8. 已知连续函数 $f(x)$ 满足条件 $f(x) = \int_0^{3x} f\left(\frac{t}{3}\right)dt + e^{2x}$，求 $f(x)$.

9. 求以 $y_1 = x^2 - e^x$，$y_2 = x^2$ 为特解的一阶线性非齐次微分方程.

9.3　可降阶的高阶微分方程

二阶及二阶以上的微分方程统称为高阶微分方程. 对于变系数高阶微分方程，我们通常通过变量代换将其化为低阶的微分方程，然后求解，并称这种求解的方法为降阶法.

本节将介绍三种特殊类型的高阶微分方程的解法.

9.3.1 $y^{(n)} = f(x)$ 型的微分方程

这种方程的特点是方程的右端只含有自变量 x，只要通过 n 次积分就可以得到通解.

例 1 求方程 $y''' = e^{3x}$ 的通解.

解 对原方程积分三次得

$$y'' = \int e^{3x} dx = \frac{1}{3} e^{3x} + C_1',$$

$$y' = \int \left(\frac{1}{3} e^{3x} + C_1'\right) dx = \frac{1}{9} e^{3x} + C_1' x + C_2,$$

$$y = \int \left(\frac{1}{9} e^{3x} + C_1' x + C_2\right) dx = \frac{1}{27} e^{3x} + \frac{1}{2} C_1' x^2 + C_2 x + C_3$$

$$= \frac{1}{27} e^{3x} + C_1 x^2 + C_2 x + C_3 \quad \left(C_1 = \frac{1}{2} C_1'\right),$$

此为原方程的通解.

例 2 求方程 $y'' = x$ 满足条件 $\begin{cases} y(0) = 1, \\ y'(0) = \dfrac{1}{2} \end{cases}$ 的特解.

解 将 $y'' = x$ 两边积分得

$$y' = \frac{1}{2} x^2 + C_1.$$

代入条件 $y'(0) = \dfrac{1}{2}$，得 $C_1 = \dfrac{1}{2}$，从而

$$y' = \frac{1}{2} x^2 + \frac{1}{2}.$$

两边再积分得

$$y = \frac{1}{6} x^3 + \frac{1}{2} x + C_2.$$

代入条件 $y(0) = 1$，得 $C_2 = 1$，故所求特解为

$$y = \frac{1}{6} x^3 + \frac{1}{2} x + 1.$$

9.3.2 $y'' = f(x, y')$ 型的微分方程

这种方程的特点是不显含 y. 求解的方法是：令 $y' = p$ 则 $y'' = \dfrac{dp}{dx}$，原方程变为

$$\frac{dp}{dx} = f(x, p),$$

这里 p 作为未知函数，设这个一阶微分方程的通解为

$$p = g(x, C_1), \quad 即 \quad y' = g(x, C_1),$$

再积分便可得到原方程的通解

$$y = \int g(x, C_1)dx + C_2.$$

例 3 求微分方程 $xy'' + 3y' = 0$ 的通解.

解 设 $y' = p$，则 $y'' = \dfrac{dp}{dx}$. 将 $y' = p$ 和 $y'' = \dfrac{dp}{dx}$ 代入原方程得

$$x\frac{dp}{dx} + 3p = 0.$$

分离变量并积分得

$$p = \frac{C}{x^3}, \quad 即 \quad y' = \frac{C}{x^3}.$$

再积分得通解

$$y = \frac{C_1}{x^2} + C_2 \quad \left(C_1 = -\frac{C}{2}\right).$$

9.3.3 $y'' = f(y, y')$ 型的微分方程

这种方程的特点是不显含 x. 求解的方法是：把 y 暂时看成中间变量. 设 $y' = p$，则

$$y'' = \frac{dp}{dx} = \frac{dp}{dy} \cdot \frac{dy}{dx} = p\frac{dp}{dy},$$

原方程变为

$$p\frac{dp}{dy} = f(y, p).$$

这是一个关于 y, p 的一阶微分方程，求出此一阶微分方程的通解后，再积分即可得原方程的通解.

例 4 求方程 $yy'' + 2y'^2 = 0$ 的通解.

解 设 $y' = p$，则 $y'' = p\dfrac{dp}{dy}$，将其代入原方程得

$$yp\frac{dp}{dy} + 2p^2 = 0,$$

$p \neq 0$, $y \neq 0$ 时，除以 p 并分离变量，得

$$\frac{1}{p}\mathrm{d}p = -\frac{2}{y}\mathrm{d}y.$$

两端积分得

$$\ln|p| = -2\ln|y| + \ln|C_0|.$$

整理得

$$p = \frac{C_1}{y^2} \quad (C_1 = \pm C_0),$$

即 $\dfrac{\mathrm{d}y}{\mathrm{d}x} = \dfrac{C_1}{y^2}$，再分离变量并积分得此方程通解为

$$\frac{1}{3}y^3 = C_1 x + C_2.$$

从以上求解过程中看到，有 $C_1 \neq 0$，但由于 $y = $ 常数是方程的解，所以不必有 $C_1 \neq 0$ 的限制.

例 5 求 $y'' = y'^2 + 1$ 的通解.

解 设 $y' = p$，则 $y'' = \dfrac{\mathrm{d}p}{\mathrm{d}x}$，代入原方程得 $\dfrac{\mathrm{d}p}{\mathrm{d}x} = p^2 + 1$，分离变量得

$$\int \frac{1}{1+p^2}\mathrm{d}p = \int \mathrm{d}x.$$

积分得

$$\arctan p = x + C_1,$$

即

$$p = \tan(x + C_1) = \frac{\mathrm{d}y}{\mathrm{d}x}.$$

再积分得

$$y = -\ln|\cos(x + C_1)| + C_2.$$

注 此题既不显含 x 也不显含 y，是 $y'' = f(x, y')$ 型和 $y'' = f(y, y')$ 型的特殊情况，需选择易求解的方法. 例 5 若按 $y'' = f(y, y')$ 型求解则很困难.

习 题 9.3

1. 求下列微分方程的通解：

(1) $y'' = \sin x + x$；　　(2) $y'' = x\mathrm{e}^x$；　　(3) $y''' = \mathrm{e}^{2x} - \cos x$.

2. 求下列微分方程的通解：

(1) $xy'' + y' = 0$；　　　　　　　　　(2) $y'' = y'^3 + y'$；

(3) $yy'' - (y')^2 = 0$; (4) $y'' = 1 + y'^2$.

3. 求下列微分方程的特解:

(1) 求微分方程 $(1+x^2)y'' = 2xy'$ 满足初始条件 $y|_{x=0} = 1, y'|_{x=0} = 3$ 的特解;

(2) 求微分方程 $yy'' + y'^2 = 0$ 满足初始条件 $y|_{x=0} = 1, y'|_{x=0} = \dfrac{1}{2}$ 的特解.

9.4 二阶线性微分方程

9.4.1 线性微分方程解的性质与结构

形如

$$y'' + p(x)y' + q(x)y = f(x) \tag{9.4.1}$$

的方程称为**二阶线性非齐次微分方程**,其中 $p(x), q(x)$ 及 $f(x)$ 是已知函数,$p(x), q(x)$ 称为**系数函数**,$f(x)$ 称为**自由项**.

当 $f(x) = 0$ 时,方程

$$y'' + p(x)y' + q(x)y = 0 \tag{9.4.2}$$

称为**二阶线性齐次微分方程**.

关于二阶线性齐次微分方程 $y'' + p(x)y' + q(x)y = 0$,有如下定理:

定理 1(解的叠加原理) 如果 $y_1(x), y_2(x)$ 是二阶线性齐次微分方程的两个解,则它们的线性组合

$$y^* = C_1 y_1(x) + C_2 y_2(x) \tag{9.4.3}$$

仍是 $y'' + p(x)y' + q(x)y = 0$ 的解,其中 C_1, C_2 是任意常数.

证 由假设得

$$y_1'' + p(x)y_1' + q(x)y_1 = 0, \quad y_2'' + p(x)y_2' + q(x)y_2 = 0.$$

将 $y^* = C_1 y_1(x) + C_2 y_2(x)$ 代入 $y'' + p(x)y' + q(x)y = 0$ 左边,得

$$[C_1 y_1'' + C_2 y_2''] + p(x)[C_1 y_1' + C_2 y_2'] + q(x)[C_1 y_1 + C_2 y_2]$$
$$= C_1[y_1'' + p(x)y_1' + q(x)y_1] + C_2[y_2'' + p(x)y_2' + q(x)y_2]$$
$$= 0.$$

所以 $y^* = C_1 y_1(x) + C_2 y_2(x)$ 是 $y'' + p(x)y' + q(x)y = 0$ 的解.

从 $y^* = C_1 y_1(x) + C_2 y_2(x)$ 的形式上看,它含有两个任意常数,但它不一定是方程 $y'' + p(x)y' + q(x)y = 0$ 的通解.

例如,设 y_1 是 $y'' + p(x)y' + q(x)y = 0$ 的解,取 $y_2 = 3y_1$,则 y_2 也是

$$y'' + p(x)y' + q(x)y = 0$$

的解，但它们的线性组合

$$y = C_1 y_1(x) + C_2 y_2(x) = (C_1 + 3C_2) y_1(x)$$
$$= C y_1(x) \quad (C = C_1 + 3C_2)$$

不是 $y'' + p(x)y' + q(x)y = 0$ 的通解. 那么，在什么条件下，$y^* = C_1 y_1(x) + C_2 y_2(x)$ 才是方程 $y'' + p(x)y' + q(x)y = 0$ 的通解呢？

要解决此问题，还需引入函数组线性相关与线性无关的概念.

定义 1 设 $y_1(x), y_2(x), \cdots, y_n(x)$ 为定义在区间 I 上的 n 个函数. 如果存在 n 个不全为零的常数 $k_1, k_2, \cdots, k_n$，使得当 $x \in I$ 时，等式

$$k_1 y_1(x) + k_2 y_2(x) + \cdots + k_n y_n(x) = 0$$

恒成立，那么称这 n 个函数在区间 I 上**线性相关**；否则称为**线性无关**.

例如，函数组 $1, \cos^2 x, \sin^2 x$ 在任何区间上是线性相关的. 因为取

$$k_1 = 1, \quad k_2 = k_3 = -1,$$

等式

$$1 - \cos^2 x - \sin^2 x \equiv 0$$

恒成立.

由定义可知，在某区间内的两个函数 $y_1(x), y_2(x)$，如果存在不为零的常数 k，使得 $\dfrac{y_1(x)}{y_2(x)} \neq k$ 成立，则称 $y_1(x)$ 与 $y_2(x)$ 在该区间内线性无关；否则，称为线性相关.

根据线性无关的概念，得到下面的结论:

定理 2（通解的结构） 如果函数 $y_1(x), y_2(x)$ 是方程 $y'' + p(x)y' + q(x)y = 0$ 的两个线性无关的特解，则

$$y = C_1 y_1(x) + C_2 y_2(x) \quad (C_1, C_2 \text{ 是任意常数})$$

是它的通解.

定理 2 表明，求齐次线性方程的通解，只需求得两个线性无关的特解即可. 例如，方程 $y'' - 3y' + 2y = 0$ 是二阶齐次线性微分方程，容易验证 $y_1 = e^{2x}, y_2 = e^x$ 是该方程的两个特解，且 $\dfrac{y_1}{y_2} = \dfrac{e^{2x}}{e^x} = e^x \neq$ 常数，所以此方程的通解为 $y = C_1 e^{2x} + C_2 e^x$ (C_1, C_2 是任意常数).

定理 1 与定理 2 的性质可以推广到 n 阶线性微分方程

$$y^{(n)} + a_1(x) y^{(n-1)} + a_2(x) y^{(n-2)} + \cdots + a_{n-1}(x) y' + a_n(x) y = 0.$$

下面我们讨论非齐次线性方程 $y'' + p(x)y' + q(x)y = f(x)$ 解的情况.

在学习一阶线性微分方程时,**一阶非齐次线性微分方程的通解等于对应的齐次线性方程通解与非齐次线性方程的一个特解之和**. 实际上, 二阶及二阶以上的高阶线性非齐次微分方程的通解也具有这样的结构.

定理 3 如果函数 $y_1(x), y_2(x)$ 是方程 $y'' + p(x)y' + q(x)y = f(x)$ 的解, 则
$$y_1(x) - y_2(x)$$
是方程 $y'' + p(x)y' + q(x)y = 0$ 的解.

证 因为 $y_1(x), y_2(x)$ 是方程 $y'' + p(x)y' + q(x)y = f(x)$ 的解, 所以
$$y_1'' + p(x)y_1' + q(x)y_1 = f(x), \quad y_2'' + p(x)y_2' + q(x)y_2 = f(x).$$

将 $y_1(x) - y_2(x)$ 代入 $y'' + p(x)y' + q(x)y = 0$ 的左端, 有
$$[y_1''(x) - y_2''(x)] + p(x)[y_1'(x) - y_2'(x)] + q(x)[y_1(x) - y_2(x)]$$
$$= [y_1'' + p(x)y_1' + q(x)y_1] - [y_2'' + p(x)y_2' + q(x)y_2]$$
$$= f(x) - f(x) = 0.$$

故 $y_1(x) - y_2(x)$ 是方程 $y'' + p(x)y' + q(x)y = 0$ 的解.

定理 4(通解的结构) 如果 $y^*(x)$ 是 $y'' + p(x)y' + q(x)y = f(x)$ 的一个特解, $Y(x)$ 是对应齐次方程的通解, 则 $y = Y(x) + y^*(x)$ 是 $y'' + p(x)y' + q(x)y = f(x)$ 的通解.

证 将 $y = Y(x) + y^*(x)$ 代入 $y'' + p(x)y' + q(x)y = f(x)$ 的左端, 则有
$$(Y'' + y^{*''}) + p(x)(Y' + y^{*'}) + q(x)(Y + y^*)$$
$$= (y^{*''} + p(x)y^{*'} + q(x)y^*) + (Y'' + p(x)Y' + q(x)Y)$$
$$= f(x) + 0 = f(x),$$

故 $y = Y(x) + y^*(x)$ 是非齐次方程的解. 由于齐次方程通解中含有两个相互独立的任意常数, 所以 $y = Y(x) + y^*(x)$ 中也含有两个相互独立的任意常数, 即它是非齐次方程的通解.

例如, 方程 $y'' - 5y' + 6y = e^{2x}$ 是二阶非齐次线性方程, 已知
$$y = C_1 e^{3x} + C_2 e^{2x}$$
是对应齐次方程 $y'' - 5y' + 6y = 0$ 的通解, 又知
$$y^* = -x e^{2x}$$
是非齐次方程 $y'' - 5y' + 6y = e^{2x}$ 的特解, 因此
$$y = C_1 e^{3x} + C_2 e^{2x} - x e^{2x}$$

是所给非齐次线性方程的通解.

非齐次线性方程 $y'' + p(x)y' + q(x)y = f(x)$ 的特解，有时也用下面定理求出.

定理 5(解的叠加原理)　设函数 $y_1^*(x), y_2^*(x)$ 分别是二阶非齐次线性方程
$$y'' + p(x)y' + q(x)y = f_1(x)$$
与
$$y'' + p(x)y' + q(x)y = f_2(x)$$
的特解，则
$$y_1^*(x) + y_2^*(x)$$
是微分方程 $y'' + p(x)y' + q(x)y = f_1(x) + f_2(x)$ 的特解.

证　将 $y_1^*(x) + y_2^*(x)$ 代入 $y'' + p(x)y' + q(x)y = f_1(x) + f_2(x)$ 的左端，得

$$[y_1^*(x) + y_2^*(x)]'' + p(x)[y_1^*(x) + y_2^*(x)]' + q(x)[y_1^*(x) + y_2^*(x)]$$
$$= [y_1^{*''}(x) + p(x)y_1^{*'}(x) + q(x)y_1^*(x)] + [y_2^{*''}(x) + p(x)y_2^{*'}(x) + q(x)y_2^*(x)]$$
$$= f_1(x) + f_2(x).$$

故 $y_1^*(x) + y_2^*(x)$ 是该方程的特解.

定理 3 和定理 4 的性质可以推广到 n 阶线性方程
$$y^{(n)} + a_1(x)y^{(n-1)} + a_2(x)y^{(n-2)} + \cdots + a_{n-1}(x)y' + a_n(x)y = f(x).$$

9.4.2　二阶线性常系数齐次微分方程

由解的结构定理可知，求 $y'' + py' + qy = 0$ 的通解可归结为求它的两个线性无关的特解，什么样的函数 y 有可能成为 $y'' + py' + qy = 0$ 的特解呢？

由于 y''，y'，y 各自乘上常数因子后相加为零，即 y 和它的导数 y''，y' 之间只相差常数因子，当 λ 为常数时，指数函数 $y = e^{\lambda x}$ 恰好具备这一性质，因此我们用 $y = e^{\lambda x}$ 来尝试，看能否选取适当的常数 λ，使得 $y = e^{\lambda x}$ 满足 $y'' + py' + qy = 0$.

设 $y = e^{\lambda x}$，求 y' 和 y''，并将 y，y'，y'' 代入 $y'' + py' + qy = 0$ 中，有
$$(\lambda^2 + p\lambda + q)e^{\lambda x} = 0,$$
即有
$$\lambda^2 + p\lambda + q = 0.$$

称此式为方程 $y'' + py' + qy = 0$ 的特征方程.

显然 $y = e^{\lambda x}$ 是 $y'' + py' + qy = 0$ 的特解的充分必要条件是 λ 为特征方程的根.

下面根据特征根的取值情况给出 $y'' + py' + qy = 0$ 的通解.

设 $\Delta = p^2 - 4q$，C_1, C_2 是独立的任意常数.

(1) 当 $\Delta > 0$ 时，特征方程有两个相异实根 λ_1, λ_2，这时方程有两个特解
$$y_1 = e^{\lambda_1 x}, \quad y_2 = e^{\lambda_2 x}.$$

由于 $\dfrac{y_1}{y_2} = e^{(\lambda_1 - \lambda_2)x} \neq k$（常数），所以 y_1, y_2 线性无关，故方程的通解为
$$y(x) = C_1 e^{\lambda_1 x} + C_2 e^{\lambda_2 x}.$$

(2) 当 $\Delta = 0$ 时，特征方程有二重根 λ. 这时方程有一个特解 $y_1 = e^{\lambda x}$，设另一个特解为 y_2，因为 $\dfrac{y_2}{y_1} \neq k$（常数），故设 $\dfrac{y_2}{y_1} = u(x)$，即 $y_2 = u(x) y_1 = u(x) e^{\lambda x}$. 求 y_2', y_2'' 并将 y_2, y_2', y_2'' 代入 $y'' + py' + qy = 0$ 中得
$$u''(x) + (2\lambda + p) u'(x) + (\lambda^2 + p\lambda + q) = 0.$$

由于 λ 是特征方程的二重根，因此
$$\begin{cases} 2\lambda + p = 0, \\ \lambda^2 + p\lambda + q = 0, \end{cases}$$

于是有 $u''(x) = 0$. 因为这里只要得到一个不为常数的解，所以取 $u(x) = x$，由此得
$$y_2 = x e^{\lambda x}.$$

故方程的通解为
$$y(x) = C_1 e^{\lambda x} + C_2 x e^{\lambda x} = (C_1 + C_2 x) e^{\lambda x}.$$

(3) 当 $\Delta < 0$ 时，特征方程有两个共轭复根：$\lambda_1 = \alpha + i\beta$，$\lambda_2 = \alpha - i\beta$.
$$y_1 = e^{(\alpha + i\beta)x}, \quad y_2 = e^{(\alpha - i\beta)x}$$

是微分方程 $y'' + py' + qy = 0$ 的两个特解，但它们是复数形式，为了得到实值函数形式的解，利用欧拉公式 $e^{i\theta} = \cos\theta + i\sin\theta$ 把 y_1, y_2 改写成
$$y_1 = e^{(\alpha + i\beta)x} = e^{\alpha x}(\cos\beta x + i\sin\beta x),$$
$$y_2 = e^{(\alpha - i\beta)x} = e^{\alpha x}(\cos\beta x - i\sin\beta x).$$

利用解的叠加原理，有
$$\bar{y}_1 = \frac{1}{2}(y_1 + y_2) = e^{\alpha x} \cos\beta x,$$
$$\bar{y}_2 = \frac{1}{2i}(y_1 - y_2) = e^{\alpha x} \sin\beta x$$

也是方程 $y'' + py' + qy = 0$ 的解，且 $\dfrac{y_1}{y_2} = \cot\beta x \neq$ 常数，故方程的通解为
$$y(x) = e^{\alpha x}(C_1\cos\beta x + C_2\sin\beta x).$$

综上所述，求齐次微分方程 $y'' + py' + qy = 0$ 的通解的步骤是：

(1) 写出特征方程 $\lambda^2 + p\lambda + q = 0$；

(2) 求出两个特征根 λ_1, λ_2；

(3) 根据两个特征根的不同情形，写出通解.

为了便于记忆，将上述三种情况汇总如表 9-1 所示.

表 9-1 二阶线性常系数齐次微分方程通解形式表

微分方程	特征方程	特征根	微分方程通解
$y'' + py' + qy = 0$ 其中 p, q 为常数	$\lambda^2 + p\lambda + q = 0$	不等实根 $\lambda_1 \neq \lambda_2$	$y(x) = C_1 e^{\lambda_1 x} + C_2 e^{\lambda_2 x}$
		相等实根 $\lambda_1 = \lambda_2 = \lambda$	$y(x) = (C_1 + C_2 x)e^{\lambda x}$
		一对共轭复根 $\lambda_{1,2} = \alpha \pm i\beta$	$y(x) = e^{\alpha x}(C_1\cos\beta x + C_2\sin\beta x)$

例 1 求下列方程的通解：

(1) $y'' - y' - 6y = 0$；(2) $y'' + 2y' + y = 0$；(3) $y'' + 2y' + 5y = 0$.

解 (1) 特征方程为 $\lambda^2 - \lambda - 6 = 0$，特征根为 $\lambda_1 = 3, \lambda_2 = -2$，故所求的通解为
$$y = C_1 e^{3x} + C_2 e^{-2x}.$$

(2) 特征方程为 $\lambda^2 + 2\lambda + 1 = 0$，特征根为 $\lambda_1 = \lambda_2 = -1$，故所求的通解为
$$y = (C_1 + C_2 x)e^{-x}.$$

(3) 特征方程为 $\lambda^2 + 2\lambda + 5 = 0$，特征根为 $\lambda_{1,2} = -1 \pm 2i$，故所求的通解为
$$y = e^{-x}(C_1\cos 2x + C_2\sin 2x).$$

例 2 求微分方程 $y'' - 4y' + 3y = 0$ 满足初始条件 $y|_{x=0} = 6$，$y'|_{x=0} = 10$ 的特解.

解 特征方程 $\lambda^2 - 4\lambda + 3 = 0$ 的根为 $\lambda_1 = 1, \lambda_2 = 3$，故方程的通解为
$$y = C_1 e^x + C_2 e^{3x}.$$

又
$$y' = C_1 e^x + 3C_2 e^{3x},$$

代入初始条件 $y|_{x=0} = 6, y'|_{x=0} = 10$，得
$$C_1 = 4, \quad C_2 = 2.$$

故所求特解为
$$y = 4e^x + 2e^{3x}.$$

9.4.3 二阶线性常系数非齐次微分方程

二阶线性常系数非齐次微分方程 $y'' + py' + qy = f(x)$ 的通解等于它的一个特解加上对应齐次微分方程的通解. 而对应齐次微分方程的通解的求法已在 9.4.2 节中介绍过了. 下面将介绍微分方程 $y'' + py' + qy = f(x)$ 的特解 y^* 的求法, 我们主要介绍两种 $f(x)$ 为特殊形式时 y^* 的求法.

1. $f(x) = e^{rx} P_m(x)$

这里 r 为常数, $P_m(x)$ 是关于 x 的一个 m 次多项式, 先看特解 y^* 的形式.

分析 多项式 $P_m(x)$ 与指数函数 e^{rx} 乘积的导数应该也是一个多项式与指数函数的乘积, 因此设方程的特解为 $y^* = Q(x)e^{rx}$, 其中 $Q(x)$ 是某个多项式函数. 将
$$y^{*'} = [rQ(x) + Q'(x)]e^{rx}, \quad y^{*''} = [r^2 Q(x) + 2rQ'(x) + Q''(x)]e^{rx}$$
分别代入方程 $y'' + py' + qy = f(x)$ 并消去 e^{rx}, 得
$$Q''(x) + (2r + p)Q'(x) + (r^2 + pr + q)Q(x) = P_m(x). \tag{9.4.4}$$

分以下三种不同的情形, 分别讨论特解 y^* 的形式:

(1) 若 r 不是特征方程 $\lambda^2 + p\lambda + q = 0$ 的根, 即 $r^2 + pr + q \neq 0$, 要使 (9.4.4) 的两端恒等, $Q(x)$ 也应为一个 m 次多项式, 设为 $Q_m(x)$, 从而得到所求方程的特解形式为
$$y^* = Q_m(x)e^{rx}.$$

(2) 若 r 是特征方程 $\lambda^2 + p\lambda + q = 0$ 的单根, 即 $r^2 + pr + q = 0, 2r + p \neq 0$, 要使 (9.4.4) 的两端恒等, $Q'(x)$ 应为一个 m 次多项式, 于是特解形式可写为
$$y^* = xQ_m(x)e^{rx}.$$

(3) 若 r 是特征方程 $\lambda^2 + p\lambda + q = 0$ 的重根, 即 $r^2 + pr + q = 0, 2r + p = 0$, 要使 (9.4.4) 的两端恒等, $Q''(x)$ 应为一个 m 次多项式, 于是特解形式可写为
$$y^* = x^2 Q_m(x)e^{rx}.$$

综上, 当 $f(x) = e^{rx} P_m(x)$ 时, 可设特解形式为
$$y^* = x^k e^{\lambda x} Q_m(x),$$
其中

$$k = \begin{cases} 0, & \lambda \text{不是根}, \\ 1, & \lambda \text{是单根}, \\ 2, & \lambda \text{是重根}. \end{cases}$$

特解形式确定后，我们应如何求特解 y^* 呢？

首先根据特解应有的形式设出特解，再将设出的特解代入原方程，用待定系数法求出特解的具体表达式即可．

例 3 求微分方程 $y'' - 2y' - 3y = 3x + 1$ 的一个特解．

解 这是二阶线性常系数非齐次微分方程，且函数 $f(x)$ 是 $P_m(x)\mathrm{e}^{rx}$ 型，其中

$$P_m(x) = 3x + 1, \quad r = 0.$$

设特解形式为

$$y^* = x^k(ax + b),$$

对应的齐次方程 $y'' - 2y' - 3y = 0$ 的特征方程为 $\lambda^2 - 2\lambda - 3 = 0$，$r = 0$ 不是特征方程的根，所以 $k = 0$，特解

$$y^* = ax + b.$$

把 $y^* = ax + b$ 代入原方程，得

$$-3ax - 2a - 3b = 3x + 1,$$

比较两端 x 同次幂的系数，得

$$\begin{cases} -3a = 3, \\ -2a - 3b = 1, \end{cases}$$

解得 $a = -1$，$b = \dfrac{1}{3}$．于是求得一个特解为

$$y^* = -x + \frac{1}{3}.$$

例 4 求方程 $y'' - 3y' + 2y = 3x\mathrm{e}^x$ 的通解．

解 对应的齐次方程的特征方程为

$$\lambda^2 - 3\lambda + 2 = 0,$$

解得特征根为

$$\lambda_1 = 1, \lambda_2 = 2,$$

故对应的齐次方程的通解为

$$Y = C_1 \mathrm{e}^x + C_2 \mathrm{e}^{2x}.$$

因为 $f(x) = 3x\mathrm{e}^x$，可设特解形式为

$$y^* = x^k(ax + b)\mathrm{e}^x.$$

又 $r=1$ 是特征方程的单根，所以 $k=1$，特解形式为
$$y^* = x(ax+b)\mathrm{e}^x,$$
代入原方程并化简，得
$$-2ax+(2a-b)=3x,$$
比较系数，得 $a=-\dfrac{3}{2}$，$b=-3$，故原方程的特解为
$$y^* = -\dfrac{3}{2}x(x+2)\mathrm{e}^x,$$
从而原方程的通解为
$$y = Y+y^* = C_1\mathrm{e}^x + C_2\mathrm{e}^{2x} - \dfrac{3}{2}x(x+2)\mathrm{e}^x.$$

2. $f(x) = \mathrm{e}^{rx}[P_l(x)\cos\omega x + P_n(x)\sin\omega x]$

该形式的微分方程中 $P_l(x), P_n(x)$ 分别为 l,n 次多项式，r,ω 是常数. 应用欧拉公式，把 $f(x)$ 表示成复变指数函数的形式，有
$$\begin{aligned}f(x) &= \mathrm{e}^{rx}[p_l(x)\cos\omega x + p_n(x)\sin\omega x]\\ &= \mathrm{e}^{rx}\left[p_l\dfrac{\mathrm{e}^{\mathrm{i}\omega x}+\mathrm{e}^{-\mathrm{i}\omega x}}{2}+p_n\dfrac{\mathrm{e}^{\mathrm{i}\omega x}-\mathrm{e}^{-\mathrm{i}\omega x}}{2\mathrm{i}}\right]\\ &= \left(\dfrac{p_l}{2}+\dfrac{p_n}{2\mathrm{i}}\right)\mathrm{e}^{(r+\mathrm{i}\omega)x}+\left(\dfrac{p_l}{2}-\dfrac{p_n}{2\mathrm{i}}\right)\mathrm{e}^{(r-\mathrm{i}\omega)x}.\end{aligned}$$

设 $m=\max\{l,n\}$，则
$$p_m = \left(\dfrac{p_l}{2}+\dfrac{p_n}{2\mathrm{i}}\right) = \dfrac{p_l}{2}-\dfrac{p_n}{2}\mathrm{i} \quad \text{与} \quad \bar{p}_m(x) = \left(\dfrac{p_l}{2}-\dfrac{p_n}{2\mathrm{i}}\right) = \dfrac{p_l}{2}+\dfrac{p_n}{2}\mathrm{i}$$
是互成共轭的 m 次多项式. 于是有
$$f(x) = p_m(x)\mathrm{e}^{(r+\mathrm{i}\omega)x} + \bar{p}_m(x)\mathrm{e}^{(r-\mathrm{i}\omega)x}.$$

只要分别求出方程
$$y'' + py' + qy = p_m(x)\mathrm{e}^{(r+\mathrm{i}\omega)x}$$
与
$$y'' + py' + qy = \bar{p}_m(x)\mathrm{e}^{(r-\mathrm{i}\omega)x}$$
的一个特解 y_1^* 与 y_2^*，由叠加原理可知
$$y_1^* + y_2^*$$

就是方程 $y'' + py' + qy = f(x)$ 的一个特解.

对 $y'' + py' + qy = p_m(x)\mathrm{e}^{(r+\mathrm{i}\omega)x}$，根据第一种类型的结果，可设
$$y_1^* = x^k Q_m \mathrm{e}^{(r+\mathrm{i}\omega)x},$$
其中 k 按 $r+\mathrm{i}\omega$ 不是特征方程的根或是特征方程的单根依次取 0 或 1.

$\bar{p}_m(x)\mathrm{e}^{(r-\mathrm{i}\omega)x}$ 与 $p_m(x)\mathrm{e}^{(r+\mathrm{i}\omega)x}$ 共轭，所以与 y_1^* 成共轭的函数 $y_2^* = x^k \bar{Q}_m \mathrm{e}^{(r-\mathrm{i}\omega)x}$ 必为 $y'' + py' + qy = \bar{p}_m(x)\mathrm{e}^{(r-\mathrm{i}\omega)x}$ 的特解，这里 Q_m 是与 $\bar{Q}_m$ 成共轭的 m 次多项式. 因此方程 $y'' + p(x)y' + q(x)y = f(x)$ 的一个特解为
$$y^* = y_1^* + y_2^* = x^k \mathrm{e}^{rx}[Q_m \mathrm{e}^{\mathrm{i}\omega x} + \bar{Q}_m \mathrm{e}^{-\mathrm{i}\omega x}].$$
因为括号中两项共轭，相加后无虚部，所以可写成实函数
$$y^*(x) = x^k \mathrm{e}^{rx}(R_m^{(1)}(x)\cos\omega x + R_m^{(2)}(x)\sin\omega x).$$

综上所述，得出如下结论：

如果 $f(x) = \mathrm{e}^{rx}[p_l(x)\cos\omega x + p_n(x)\sin\omega x]$，则二阶线性常系数非齐次微分方程的特解形式为
$$y^*(x) = x^k \mathrm{e}^{rx}(R_m(x)\cos\omega x + S_m(x)\sin\omega x),$$
其中 $R_m(x), S_m(x)$ 都是 m 次多项式，但是系数不一定相同. $m = \max\{l, n\}$，当 $r+\mathrm{i}\omega$（或 $r-\mathrm{i}\omega$）不是特征方程的根时，取 $k=0$；当 $r+\mathrm{i}\omega$（或 $r-\mathrm{i}\omega$）是特征方程的单根时，取 $k=1$.

例 5 求微分方程 $y'' + y = x\cos 2x$ 的一个特解.

解 $f(x) = x\cos 2x$ 属于 $\mathrm{e}^{rx}[P_l(x)\cos\omega x + P_n(x)\sin\omega x]$ 型. 设特解形式为
$$y^* = x^k[(ax+b)\cos 2x + (cx+d)\sin 2x].$$
这里的
$$r = 0, \quad \omega = 2, \quad P_l(x) = x, \quad P_n(x) = 0.$$
对应的齐次方程 $y'' + y = 0$ 的特征方程为
$$\lambda^2 + 1 = 0,$$
特征根为 $\lambda = \pm\mathrm{i}$. 由于 $r \pm \omega\mathrm{i} = \pm 2\mathrm{i}$ 不是特征方程的根，所以取 $k=0$，特解
$$y^* = (ax+b)\cos 2x + (cx+d)\sin 2x.$$
把它代入所给方程，得
$$(-3ax - 3b + 4c)\cos 2x - (3cx + 3d + 4a)\sin 2x = x\cos 2x,$$
比较系数，得
$$\begin{cases} -3ax - 3b + 4c = x, \\ -3cx - 3d - 4a = 0, \end{cases}$$
即有

$$\begin{cases} -3a = 1, \\ -3b + 4c = 0, \\ -3c = 0, \\ -3d - 4a = 0, \end{cases}$$

解得

$$a = -\frac{1}{3}, \quad b = 0, \quad c = 0, \quad d = \frac{4}{9},$$

即特解为

$$y^* = -\frac{1}{3}x\cos 2x + \frac{4}{9}\sin 2x.$$

例 6 求微分方程 $y'' + 3y' - y = e^x \cos 2x$ 的一个特解.

解 $f(x) = e^x \cos 2x$ 属于 $e^{rx}[p_l(x)\cos\omega x + p_n(x)\sin\omega x]$ 型. 设特解形式为

$$y^* = x^k e^x(a\cos 2x + b\sin 2x).$$

这里的 $r = 1, \omega = 2, p_l(x) = 1, p_n(x) = 0$，且 $r \pm i\omega = 1 \pm 2i$，它不是对应的齐次方程的特征方程 $\lambda^2 + 3\lambda - 1 = 0$ 的根，所以取 $k=0$，特解为

$$y^* = e^x(a\cos 2x + b\sin 2x).$$

求导后有

$$y^{*\prime} = e^x[(a+2b)\cos 2x + (b-2a)\sin 2x],$$
$$y^{*\prime\prime} = e^x[(4b-3a)\cos 2x + (-4b-3a)\sin 2x],$$

代入所给方程，得

$$(10b - a)\cos 2x - (b + 10a)\sin 2x = \cos 2x.$$

比较系数，得

$$\begin{cases} 10b - a = 1, \\ b + 10a = 0, \end{cases}$$

解得

$$a = -\frac{1}{101}, \quad b = \frac{10}{101}.$$

于是求得特解为

$$y^* = e^x\left(-\frac{1}{101}\cos 2x + \frac{10}{101}\sin 2x\right).$$

习 题 9.4

1. 求下列微分方程的通解:
(1) $y'' - 4y' + 3y = 0$;
(2) $y'' - 4y' = 0$;
(3) $y'' - 4y' + 4y = 0$;
(4) $y'' - 4y' + 5y = 0$.

2. 求微分方程 $y'' + 4y' + 29y = 0$ 满足 $y|_{x=0} = 0$, $y'|_{x=0} = 15$ 的特解.

3. 求下列微分方程的通解:
(1) $y'' - 2y' + 2y = e^x$;
(2) $y'' - 5y' + 6y = xe^{2x}$;
(3) $y'' + 4y = 2\cos 2x$;
(4) $y'' - 4y = e^{2x}$;
(5) $y'' + y = -2x$;
(6) $y'' + y = x + \cos x$.

4. 求微分方程 $y'' - 3y' + 2y = 5$ 满足 $y|_{x=0} = 1$, $y'|_{x=0} = 2$ 的特解.

5. 选择题

(1) 设函数 $y_1(x)$, $y_2(x)$, $y_3(x)$ 线性无关且都是非齐次线性微分方程 $y'' + p(x)y' + q(x)y = f(x)$ 的解, C_1, C_2 为任意常数, 则该非齐次线性微分方程的通解是( ).

A. $C_1 y_1 + C_2 y_2 + y_3$
B. $C_1 y_1 + C_2 y_2 - (C_1 + C_2) y_3$
C. $C_1 y_1 + C_2 y_2 - (1 - C_1 - C_2) y_3$
D. $C_1 y_1 + C_2 y_2 + (1 - C_1 - C_2) y_3$

(2) 设函数 $y_1(x)$, $y_2(x)$ 为二阶变系数齐次线性方程 $y'' + p(x)y' + q(x)y = 0$ 的两个特解, 则 $C_1 y_1 + C_2 y_2$ (C_1, C_2 为任意常数) 是该方程通解的充分条件是( ).

A. $y_1(x) y_2'(x) - y_2(x) y_1'(x) = 0$
B. $y_1(x) y_2'(x) - y_2(x) y_1'(x) \neq 0$
C. $y_1(x) y_2'(x) + y_2(x) y_1'(x) = 0$
D. $y_1(x) y_2'(x) + y_2(x) y_1'(x) \neq 0$

(3) 微分方程 $y'' + y = x^2 + 1 + \sin x$ 的特解形式可设为( ).

A. $y^*(x) = ax^2 + bx + c + x(A\sin x + B\cos x)$
B. $y^*(x) = x(ax^2 + bx + c + A\sin x + B\cos x)$
C. $y^*(x) = ax^2 + bx + c + A\sin x$
D. $y^*(x) = ax^2 + bx + c + A\cos x$

(4) 具有特解 $y_1 = e^{-x}$, $y_2 = 2xe^{-x}$, $y_3 = 3e^x$ 的三阶常系数齐次线性微分方程是( ).

A. $y''' - y'' - y' + y = 0$
B. $y''' + y'' - y' - y = 0$
C. $y''' - 6y'' + 11y' - 6y = 0$
D. $y''' - 2y'' - y' + 2y = 0$

6. 填空题

(1) 若二阶线性常系数齐次微分方程 $y'' + ay' + by = 0$ 的通解为 $y = (C_1 + C_2 x)e^x$, 则非齐次方程 $y'' + ay' + by = x$ 满足条件 $y(0) = 2$, $y'(0) = 0$ 的特解为_____.

(2) 已知 $y_1 = e^{3x} - xe^{2x}$, $y_2 = e^x - xe^{2x}$, $y_3 = -xe^{2x}$ 是某二阶线性常系数非齐次微分方程的 3 个解, 则该方程的通解为_____.

9.5 微分方程的简单应用

微分方程在各个领域中有着广泛的应用,我们在此不打算进行理论上的阐述,只是通过举几个简单的实例,介绍微分方程一些简单应用.

例 1 已知某公司的纯利润 y 对广告费 x 的变化率与常数 a 和纯利润 y 之差成正比,当 $x=0$ 时,$y=a_0$,试求纯利润 y 与广告费 x 之间的函数关系.

解 依题意有

$$\frac{dy}{dx} = k(a-y) \quad (k \text{ 为常数}),$$

分离变量得

$$\frac{dy}{a-y} = k dx.$$

积分得通解为

$$y = a + Ce^{-kx}.$$

代入条件 $x=0$ 时,$y=a_0$ 得 $C=a_0-a$. 所以纯利润 y 与广告费 x 之间的函数关系为

$$y = a + (a_0 - a)e^{-kx}.$$

例 2 设需求价格弹性 $M = -\dfrac{3}{\sqrt{Q}}(Q>0)$,且当 $Q=81$ 时,$P=1$,试将价格 P 表示为需求 Q 的函数.

解 所求函数 $P=P(Q)$ 是需求函数的反函数,则按需求价格弹性的定义有

$$\frac{P}{Q}\frac{dQ}{dP} = -\frac{3}{\sqrt{Q}}.$$

这是可分离变量的微分方程,分离变量,得

$$\frac{1}{Q}\sqrt{Q}dQ = -\frac{3}{P}dP.$$

两端积分得通解为

$$P = Ce^{-\frac{2}{3}\sqrt{Q}}.$$

代入条件 $Q=81$ 时,$P=1$ 得 $C=e^6$. 故所求函数为

$$P = e^{6-\frac{2}{3}\sqrt{Q}}.$$

例 3 某公司 t 年净资产有 $p(t)$ (单位:百万元),并且资产本身以每年 4%的速度连续增长,同时该公司每年要以 20 百万元的数额连续支付职工工资.

(1)给出描述净资产 $p(t)$ 的微分方程;(2)求解方程,这时假设初始净资产为 p_0.

解 (1)利用平衡法,即由净资产增长速度=资产本身增长速度−职工工资支

付速度可得方程

$$\frac{dp}{dt} = 0.04p - 20.$$

(2) 由

$$\frac{dp}{dt} = 0.04p - 20 = 0.04(p - 500),$$

分离变量得

$$\frac{dp}{p - 500} = 0.04 dt.$$

积分得通解为

$$p = 500 + Ce^{0.04t}.$$

将 $p(0) = p_0$ 代入，得

$$p = 500 + (p_0 - 500)e^{0.04t}.$$

上式推导过程中 $p \neq 500$，当 $p = 500$ 时，$\frac{dp}{dt} = 0$，可知 $p = 500 = p_0$，通常称为平衡解，仍包含在通解表达式中。

例 4 在某池塘内养鱼，该池塘最多能养鱼 1000 尾，在时刻 t，鱼尾数 y 是时间 t 的函数，其变化率与鱼数 y 及 $1000 - y$ 的乘积成正比。已知在池塘内放养鱼 100 尾，3 个月后池塘内有鱼 250 尾，求放养 t 个月后池塘内鱼数 $y(t)$ 的公式，放养 6 个月后有鱼多少尾？

解 依题意有

$$\frac{dy}{dt} = ky(1000 - y).$$

分离变量得

$$\frac{dy}{y(1000 - y)} = k dt.$$

积分得

$$\frac{y}{1000 - y} = Ce^{1000kt}.$$

将 $t = 0$，$y = 100$ 代入得

$$C = \frac{1}{9}.$$

又将 $t = 3$，$y = 250$ 代入，得

$$k = \frac{\ln 3}{3000}.$$

故放养 t 个月后池塘内鱼数为

$$y(t) = \frac{1000 \cdot 3^{\frac{t}{3}}}{9 + 3^{\frac{t}{3}}},$$

放养 6 个月后有鱼 $y(6) = 500$(尾).

例 5 已知高温物体置于低温介质中,任一时刻该物体温度对时间的变化率与该时刻物体和介质的温差成正比,现将一初始温度为 120℃ 的物体在 20℃ 的恒温介质中冷却,30min 后该物体降至 30℃,若要将该物体的温度继续降至 21℃,还需冷却多长时间?

解 设 t 时刻物体温度(单位:℃)为 $x(t)$,比例常数为 $k(>0)$,介质温度为 20℃,则有

$$\frac{dx}{dt} = -k(x - 20).$$

分离变量并积分得

$$x(t) = Ce^{-kt} + 20.$$

又由

$$x(0) = 120,$$

有

$$C = 100,$$

即

$$x(t) = 100e^{-kt} + 20.$$

又 $x(30) = 30$,所以 $k = \dfrac{\ln 10}{30}$,故

$$x(t) = 100e^{-\frac{\ln 10}{30}t} + 20.$$

当 $x = 21$ 时,$t = 60$,所以还需要冷却 30min.

习 题 9.5

1. 一条曲线通过点 $(2,3)$,它在两坐标轴间的任意切线均被切点平分,求曲线方程.

2. 设 $\int_0^x \left[2y(t) + \sqrt{t^2 + y^2(t)} \right] dt = xy(x)$ $(x > 0)$ 且 $y\big|_{x=1} = 0$,求函数 $y(x)$.

3. 设商品 A 和商品 B 的售价分别为 x, y,已知价格 x, y 相关,且价格 x 相对 y 的弹性为 $\dfrac{y \, dx}{x \, dy} = \dfrac{y-x}{y+x}$,求 x 与 y 的函数关系式.

本 章 小 结

一、本章主要知识点

(1) 微分方程的基本概念.

(2) 一阶微分方程的解法.

(3) 可降阶的高阶微分方程的解法.

(4) 二阶线性微分方程的概念、解的结构定理及常系数二阶线性微分方程的解法.

(5) 微分方程的简单应用.

二、本章教学重点

微分方程的概念, 可分离变量微分方程、齐次方程、一阶线性微分方程、二阶线性常系数微分方程的解法.

三、本章教学难点

二阶线性常系数非齐次微分方程的解法.

四、本章知识体系

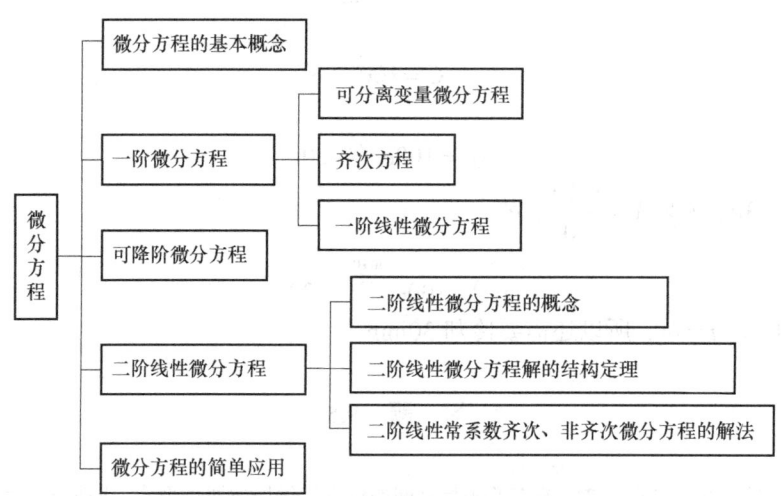

总 习 题 9

1. 选择题

(1) 已知 $y = \dfrac{x}{\ln x}$ 是微分方程 $y' = \dfrac{y}{x} + \varphi\left(\dfrac{x}{y}\right)$ 的解, 则 $\varphi\left(\dfrac{x}{y}\right)$ 的表达式为 (   ).

A. $-\dfrac{y^2}{x^2}$　　B. $\dfrac{y^2}{x^2}$　　C. $-\dfrac{x^2}{y^2}$　　D. $\dfrac{x^2}{y^2}$

(2) 函数 $y = C_1 e^x + C_2 e^{-2x} + xe^x$ 满足的一个微分方程是(　　).

A. $y'' - y' - 2y = 3xe^x$　　　　B. $y'' - y' - 2y = 3e^x$

C. $y'' + y' - 2y = 3xe^x$　　　　D. $y'' + y' - 2y = 3e^x$

(3) 在下列微分方程中，以 $y = C_1 e^x + C_2 \cos 2x + C_3 \sin 2x$ (C_1, C_2, C_3 为任意常数)为通解的是(　　).

A. $y''' + y'' - 4y' - 4y = 0$　　　　B. $y''' + y'' + 4y' + 4y = 0$

C. $y''' - y'' - 4y' + 4y = 0$　　　　D. $y''' - y'' + 4y' - 4y = 0$

(4) 已知 $y = \dfrac{1}{2} e^{2x} + \left(x - \dfrac{1}{3}\right) e^x$ 是微分方程 $y'' + ay' + by = ce^x$ 的一个特解，则(　　).

A. $a = -3, b = 2, c = -1$　　　　B. $a = 3, b = 2, c = -1$

C. $a = -3, b = 2, c = 1$　　　　D. $a = 3, b = 2, c = 1$

2. 求下列微分方程的通解：

(1) $y' = \dfrac{y(1-x)}{x}$；

(2) $x(y^2-1)\mathrm{d}x + y(x^2-1)\mathrm{d}y = 0$；

(3) $y\mathrm{d}x + (x^2 - 4x)\mathrm{d}y = 0$；

(4) $xy' = \dfrac{y^2}{x} + y$；

(5) $\dfrac{\mathrm{d}y}{\mathrm{d}x} = \dfrac{1}{xy + y^3}$；

(6) $(x - 2xy - y^2)\dfrac{\mathrm{d}y}{\mathrm{d}x} + y^2 = 0$.

3. 求下列微分方程满足所给初始条件的特解：

(1) 求微分方程 $xy' + y = 0$ 满足初始条件 $y(1) = 2$ 的特解；

(2) 求微分方程 $(y + x^3)\mathrm{d}x - 2x\mathrm{d}y = 0$ 满足 $y|_{x=1} = \dfrac{6}{5}$ 的特解；

(3) 求微分方程 $\dfrac{\mathrm{d}y}{\mathrm{d}x} = \dfrac{y}{x} - \dfrac{1}{2}\left(\dfrac{y}{x}\right)^3$ 满足 $y|_{x=1} = 1$ 的特解；

(4) 求微分方程 $xy\dfrac{\mathrm{d}y}{\mathrm{d}x} = x^2 + y^2$ 满足条件 $y|_{x=e} = 2e$ 的特解.

4. 求下列微分方程的通解：

(1) $xy'' + 3y' = 0$；

(2) $y'' + \dfrac{1}{1-y}(y')^2 = 0$；

(3) $y'' + 2y' + 5y = 0$；

(4) $y'' - 4y' + 3y = 2e^{2x}$；

(5) $y'' - 3y' + 2y = xe^x$；

(6) $y'' + y' = x^2$；

(7) $y'' + 4y = e^x + 2\cos x$；

(8) $y^{(4)} - y = 0$.

5. 已知 $y_1(x) = e^x, y_2(x) = u(x)e^x$ 是二阶微分方程 $(2x-1)y'' - (2x+1)y' + 2y = 0$ 的解，若 $u(-1) = e, u(0) = -1$，求 $u(x)$，并写出该微分方程的通解.

6. 设二阶线性常系数微分方程 $y'' + \alpha y' + \beta y = \gamma e^x$ 的一个特解为

$$y = e^{2x} + (1+x)e^x,$$

试确定常数 α, β, γ，并求该方程的通解.

7. 已知函数 $f(x)$ 满足方程 $f''(x) + f'(x) - 2f(x) = 0$ 及 $f'(x) + f(x) = 2e^x$. 求函数 $f(x)$ 的表达式.

8. 已知函数 $y = y(x)$ 满足微分方程 $x^2 + y^2 y' = 1 - y'$，且 $y(2) = 0$，求 $y(x)$ 的极大值和极小值.

9. 设函数 $y = y(x)$ 是微分方程 $y'' + y' - 2y = 0$ 的解，且在 $x = 0$ 处 $y(x)$ 取得极值 3，求 $y(x)$.

10. 设非负函数 $y = y(x)$ $(x \geq 0)$，满足微分方程 $xy'' - y' + 2 = 0$，当曲线 $y = y(x)$ 过原点时，其与直线 $x = 1$ 及 $y = 0$ 围成平面区域的面积为 2，求 D 绕 y 轴旋转所得旋转体体积.

自 测 题 9

（满分 100 分，测试时间 100 分钟）

一、填空题（本题共 10 个小题，每小题 2 分，共 20 分）

1. 微分方程 $\dfrac{dy}{dx} = 2x$ 的通解为_____.

2. 微分方程 $x^2 y^{(4)} + 2y^5 y' - 3x = \dfrac{1}{2} y$ 的阶数是_____.

3. 曲线 $y = y(x)$ 经过点 $(0, -1)$ 且满足 $y' + 2y = 4x$，则 $x=1$ 时，$y=$_____.

4. 方程 $y'' - 4y' + 3y = 0$ 满足 $y|_{x=0} = 6$，$y'|_{x=0} = 10$ 的特解为_____.

5. 若已知二阶微分方程 $y'' + 3y' = f(x)$ 的一个特解为 $y^*(x)$，则该方程的通解为_____.

6. 以 $y = C_1 e^x + C_2 e^{2x}$ 为通解的微分方程为_____.

7. 微分方程 $y'' + y' - 6y = 3e^{2x}$ 的特解形式为 $y^* = Ax^k e^{2x}$，则 $k =$_____.

8. 微分方程 $y'' + y = x\cos 2x$ 的特解形式为 $y^* = x^k[(Ax+B)\cos 2x + (Cx+D)\sin 2x]$，则 $k =$_____.

9. 微分方程 $y'' - 4y' + 4y = e^{2x}(1 + \cos 2x)$ 的特解形式为 $y^* =$_____.

10. 微分方程 $y'' - 4y' + 8y = e^x(1 + \cos 2x)$ 的特解形式为 $y^* =$_____.

二、选择题（本题共 5 个小题，每小题 3 分，共 15 分）

1. 下列命题正确的是（　　）.

A. 微分方程中含有任意独立常数的解叫作此微分方程的通解

B. 微分方程的通解不一定包含它的所有解

C. $(y')^2 - 2yy' + x = 0$ 是二阶微分方程

D. $\dfrac{dy}{dx} = \dfrac{1}{x + y^2}$ 一定不是一阶线性微分方程

2. $\dfrac{dy}{dx} + y = e^{-x}$ 的通解为( ).

A. $y = e^{-x}(x+C)$ B. $y = Ce^{-2x}$ C. $y = e^{-2x}+1$ D. $y = Ce^{x}$

3. 方程 $y'' - y = e^x + 1$ 的一个特解形式为( ).

A. $ae^x + b$ B. $axe^x + b$
C. $ae^x + bx$ D. $axe^x + bx$

4. 设 $y = e^x(C_1 \sin x + C_2 \cos x)$ (C_1, C_2 为任意常数) 为某二阶线性常系数齐次线性方程的通解, 则该方程为( ).

A. $y'' + y' + 2y = 0$ B. $y'' - 2y' + 2y = 0$
C. $y'' - 2y' + y = 0$ D. $2y'' - y' + 3y = 0$

5. 设 $y_1(x) = e^{2x}$, $y_2(x) = e^{-3x}$ 是微分方程 $y'' + y' - 6y = 0$ 的两个特解, 则不构成该方程解的是( ).

A. $C_1 e^{2x} + C_2 e^{-3x}$ B. $e^{2x} + 1$
C. $e^{2x} + 2e^{-3x}$ D. $3e^{2x} + 2e^{-3x}$

三、求下列微分方程的通解(本题共 3 个小题, 每小题 7 分, 共 21 分)

1. $y' + \dfrac{e^{y^3+x}}{y^2} = 0$; 2. $x\dfrac{dy}{dx} = x - y$;

3. $x^2 y dx - (x^3 + y^3) dy = 0$.

四、求下列微分方程的特解(本题共 2 个小题, 每小题 7 分, 共 14 分)

1. $y'' + 2y' - 3y = e^{-3x}$; 2. $y'' + y = x\cos 2x$.

五、解答题(本题 10 分)

求一曲线方程, 使得这一曲线通过原点, 并且它在点 (x,y) 处的切线斜率等于 $2x+y$.

六、应用题(本题 10 分)

某类商品的需求量 Q 对价格 p 的弹性为 $-\dfrac{5p+2p^2}{Q}$, 又已知 $p=10$ 时 $Q=500$, 求需求量 Q 对价格 p 的函数关系.

七、证明题(10 分)

设 $f(x) = \sin x - \int_0^x (x-t)f(t)dt$, 其中 $f(x)$ 是连续函数, 求证:

$$f(x) = \dfrac{1}{2}\sin x + \dfrac{x}{2}\cos x.$$

第 10 章　差分方程及其应用

微分方程处理的量是连续变量，如果我们处理的量是依次取非负整数值的离散变量，欲寻求它们之间的关系和变化规律，需要靠差分方程来解决. 比如，银行的定期存款是按所设定的时间等间隔计息，外贸出口额按月统计，国民收入按年统计，产品的产量按月统计，等等. 这些量是变量，通常称这类变量为离散型变量. 描述离散型变量之间的关系的数学模型称为离散模型. 差分方程是研究离散化经济变量的变化规律的有效方法.

本章介绍差分方程的一些基本概念、常见方程类型及其解法. 差分方程与微分方程在基本概念及其解法上有许多类似之处，可对照微分方程的知识学习本章内容.

10.1　差分方程的基本概念

10.1.1　差分的概念

对离散型变量，差分是一个重要概念. 下面给出差分的定义.

定义 1　设函数 $y_t = f(t)$，当自变量 t 依次取离散的等间隔整数值 $0, \pm 1, \pm 2, \cdots$ 时，相应的函数值可以排成一个数列：
$$\cdots, f(-1), f(0), f(1), \cdots f(t), f(t+1), \cdots,$$
将其简记为 $\cdots, y_{-1}, y_0, y_1, \cdots, y_t, y_{t+1}, \cdots$.

当自变量由 t 变到 $t+1$ 时，函数的改变量称为函数 $y_t = f(t)$ 在点 t 的**一阶差分**，记作 Δy_t，即
$$\Delta y_t = y_{t+1} - y_t = f(t+1) - f(t).$$

由于函数 $y_t = f(t)$ 的函数值是一个序列，按一阶差分的定义，差分就是序列的相邻项取值之差. 当函数 $y_t = f(t)$ 的一阶差分为正值时，表明序列是增加的，而且其值越大，表明序列增加得越快；当一阶差分为负值时，表明序列是减少的.

例如，设某公司经营一种商品，第 t 月初的库存量是 $R(t)$，第 t 月调进和销出这种商品的数量分别是 $P(t)$ 和 $Q(t)$，则下月月初，即第 $t+1$ 月月初的库存量 $R(t+1)$ 应是
$$R(t+1) = R(t) + P(t) - Q(t).$$

若将上式写作
$$R(t+1) - R(t) = P(t) - Q(t),$$
则等式两端就是相邻两月库存量的改变量. 若记
$$\Delta R(t) = R(t+1) - R(t),$$
并将库存量 $R(t)$ 理解为时间 t 的函数, 则称上式为库存量函数 $R(t)$ 在 t 时刻(此处 t 以月为单位)的差分.

按一阶差分的定义方式, 我们可以定义函数的高阶差分.

当自变量由 t 变到 $t+1$ 时, 一阶差分的差分称为函数 y 在点 t 的**二阶差分**, 记为 $\Delta^2 y_t$, 即
$$\Delta^2 y_t = \Delta(\Delta y_t) = \Delta(y_{t+1} - y_t) = \Delta y_{t+1} - \Delta y_t = y_{t+2} - 2y_{t+1} + y_t.$$

依次定义函数 $y_t = f(t)$ 在 t 的三阶差分为
$$\Delta^3 y_t = \Delta(\Delta^2 y_t) = \Delta^2 y_{t+1} - \Delta^2 y_t = \Delta y_{t+2} - 2\Delta y_{t+1} + \Delta y_t$$
$$= y_{t+3} - 3y_{t+2} + 3y_{t+1} - y_t.$$

一般地, 函数 $y_t = f(t)$ 在 t 的 n 阶差分定义为
$$\Delta^n y_t = \Delta(\Delta^{n-1} y_t) = \Delta^{n-1} y_{t+1} - \Delta^{n-1} y_t$$
$$= \sum_{k=0}^{n} (-1)^k \frac{n(n-1)\cdots(n-k+1)}{k!} y_{t+n-k}.$$

上式表明, 函数 $y_t = f(t)$ 在 t 的 n 阶差分是该函数的 n 个函数值
$$y_{t+n}, y_{t+n-1}, \cdots, y_t$$
的线性组合.

由差分的定义, 容易得到, 差分具有以下性质:

(1) $\Delta C y_t = C \Delta y_t$ (C 为常数);

(2) $\Delta(y_t \pm z_t) = \Delta y_t \pm \Delta z_t$;

(3) $\Delta(y_t \cdot z_t) = y_{t+1} \cdot \Delta z_t + z_t \Delta y_t$;

(4) $\Delta\left(\dfrac{y_t}{z_t}\right) = \dfrac{z_t \cdot \Delta y_t - y_t \Delta z_t}{z_t \cdot z_{t+1}}$.

例 1 已知 $y_t = t$, 求 Δy_t.

解 $\Delta y_t = y_{t+1} - y_t = (t+1) - t = 1$.

例 2 已知 $y_t = t^2 - 3t$ 求 Δy_t, $\Delta^2 y_t$.

解 $\Delta y_t = y_{t+1} - y_t = (t+1)^2 - 3(t+1) - (t^2 - 3t) = 2t - 2$,

$\Delta^2 y_t = \Delta(\Delta y_t) = \Delta(y_{t+1} - y_t) = 2(t+1) - 2 - (2t - 2) = 2$.

10.1.2 差分方程的概念

应用举例 设 A_0 是初始存款($t=0$ 时的存款), 年利率 r ($0<r<1$), 如以复利计息, 试确定 t 年末的本利和 A_t.

在该问题中, 如将时间 t (t 以年为单位)看作自变量, 则本利和 A_t 可看作是 t 的函数: $A_t = f(t)$. 这个函数是离散的未知函数. 虽然不能立即写出 $A_t = f(t)$ 的函数关系, 但可以写出相邻两个函数值之间的关系式

$$A_{t+1} = A_t + rA_t \quad (r=0,1,2,\cdots). \tag{10.1.1}$$

如记作函数 $A_t = f(t)$ 在 t 的差分 $\Delta A_t = A_{t+1} - A_t$ 的形式, 则上式为

$$\Delta A_t = rA_t \quad (r=0,1,2,\cdots). \tag{10.1.2}$$

由 $A_{t+1} = A_t + rA_t$ 可算出 t 年末的本利和为

$$A_t = (1+r)^t A_0 \quad (r=0,1,2,\cdots). \tag{10.1.3}$$

在 $A_{t+1} = A_t + rA_t$ 和 $\Delta A_t = rA_t$ 中, 因含有未知函数 $A_t = f(t)$, 所以这是一个函数方程; 又由于在方程 $A_{t+1} = A_t + rA_t$ 中含有两个未知函数的函数值 A_t 和 A_{t+1}, 在方程 $\Delta A_t = rA_t$ 中含有未知函数的差分 ΔA_t, 像这样的函数方程称为差分方程. 在方程 $\Delta A_t = rA_t$ 中, 仅含未知函数的函数值 $A_t = f(t)$ 的一阶差分. 在方程 $A_{t+1} = A_t + rA_t$ 中, 未知函数的下标最大差数是 1, 即 $(t+1)-t=1$. 故方程 $A_{t+1} = A_t + rA_t$ 或方程 $\Delta A_t = rA_t$ 称为一阶差分方程.

$A_t = (1+r)^t A_0$ 是 A_t 与 t 之间的函数关系式, 就是要求的未知函数, 它满足差分方程 $A_{t+1} = A_t + rA_t$ 或 $\Delta A_t = rA_t$, 这个函数称为差分方程的解.

由上面例题分析, 差分方程的基本概念如下:

定义 2 含有未知函数的差分的方程或含有多个点的未知函数值的方程称为**差分方程**.

如 $y_{t+1} + y_t = 2^t$, $\Delta^3 y_t + y_t + 1 = 0$, $y_{t+5} - y_{t+3} = 3y_{t+2}$ 都是差分方程, 差分方程的不同表达形式之间可以互相转化.

定义 3 未知函数的最大下标与最小下标的差称为差分方程的阶.

例如, $y_{t+5} - 4y_{t+3} + 3y_{t+2} - 2 = 0$ 是三阶差分方程, 而方程 $\Delta^3 y_t + y_t + 1 = 0$ 可化为 $y_{t+3} - 3y_{t+2} + 3y_{t+1} + 1 = 0$, 所以它是二阶差分方程.

定义 4 如果一个函数代入差分方程中, 方程两边恒等, 我们称此函数为差分方程的**解**. 差分方程的解中含有独立的任意常数, 且常数的个数等于差分方程的阶数, 此解称为差分方程的**通解**, 给通解中任意常数以确定值的解称为差分方程的**特解**.

例如, 把 $y_t = C + 2t$ (C 是任意常数)代入差分方程 $y_{t+1} - y_t = 2$ 中,

$$左边 = [C + 2(x+1)] - (C + 2x) = 2 = 右边,$$

所以 $y_t = C + 2t$ 是 $y_{t+1} - y_t = 2$ 的解,这是一个一阶差分方程,且有一个独立常数,故 $y_t = C + 2t$ 是 $y_{t+1} - y_t = 2$ 的通解. 而 $y_t = 2t$, $y_t = 15 + 2t$ 都是 $y_{t+1} - y_t = 2$ 的特解.

用以确定通解中任意常数的条件称为**初始条件**. 一阶差分方程的初始条件为一个,一般是 $y_0 = a_0$ (a_0 是常数);二阶差分方程的初始条件为两个,一般是 $y_0 = a_0$, $y_1 = a_1$ (a_0, a_1 是常数);依次类推.

习 题 10.1

1. 求下列函数的差分:

(1) $y_t = c$,求 Δy_t;

(2) $y_t = t^3 + 3$,求 $\Delta^3 y_t$;

(3) $y_t = e^t$,求 $\Delta^2 y_t$;

(4) $y_t = \log_a t$,求 Δy_t.

2. 确定下列差分方程的阶:

(1) $8y_{t+2} - y_{t+1} = \sin t$;

(2) $3y_{t+2} - 2y_{t+1} = 6t + 1$;

(3) $7y_{t+3} - y_t = 9$;

(4) $5y_{t+5} - 7y_t = 7$;

(5) $8y_{t+2} - 9y_{t+1} + 7y_t = \cos t$;

(6) $2y_{t+2} - 3y_{t+1} + y_t = t^2 + 1$.

3. 将下列差分方程化成用函数值形式表示的方程:

(1) $\Delta y_t = 3$;

(2) $\Delta^2 y_t - 3\Delta y_t = 5$;

(3) $\Delta y_t + 2y_t - 3 = 0$;

(4) $\Delta^3 y_t + 2\Delta^2 y_t + \Delta y_t = 5$.

10.2 线性差分方程解的性质与结构

现在我们来讨论线性差分方程解的性质与结构,将以二阶线性差分方程为例,任意阶线性差分方程都有类似的结论.

二阶线性差分方程的一般形式为

$$y_{t+2} + a(t)y_{t+1} + b(t)y_t = f(t), \qquad (10.2.1)$$

其中 $a(t)$,$b(t)$ 和 $f(t)$ 均为 t 的已知函数,且 $b(t) \neq 0$. 若 $f(t) \neq 0$,则(10.2.1)式称为**二阶线性非齐次差分方程**;若 $f(t) \equiv 0$,则称

$$y_{t+2} + a(t)y_{t+1} + b(t)y_t = 0 \qquad (10.2.2)$$

为**二阶线性齐次差分方程**.

定理 1 若函数 $y_1(t)$,$y_2(t)$ 是二阶线性齐次差分方程(10.2.2)的特解,则

$$y(t) = C_1 y_1(t) + C_2 y_2(t)$$

也是该方程的解,其中 C_1,C_2 是任意常数.

定理 2(解的结构) 若函数 $y_1(t)$,$y_2(t)$ 是二阶线性齐次差分方程(10.2.2)的

线性无关的特解，则 $y_C(t) = C_1 y_1(t) + C_2 y_2(t)$ 是该方程的通解，其中 C_1, C_2 是任意常数.

定理 3（解的结构） 若 $y^*(t)$ 是二阶非齐次线性差分方程(10.2.1)的一个特解，$y_C(t)$ 是齐次线性差分方程(10.2.2)的通解，则差分方程(10.2.1)的通解为

$$y_t = y_C(t) + y^*(t).$$

定理 4（解的叠加原理） 若函数 $y_1^*(t)$，$y_2^*(t)$ 分别是二阶非齐次线性差分方程

$$y_{t+2} + a(t) y_{t+1} + b(t) y_t = f_1(t)$$

与

$$y_{t+2} + a(t) y_{t+1} + b(t) y_t = f_2(t)$$

的特解，则 $y_1^*(t) + y_2^*(t)$ 是差分方程 $y_{t+2} + a(t) y_{t+1} + b(t) y_t = f_1(t) + f_2(t)$ 的特解.

习 题 10.2

1. 试证明下列函数是差分方程的解：

(1) $y_t = C + 2t, y_{t+1} - y_t = 2$；　　(2) $y_t = C_1 + C_2 2^t, y_{t+2} - 3 y_{t+1} + 2 y_t = 0$；

(3) $y_t = \dfrac{C}{1 + Ct}, (1 + y_t) y_{t+1} = y_t$.

2. 试证函数 $y_1(t) = (-2)^t$ 和 $y_2(t) = t \cdot (-2)^t$ 是方程 $y_{t+2} + 4 y_{t+1} + 4 y_t = 0$ 的两个线性无关的特解，并求该方程的通解.

10.3　一阶线性常系数差分方程

10.3.1　一阶线性常系数差分方程的定义

形如

$$y_{t+1} + a y_t = 0 \quad (a \text{ 为常数}, a \neq 0) \tag{10.3.1}$$

的方程称为**一阶线性常系数齐次差分方程**.

形如

$$y_{t+1} + a y_t = f(t) \quad (a \text{ 为常数}, a \neq 0, f(t) \text{ 不恒为零}) \tag{10.3.2}$$

的方程称为**一阶线性常系数非齐次差分方程**.

10.3.2　一阶线性常系数齐次差分方程通解求法

方程 $y_{t+1} + a y_t = 0$ 可变形为 $\Delta y_t + (a+1) y_t = 0$. 与线性微分方程的情形类似，可

设 y_t 的形式为某个指数函数，即设

$$y_t = \lambda^t \quad (\lambda \neq 0),$$

代入方程 $y_{t+1} + ay_t = 0$，得

$$\lambda^{t+1} + a\lambda^t = 0,$$

即

$$\lambda + a = 0,$$

称此方程为一阶线性常系数齐次方程 $y_{t+1} + ay_t = 0$ 的特征方程，且称

$$\lambda = -a$$

为特征方程的特征根．于是

$$y_t = (-a)^t$$

是齐次方程 $y_{t+1} + ay_t = 0$ 的一个特解，从而通解为

$$y_t = C(-a)^t \quad (C \text{ 为任意常数}).$$

例1 求方程 $4y_{t+1} + 3y_t = 0$ 的通解．

解 方程可变形为

$$y_{t+1} + \frac{3}{4}y_t = 0,$$

特征方程为 $\lambda + \frac{3}{4} = 0$，解得特征根 $\lambda = -\frac{3}{4}$，从而原方程的通解为

$$y_t = C\left(-\frac{3}{4}\right)^t.$$

例2 求方程 $y_t - 2y_{t-1} = 0$ 满足 $y_0 = 2$ 的特解．

解 特征方程为 $\lambda - 2 = 0$，解得特征根 $\lambda = 2$，于是原方程的通解为

$$y_t = C \cdot 2^t,$$

将 $y_0 = 2$ 代入得 $C = 2$，故所求特解为

$$y_t = 2^{t+1}.$$

10.3.3 一阶线性常系数非齐次差分方程通解的求法

由 10.2 节定理 3 可知，非齐次方程 $y_{t+1} + ay_t = f(t)$ 的通解结构是它的特解 y_t^* 加上对应齐次方程 $y_{t+1} + ay_t = 0$ 的通解，下面我们主要介绍两种 $f(t)$ 为特殊形式时，y_t^* 的求法．根据 $f(t)$ 的形式，确定特解的形式，如表 10-1 所示．

表 10-1 一阶线性常系数非齐次差分方程特解形式表

$f(t)$ 的表达式	确定待定特解的条件	待定特解 y_t^* 形式
$f(t) = \mu^t p_m(t)$ $p_m(t)$ 是 m 次多项式 μ 为常数，且 $\mu>0$	μ 不是特征方程的根	$y_t^* = \mu^t q_m(t)$ $q_m(t)$ 是 m 次多项式
	μ 是特征方程的根	$y_t^* = t\mu^t q_m(t)$ $q_m(t)$ 是 m 次多项式
$f(t) = \mu^t(a\cos\beta t + b\sin\beta t)$ 令 $r = \mu(\cos\beta + i\sin\beta)$ μ 为常数，$\mu>0$	r 不是特征方程的根	$y_t^* = \mu^t(A\cos\beta t + B\sin\beta t)$
	r 是特征方程的根	$y_t^* = t\mu^t(A\cos\beta x + B\sin\beta x)$

例 3 求差分方程 $y_{t+1} + y_t = 2^t$ 的通解.

解 对应齐次差分方程的特征方程为 $\lambda+1 = 0$，特征根为 $\lambda = -1$，故齐次差分方程的通解为

$$Y_t = C(-1)^t.$$

又 $f(t) = 2^t$，而 $\mu = 2$ 不是特征根，所以设已知方程特解为

$$y_t^*(t) = A \cdot 2^t.$$

将其代入已知方程有

$$A \cdot 2^{t+1} + A \cdot 2^t = 2^t,$$

解得

$$A = \frac{1}{3}.$$

于是所求通解为

$$y_t = C(-1)^t + \frac{1}{3} \cdot 2^t.$$

例 4 求差分方程 $y_{t+1} - y_t = 2t + 3$ 的通解.

解 齐次差分方程的特征方程为 $\lambda - 1 = 0$，解得特征根为 $\lambda = 1$，故齐次差分方程的通解为

$$Y_t = C.$$

又 $\mu = 1$ 是特征根，设原方程的特解为 $y_t^* = t(at+b)$，将其代入已知方程，得

$$(t+1)[a(t+1)+b] - t(at+b) = 2t + 3.$$

比较系数得

$$a = 1, \quad b = 2.$$

于是所求通解为
$$y_t = C + t^2 + 2t.$$

例 5 求差分方程 $y_{t+1} + 2y_t = 2^t\cos\pi t$ 的通解.

解 齐次差分方程的特征方程为 $\lambda + 2 = 0$, 解得特征根为 $\lambda = -2$, 故齐次差分方程的通解为
$$Y_t = C(-2)^t.$$

又 $f(t) = 2^t\cos\pi t, \mu = 2, \beta = \pi$, 令 $r = \mu(\cos\beta + \mathrm{i}\sin\beta) = -2$. 因为 $r = -2$ 是特征根, 所以设特解为
$$y^*(t) = t2^t(A\cos\pi t + B\sin\pi t).$$

将其代入原方程得
$$2^{t+1}(t+1)[A\cos\pi(t+1) + B\sin\pi(t+1)] + 2 \cdot t2^t(A\cos\pi t + B\sin\pi t) = 2^t\cos\pi t.$$

整理得
$$-2A\cos\pi t - 2B\sin\pi t = \cos\pi t.$$

比较系数得
$$A = -\frac{1}{2}, \quad B = 0.$$

于是通解为
$$y_t = C(-2)^t - t \cdot 2^t \cdot \cos\pi t.$$

习 题 10.3

1. 求下列差分方程的通解:
(1) $y_{t+1} - 5y_t = 4$;
(2) $2y_{t+1} - y_t = 3 + t$;
(3) $y_{t+1} - y_t = 2t^2$;
(4) $2y_{t+1} - 6y_t = 3^t$.

2. 求下列差分方程满足初始条件的特解:
(1) $y_{t+1} + 3y_t = -1, y_0 = 1$;
(2) $8y_{t+1} + 4y_t = 3, y_0 = \frac{1}{2}$;
(3) $2y_{t+1} - y_t = 2 + t, y_0 = 4$;
(4) $y_{t+1} - y_t = 2^t - 1, y_0 = 5$.

10.4 差分方程在经济学中的应用

本节通过举几个简单的实例, 介绍差分方程在经济学中的一些简单应用.

10.4.1 筹措教育经费模型

例 1 某家庭从现在着手从每月工资中拿出一部分资金存入银行,用于投资子女的教育.并计划 20 年后开始从投资账户中每月支取 2000 元,直到 10 年后子女大学毕业用完全部资金.要实现这个投资目标,20 年内共需筹措多少资金?每月要向银行存入多少钱?假设投资的月利率为 0.5%.

解 设从 20 年后开始,第 n 个月投资账户资金为 S_n 元,每月存入资金为 a 元.于是,关于 S_n 的差分方程模型为

$$S_{n+1} = 1.005 S_n - 2000, \tag{10.4.1}$$

并且 $S_{120} = 0$, $S_0 = x$, x 为 20 年投资总额.

解方程(10.4.1),得通解

$$S_n = 1.005^n C - \frac{2000}{1-1.005} = 1.005^n C + 400000,$$

以及

$$S_{120} = 1.005^{120} C + 400000 = 0,$$
$$S_0 = C + 400000 = x,$$

从而有

$$x = 400000 - \frac{400000}{1.005^{120}} \approx 180147.$$

从现在到 20 年内,Y_n 满足的差分方程为

$$Y_{n+1} = 1.005 Y_n + a, \tag{10.4.2}$$

且 $Y_0 = 0$, $Y_{240} = 180147$.

解方程(10.4.2),得通解

$$Y_n = 1.005^n C + \frac{a}{1-1.005} = 1.005^n C - 200a,$$

以及

$$Y_{240} = 1.005^{240} C - 200a = 180147,$$
$$Y_0 = C - 200a = 0,$$

从而有

$$a = 389.89.$$

即要达到投资目标,20 年内要筹措资金 180147 元,平均每月要存入银行 389.89 元.

10.4.2 价格与库存模型

设 P_t 为第 t 个时段某类产品的价格，L_t 为第 t 个时段产品的库存量，$\overline{L}$ 为该产品的合理库存量. 一般情况下，如果库存量超过合理库存，则该产品的价格下跌，如果库存量低于合理库存，则该产品的价格上涨，于是有方程

$$P_{t+1} - P_t = c(\overline{L} - L_t), \tag{10.4.3}$$

其中 c 为比例常数. 由(10.4.3)式变形可得

$$P_{t+2} - 2P_{t+1} + P_t = -c(L_{t+1} - L_t). \tag{10.4.4}$$

又设库存量 L_t 的改变与产品销售状态有关，且在第 $t+1$ 时段库存增加量等于该时段的供求之差，即

$$L_{t+1} - L_t = S_{t+t} - D_{t+1}. \tag{10.4.5}$$

若设供给函数和需求函数分别为

$$S_t = a(P_t - \alpha), \quad D_t = -b(P_t - \alpha),$$

代入到(10.4.5)式得

$$L_{t+1} - L_t = (a+b)P_{t+t} - a\alpha - b\alpha.$$

再由(10.4.4)式得方程

$$P_{t+2} + [c(a+b) - 2]P_{t+1} + P_t = c\alpha(a+b). \tag{10.4.6}$$

设方程(10.4.6)的特解为 $P_t^* = A$，代入方程得 $A = \alpha$，方程(10.4.6)对应的齐次方程的特征方程为

$$\lambda^2 + [c(a+b) - 2]\lambda + 1 = 0,$$

解得 $\lambda_{1,2} = -r \pm \sqrt{r^2 - 1}$, $r = \dfrac{1}{2}[c(a+b) - 2]$，于是

若 $|r| > 1$，则 λ_1, λ_2 为两个实根，方程(10.4.6)的通解为

$$P_t = A_1 \lambda_1^n + A_2 \lambda_2^n + \alpha;$$

若 $|r| < 1$，并设 $r = \cos\theta$，则方程(10.4.6)的通解为

$$P_t = B_1 \cos n\theta + B_2 \sin n\theta + \alpha.$$

由于 $\lambda_2 = -r - \sqrt{r^2 - 1} < -r < -1$，则当 $t \to +\infty$ 时，λ_2^n 将迅速变化，方程无稳定解.

因此，当 $-1 < r < 1$，即 $0 < r + 1 < 2$，亦即 $0 < c < \dfrac{4}{a+b}$ 时，价格相对稳定. 其中 a, b, c 为正常数.

习 题 10.4

1. 设 S_t 为 t 期储蓄，I_t 为 t 期投资，Y_t 为 t 期国民收入，哈罗德(R.F.Harrod)建立了如下宏观经济模型

$$\begin{cases} S_t = \alpha Y_{t-1}, & 0 < \alpha < 1, \\ I_t = \beta(Y_t - Y_{t-1}), & \beta > 1, \\ S_t = I_t. \end{cases}$$

试求 Y_t, I_t, S_t.

本 章 小 结

一、本章主要知识点
（1）差分的概念.
（2）差分方程的概念.
（3）线性差分方程解的性质与结构.
（4）一阶线性常系数齐次差分方程.
（5）一阶线性常系数非齐次差分方程.
（6）差分方程的经济应用.

二、本章教学重点
一阶线性常系数齐次差分方程通解的求法；一阶线性常系数非齐次差分方程通解的求法.

三、本章教学难点
一阶线性常系数非齐次差分方程的解法.

四、本章知识体系图

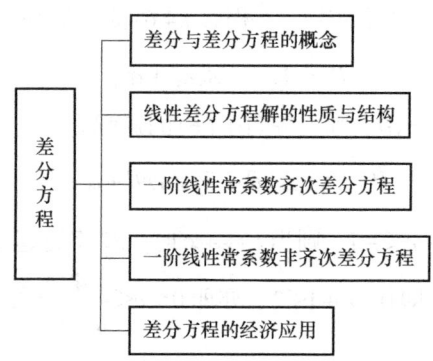

总习题 10

1. 求下列函数的一阶与二阶差分:
   (1) $y_t = 3t^2 - t^3$;
   (2) $y_t = e^{2t}$;
   (3) $y_t = \ln t$;
   (4) $y_t = t^2 \cdot 3^t$.

2. 判别下列方程是否是差分方程, 若是, 确定差分方程的阶:
   (1) $y_{t+5} - y_{t+2} + y_{t-1} = 0$;
   (2) $\Delta^2 y_t - 2y_t = t$;
   (3) $\Delta^2 y_t = y_{t+2} - 2y_{t+1} + y_t$;
   (4) $2\Delta y_t = 3t - 2y_t$.

3. 求下列差分方程的通解:
   (1) $y_{t+1} - 2y_t = 0$;
   (2) $y_{t+1} + 3y_t = 0$;
   (3) $3y_{t+1} - 2y_t = 0$;
   (4) $y_t + y_{t-1} = 0$.

4. 求下列差分方程的通解:
   (1) $y_{t+1} + 2y_t = 3$;
   (2) $y_{t+1} - y_t = -3$;
   (3) $y_{t+1} - 2y_t = 3t^2$;
   (4) $y_{t+1} - y_t = t+1$;
   (5) $y_{t+1} - \dfrac{1}{2} y_t = \left(\dfrac{5}{2}\right)^t$;
   (6) $y_{t+1} + 2y_t = t^2 + 4^t$.

5. 设某产品在时期 t 的价格、供给量与需求量分别为 P_t, S_t 与 Q_t ($t = 0, 1, 2, \cdots$), 并满足关系: ① $S_t = 2P_t + 1$, ② $Q_t = -4P_{t-1} + 5$, ③ $Q_t = S_t$. 求证: 由①, ②, ③可推出差分方程 $P_{t+1} + 2P_t = 2$. 若已知 P_0, 求该差分方程的解.

自 测 题 10

(满分 100 分, 测试时间 100 分钟)

一、填空题(本题共 10 个小题, 每小题 4 分, 共 40 分)

1. 差分方程 $\Delta^3 y_t + y_t + 2 = 0$ 的阶数是_____.
2. 已知 $y_t = \log_a t$, 则 $\Delta y_t = $_____.
3. 已知 $y_t = 2t^3 - t^2$, 则 $\Delta^2 y_t = $_____.
4. 差分方程 $\Delta^2 y_t + 2\Delta y_t = 0$ 表示成不含差分的形式为_____.
5. 差分方程 $4y_{t+1} + 3y_t = 0$ 的通解为_____.
6. 已知 $y_t = e^t$ 是方程 $y_{t+1} + ay_{t-1} = 2e^t$ 的一个解, 则 $a = $_____.
7. 方程 $y_{t+1} + 2y_t = 3 \cdot 2^t$, 满足初始条件 $y_0 = 4$ 的特解为_____.
8. 方程 $y_{t+1} - 2y_t = 3^t$, 满足初始条件 $y_0 = 0$ 的特解为_____.
9. 差分方程 $y_{t+1} - 2y_t = 3t^2$ 的通解为_____.

10. 差分方程 $y_{t+1} - 2y_t = 2t^2 - 1$ 的通解为_____.

二、计算题(本题共 6 个小题,每小题 10 分,共 60 分)

1. 验证 $y_t = C(-2)^t$ 是差分方程 $y_{t+1} + 2y_t = 0$ 的通解.

2. 求方程 $y_{t+1} + y_t = t \cdot 2^t$ 的特解.

3. 已知通解是 $y_t = C + 2t + t^2$,求差分方程.

4. 已知差分方程 $2y_{t+1} - 3y_t = 0$,求通解.

5. 已知差分方程 $y_{t+1} - y_t = 0$,求通解.

6. 已知差分方程 $y_{t+1} + y_t = 0$,求通解.

习题参考答案

习 题 6.1

1. (1) $\dfrac{1}{2}$； (2) 0.

2. 0.

3. (1) 成立； (2) 不成立； (3) 成立； (4) 成立.

4. (1) $6 \leqslant \int_1^4 (x^2+1)\mathrm{d}x \leqslant 51$； (2) $2\mathrm{e}^{-\frac{1}{4}} \leqslant \int_0^2 \mathrm{e}^{(x^2-x)}\mathrm{d}x \leqslant 2\mathrm{e}^2$.

5. B.   6. D.   7. B.

习 题 6.2

1. (1) $y' = 2x\cos x^2$；   (2) $y' = -3x\sin x$；
   (3) $y' = \int_0^x \mathrm{e}^t \mathrm{d}t + x\mathrm{e}^x$；   (4) $y' = \dfrac{3}{x^4} - \dfrac{2}{x^3}$.

2. (1) 0;   (2) $\dfrac{1}{2}$；   (3) 1.

3. (1) $\dfrac{21}{8}$； (2) $1 - \dfrac{1}{\mathrm{e}} - \dfrac{\pi}{4}$； (3) $\dfrac{1}{2} - \dfrac{\pi}{4} + \arctan 2$； (4) $1 + \dfrac{\pi}{4}$.

4. A.   5. B.   6. 证明略.

习 题 6.3

1. (1) $\dfrac{1}{3}(\mathrm{e}^3-1)^3$；   (2) $\sqrt{2}-1$；   (3) $\dfrac{1}{2} - \dfrac{\pi}{8}$；
   (4) $\dfrac{1}{2} - \dfrac{1}{2}\cos\dfrac{\pi^2}{4}$； (5) $2(\sqrt{2}-1)$；   (6) $\ln 2$；
   (7) $\dfrac{1}{16}$；   (8) $\dfrac{2}{15}$；   (9) $7 + 2\ln 2$；
   (10) π；   (11) $\sqrt{3} - \dfrac{\pi}{3}$；   (12) $\dfrac{\pi}{4}$.

2. (1) $\sqrt{2}$；   (2) 0;   (3) $\dfrac{1}{6}$；   (4) $\dfrac{\pi}{8}$；

(5) $2(\sqrt{2}-1)$;   (6) 2;   (7) $\dfrac{35}{256}\pi$;   (8) $\dfrac{16}{35}$.

3. $\dfrac{8}{3}$.

4. (1) $1-\dfrac{2}{e}$;   (2) $\dfrac{\pi}{4}-\dfrac{1}{2}\ln 2$;   (3) $\dfrac{1}{4}(e^2+1)$;

(4) $\pi-2$;   (5) $\dfrac{e^\pi-2}{5}$;   (6) $2\left(1-\dfrac{1}{e}\right)$.

5. 证明略.   6. 证明略.

习 题 6.4

1. (1) 1;   (2) $\dfrac{1}{2}$;   (3) 0;   (4) $\ln 3$.

2. (1) 4;   (2) $\dfrac{8}{3}$;   (3) $\dfrac{\pi}{2}$;   (4) 发散.

3. D.

4. $k=-2$.

习 题 6.5

1. (1) $\dfrac{1}{6}$;   (2) $\dfrac{32}{3}$;   (3) $e-1$;   (4) $e-1$;

(5) $\dfrac{32}{3}$;   (6) $4-\ln 3$;   (7) $\dfrac{1}{3}$;   (8) $2\sqrt{2}$.

2. $\dfrac{1}{4a}(e^{4\pi a}-1)$.

3. $\dfrac{3}{2}\pi a^2$.

4. (1) $\dfrac{3\pi}{10}$;   (2) $\dfrac{1}{2}a^3\pi$;   (3) $160\pi^2$;

(4) $\dfrac{2\pi}{15}$;   (5) $2\pi^2$;   (6) $\dfrac{4\pi R^3}{3}$.

习 题 6.6

1. (1) 75278;   (2) 19850.

2. (1) $\Delta Q = 845\dfrac{1}{3}$;   (2) $Q(t)=200t+\dfrac{5}{2}t^2-\dfrac{1}{6}t^3$.

3. $\dfrac{1}{3}$.

总习题 6

1. (1) $\dfrac{1}{3}$; (2) 1; (3) $\dfrac{2\sqrt{2}}{\pi}$; (4) $\dfrac{2}{\pi}$.

2. (1) $\int_0^x f(t)\,dt$; (2) $2x[f(x^2+2)-f(x^2+1)]$; (3) $-\dfrac{1}{x^2}\int_0^x f(u)\,du+\dfrac{1}{x}f(x)$.

3. $y'=-\dfrac{\cos x^2}{e^{y^2}}$.

4. 单调递减区间为 $(-\infty,-1]\cup[0,1]$, 单调递增区间为 $[-1,0]\cup[1,+\infty)$; $x=0$ 是极大值点, 极大值 $f(0)=\dfrac{1}{2}\left(1-\dfrac{1}{e}\right)$; $x=\pm 1$ 是极小值点, 极小值 $f(\pm 1)=0$.

5. (1) 1; (2) $\dfrac{5}{8}\ln 3-\dfrac{1}{2}$; (3) $\dfrac{2}{3}$; (4) $\dfrac{1}{4}$;

   (5) $\dfrac{2\pi}{3}$; (6) $\dfrac{\sqrt{3}}{2}+\ln|2-\sqrt{3}|$; (7) $\dfrac{\sqrt{3}}{3}\pi$; (8) $\dfrac{\pi}{4}-\dfrac{1}{2}\ln 2$.

6. (1) 1; (2) $\dfrac{\pi}{2}$; (3) $\dfrac{\pi}{2}$;

   (4) $-\dfrac{1}{2}\ln 2$; (5) 2; (6) 6.

7. 证明略. 8. $\dfrac{3\pi}{16}+\dfrac{3}{4}$. 9. $\tan\dfrac{1}{2}-\dfrac{1}{2}e^{-4}+\dfrac{1}{2}$.

10. $4\sqrt{2}$. 11. 2. 12. $\dfrac{1}{3}$.

13. $\dfrac{\pi}{4}a^2$. 14. a^2. 15. $\dfrac{\pi^2}{2}-\dfrac{2\pi}{3}$.

16. $\dfrac{128\pi}{15}$. 17. 2; $\dfrac{2}{3}\pi(e^2-1)$.

18. (1) $\dfrac{4\pi}{5}(32-a^5)$, πa^4; (2) $V(1)=\dfrac{129\pi}{5}$.

19. $p=\dfrac{120}{7}$ 时利润达到最大, 最大利润 $\max L\left(\dfrac{120}{7}\right)\approx 23.21$.

20. (1) 39 万元, 36 万元; (2) 获得最大总利润的产量是 $Q=3$(百台);
    (3) 63 万元, 60 万元, 3 万元.

自测题 6

一、1. $\int_0^2 \sqrt{y}\,dy$; 2. $\dfrac{1}{3}$; 3. 必要条件; 充分条件;

4. $\dfrac{4}{\pi}-1$; 5. $\dfrac{1}{3}$; 6. $-e^{-x}f(e^{-x})-f(x)$;

7. 0;   8. π;   9. 1;   10. $x-1$.

二、1. D;   2. A;   3. B;   4. C;   5. B.

三、1. $\dfrac{2\sqrt{3}}{3}-\dfrac{\pi}{6}$;   2. $e-2$;   3. $\dfrac{\pi}{2}$;

4. $\dfrac{1}{2}e^{\frac{1}{2}}$;   5. $\dfrac{64}{3}$;   6. $S=4-3\ln 3$, $V_x=\dfrac{8}{3}\pi$.

四、提示：$\dfrac{\int_a^b f(x)g(x)\mathrm{d}x}{\int_a^b g(x)\mathrm{d}x}$ 介于 $f(x)$ 在 $[a,b]$ 上的最大值 M 与最小值 m 之间.

五、$111\dfrac{1}{3}$.

习　题　7.1

1. (1) $u_n=\dfrac{1}{2n}, n=1,2,\cdots$;   (2) $u_n=(-1)^n\dfrac{1}{n}, n=1,2,\cdots$;

(3) $u_n=\dfrac{n}{n^2+1}, n=1,2,\cdots$;   (4) $u_n=\dfrac{x^{n-1}}{(3n-2)(3n+1)}, n=1,2,\cdots$.

2. (1) $1,\dfrac{4}{5},\dfrac{3}{5},\dfrac{8}{17}$;   (2) $1,\dfrac{1}{2},\dfrac{2}{3},\dfrac{3}{2}$;

(3) $\dfrac{1}{5},-\dfrac{1}{25},\dfrac{1}{125},-\dfrac{1}{625}$;   (4) $\dfrac{\sin x}{\ln 2},\dfrac{\sin 2x}{\ln 3},\dfrac{\sin 3x}{\ln 4},\dfrac{\sin 4x}{\ln 5}$.

3. $u_1=\dfrac{4}{5}, u_2=-\left(\dfrac{4}{5}\right)^2, u_n=(-1)^{n-1}\left(\dfrac{4}{5}\right)^n$;

$s_1=\dfrac{4}{5}, s_2=\dfrac{4}{25}, s_n=\dfrac{4}{9}\left[1-\left(-\dfrac{4}{5}\right)^n\right]$.

4. $\sum_{n=1}^{\infty}\dfrac{3}{n(n+1)}$, 3.

5. (1) 收敛, $\dfrac{1}{5}$;   (2) 发散;   (3) 发散;   (4) 发散.

6. (1) 发散;   (2) 发散;   (3) 收敛;   (4) 发散;   (5) 发散;   (6) 发散.

7. (1) 发散;   (2) 收敛, $\dfrac{4}{9}$;   (3) 发散;

(4) 收敛, $\dfrac{3}{4}$;   (5) 发散;   (6) 收敛, 5108.

习　题　7.2

1. (1) 发散; (2) 发散; (3) 发散; (4) 发散; (5) 发散; (6) 收敛; (7) 发散; (8) 收敛;

(9)收敛； (10)发散； (11)收敛； (12)当 $a>1$ 时收敛；当 $a\leqslant 1$ 时发散.

2. (1)收敛； (2)收敛； (3)发散； (4)收敛； (5)收敛； (6)收敛； (7)发散； (8)收敛.

3. (1)收敛； (2)发散； (3)收敛； (4)收敛； (5)收敛； (6)收敛.

4. (1)发散； (2)发散； (3)收敛； (4)收敛； (5)收敛； (6)发散.

习 题 7.3

1. (1)条件收敛； (2)绝对收敛； (3)绝对收敛； (4)条件收敛； (5)绝对收敛； (6)发散； (7)绝对收敛； (8)绝对收敛； (9)绝对收敛； (10)发散.

习 题 7.4

1. (1) $R=1, (-1,1)$； (2) $R=1, [-1,1]$；

(3) $R=\dfrac{1}{2}, \left(-\dfrac{1}{2}, \dfrac{1}{2}\right)$； (4) $R=0, \{0\}$；

(5) $R=2, [-2,2]$； (6) $R=\dfrac{1}{5}, \left(-\dfrac{1}{5}, \dfrac{1}{5}\right]$；

(7) $R=\sqrt{3}, (-\sqrt{3}, \sqrt{3})$； (8) $R=\dfrac{\sqrt{2}}{2}, \left(-3-\dfrac{\sqrt{2}}{2}, -3+\dfrac{\sqrt{2}}{2}\right)$.

(9) $R=1, [1,3)$； (10) $R=1, (1,2]$；

2. (1) $s(x) = \arctan x, x \in [-1,1]$； (2) $s(x) = \dfrac{2x}{(1-x^2)^2}, x \in (-1,1)$；

(3) $s(x) = \ln(x+1), x \in (-1,1]$；

(4) $s(x) = \begin{cases} -\dfrac{1}{x}\ln(x+1), & x \neq 0, \\ -1, & x = 0, \end{cases} x \in (-1,1]$；

(5) $s(x) = \dfrac{2x}{(1-x)^3}, x \in (-1,1)$；

(6) $s(x) = \begin{cases} -\dfrac{1}{x}\ln\left(1-\dfrac{x}{2}\right), & x \neq 0, \\ \dfrac{1}{2}, & x = 0, \end{cases} x \in [-2,2)$.

习 题 7.5

1. (1) $e^{-x^2} = \sum\limits_{n=0}^{\infty} \dfrac{(-1)^n}{n!} x^{2n}$ $(-\infty < x < +\infty)$；

(2) $\cos^2 x = 1 + \dfrac{1}{2}\sum\limits_{n=1}^{\infty}\dfrac{(-1)^n}{(2n)!}\cdot(2x)^{2n}$ $(-\infty<x<+\infty)$;

(3) $\dfrac{1}{\sqrt{1-x^2}} = 1 + \sum\limits_{n=1}^{\infty}\dfrac{(2n-1)!!}{(2n)!!}x^{2n}$ $(-1<x<1)$;

(4) $x^3 e^{-x} = \sum\limits_{n=0}^{\infty}\dfrac{(-1)^n}{n!}x^{n+3}$ $(-\infty<x<+\infty)$;

(5) $\dfrac{1}{3-x} = \sum\limits_{n=0}^{\infty}\dfrac{1}{3^{n+1}}x^n$ $(-3<x<3)$;

(6) $\ln(a+x) = \ln a + \sum\limits_{n=1}^{\infty}(-1)^{n-1}\dfrac{1}{n}\left(\dfrac{x}{a}\right)^n$ $(-a<x\leqslant a)$.

2. $\dfrac{1}{x+2} = \dfrac{1}{4}\left[1 - \dfrac{x-2}{4} + \left(\dfrac{x-2}{4}\right)^2 - \left(\dfrac{x-2}{4}\right)^3 + \cdots + (-1)^n\left(\dfrac{x-2}{4}\right)^n + \cdots\right]$ $(-2<x<6)$.

3. $\dfrac{1}{x^2+3x+2} = \sum\limits_{n=0}^{\infty}\left(\dfrac{1}{2^{n+1}} - \dfrac{1}{3^{n+1}}\right)(x+4)^n$ $(-6<x<-2)$.

4. $\cos x = \dfrac{1}{2}\sum\limits_{n=0}^{\infty}(-1)^n\left[\dfrac{\left(x+\dfrac{\pi}{3}\right)^{2n}}{(2n)!} + \sqrt{3}\dfrac{\left(x+\dfrac{\pi}{3}\right)^{2n+1}}{(2n+1)!}\right]$ $(-\infty<x<+\infty)$.

习　题　7.6

1. (1) $\dfrac{1}{2}\pi^2$；(2) 1.

2. (1) $f(x) = \pi^2 + 1 + 12\sum\limits_{n=1}^{\infty}\dfrac{(-1)^n}{n^2}\cos nx$ $(-\infty<x<+\infty)$;

(2) $f(x) = \dfrac{e^{2\pi} - e^{-2\pi}}{\pi}\left[\dfrac{1}{4} + \sum\limits_{n=1}^{\infty}\dfrac{(-1)^n}{n^2+4}(2\cos nx - n\sin nx)\right]$, $x \neq (2k+1)\pi$, $k = 0, \pm 1, \pm 2, \cdots$;

(3) $f(x) = \dfrac{2}{\pi}\sum\limits_{n=1}^{\infty}\left[\dfrac{1}{n^2}\sin\dfrac{n\pi}{2} + (-1)^{n+1}\dfrac{\pi}{2n}\right]\sin nx$, $x \neq (2k+1)\pi$, $k = 0, \pm 1, \pm 2, \cdots$.

3. (1) $\cos\dfrac{x}{2} = \dfrac{2}{\pi} + \dfrac{4}{\pi}\sum\limits_{n=1}^{\infty}\dfrac{(-1)^{n-1}}{4n^2-1}\cos nx$, $-\pi \leqslant x \leqslant \pi$;

(2) $f(x) = \dfrac{1+\pi-e^{-\pi}}{2\pi} + \dfrac{1}{\pi}\sum\limits_{n=1}^{\infty}\dfrac{(-1)^n}{n^2+4}\left\{\dfrac{1-(-1)^n e^{-\pi}}{1+n^2}\cos nx + \left[\dfrac{-n+(-1)^n ne^{-\pi}}{1+n^2} + \dfrac{1}{n}(1-(-1)^n)\right]\sin nx\right\}$, $-\pi<x<\pi$.

4. (1) $f(x) = \dfrac{11}{12} + \dfrac{1}{\pi^2} \sum\limits_{n=1}^{\infty} \dfrac{(-1)^{n+1}}{n^2} \cos 2n\pi x, -\infty < x < +\infty$;

(2) $f(x) = -\dfrac{1}{4} + \sum\limits_{n=1}^{\infty} \left\{ \left[\dfrac{1-(-1)^n}{n^2 \pi^2} + \dfrac{2\sin\dfrac{n\pi}{2}}{n\pi} \right] \cos n\pi x + \dfrac{1-2\cos\dfrac{n\pi}{2}}{n\pi} \sin n\pi x \right\}, x \neq 2k, 2k+\dfrac{1}{2},$

$k = 0, \pm 1, \pm 2, \cdots;$

(3) $f(x) = -\dfrac{1}{2} + \sum\limits_{n=1}^{\infty} \left\{ \dfrac{6}{n^2 \pi^2}[1-(-1)^n]\cos\dfrac{n\pi x}{3} + \dfrac{6}{n\pi}(-1)^{n+1}\sin\dfrac{n\pi x}{3} \right\}, x \neq 3(2k+1),$

$k = 0, \pm 1, \pm 2, \cdots.$

总 习 题 7

1. (1) 取 $n = 12k+3$; (2) 取 $\lim\limits_{n\to\infty} \dfrac{1}{\sqrt[n]{n}} = 1 \neq 0$, 两个均发散.

2. (1) 发散; (2) 收敛; (3) 收敛; (4) 发散; (5) 发散; (6) 收敛.

3. (1) 收敛; (2) 收敛; (3) 发散; (4) 收敛.

4. (1) 条件收敛; (2) 条件收敛; (3) 绝对收敛.

5. $\dfrac{1}{e}$.

6. (1) $(-1, 1)$; (2) $[-1, 0)$; (3) $(-\infty, +\infty)$; (4) $(-\infty, +\infty)$.

7. (1) 证明略; (2) 和函数为 $s(x) = 2e^{-x} - e^x$.

8. 收敛域为 $(-1, 1)$, 和函数 $s(x) = \begin{cases} \dfrac{3-x}{(1-x)^3}, & x \neq 0, \\ 3, & x = 0. \end{cases}$

9. 收敛域为 $[-1, 1]$, 和函数 $s(x) = (1+x)\ln(1+x) + (1-x)\ln(1-x), x \in [-1, 1]$.

10. $f(x) = -\dfrac{1}{15} \sum\limits_{n=0}^{\infty} \left(\dfrac{x-1}{3} \right)^n + \dfrac{1}{10} \sum\limits_{n=0}^{\infty} (-1)^n \left(\dfrac{x-1}{2} \right)^n$, 收敛区间为 $(-1, 2)$.

11. 3980 万元.

自 测 题 7

一、1. 充分必要; 2. 8; 3. 收敛; 4. 发散; 5. 收敛; 6. 条件收敛;

7. $+\infty$; 8. $(-\sqrt{2}, \sqrt{2})$; 9. $(-2, 0]$; 10. $\dfrac{1}{4} \sum\limits_{n=0}^{\infty} \left[(-1)^{n+1} - \dfrac{1}{3^{n+1}} \right] x^n, -1 < x < 1$.

二、1. B; 2. A; 3. D; 4. C; 5. A.

三、1. 发散；2. 收敛；3. 绝对收敛；4. $(2-\sqrt{3}, 2+\sqrt{3})$；5. $\sum_{n=1}^{\infty} \frac{n}{2^{n+1}} x^{n-1}, -2 < x < 2$；

6. $f(x) = \frac{e^{\pi}-1}{2\pi} + \frac{1}{\pi} \sum_{n=1}^{\infty} \left[\frac{(-1)^n e^{\pi}-1}{n^2+1} \cos nx + \frac{n((-1)^{n+1} e^{\pi}+1)}{n^2+1} \sin nx \right], -\infty < x < +\infty \text{ 且 } x \neq n\pi$, $n = 0, \pm 1, \pm 2, \cdots$.

习 题 8.1

1. (1) $4xy$；   (2) $x^2 - 2y$；
(3) $\{(x, y) \mid x \geq 0, -\infty < y < +\infty\}$；   (4) $\{(x, y) \mid x + y > 0\}$；
(5) $\{(x, y) \mid 0 \leq y \leq 2, x > y\}$；   (6) $\{(x, y, z) \mid r^2 \leq x^2 + y^2 + z^2 \leq R^2\}$.

2. (1) D；(2) B；(3) D；(4) C；(5) B；(6) A.

3. 略.

习 题 8.2

1. (1) $3x^2 - 3y^2, 3y^2 - 6xy$；   (2) $2xye^y, x^2 e^y (1+y)$；

(3) $8, 4$；   (4) $1, \frac{\pi}{2}, \frac{\pi}{2}$.

2. (1) A；(2) B；(3) D；(4) C；(5) D.

3. (1) ×；(2) √；(3) √；(4) ×.

习 题 8.3

1. (1) $-4, 2$；(2) $-\frac{1}{2}, -\frac{1}{2}$；(3) $2, 1$；(4) $0, 1$；(5) $e^{-1}, -2e^{-1}$.

2. (1) A；(2) B；(3) A；(4) B；(5) C.

3. (1) √；(2) √；(3) ×；(4) ×；(5) √.

4. (1) $(x+y)^{xy} \left[\frac{xy}{x+y} + y\ln(x+y) \right], (x+y)^{xy} \left[\frac{xy}{x+y} + x\ln(x+y) \right]$；

(2) $\frac{\partial z}{\partial x} = 2x + \frac{2(x-y)}{2x+y} + \ln(2x+y), \frac{\partial z}{\partial y} = \frac{(x-y)}{2x+y} - \ln(2x+y)$；

(3) $\frac{\partial z}{\partial x} = 2x f_1' + f_2', \frac{\partial z}{\partial y} = -2y f_1' + f_3'$；

(4) $\frac{\partial z}{\partial x} = e^y f_1' + f_2', \frac{\partial z}{\partial y} = xe^y f_1' + f_3'$.

5. $z'_x = y + y\varphi'(xy), z''_{xx} = y^2\varphi''(xy), z''_{xy} = 1 + \varphi'(xy) + xy\varphi''(xy)$.
6. 证明略.

习 题 8.4

1. (1) 1; (2) $-\dfrac{3x^2+yz}{3z^2+xy}, -\dfrac{3y^2+xz}{3z^2+xy}$;

(3) $\dfrac{2x+2}{2y+e^z}, \dfrac{2y-2z}{2y+e^z}$; (4) 1, 1.

2. (1) B; (2) B; (3) A; (4) C.

3. $\dfrac{du}{dx} = \dfrac{\partial f}{\partial x} + \dfrac{y^2}{1-xy}\dfrac{\partial f}{\partial y} + \dfrac{z}{xz-x}\dfrac{\partial f}{\partial z}$.

习 题 8.5

1. (1) $e^{xy}(ydx+xdy)$; (2) $du = (y+z)dx+(x+z)dy+(y+x)dz$;

(3) $dz = \dfrac{2x}{x^2+y^2}dx + \dfrac{2y}{x^2+y^2}dy$; (4) $du = \dfrac{\sqrt{2}}{2}(dx+dy+dz)$;

(5) $du = e^{xy+z}(ydx+xdy+dz)$; (6) $dz = \dfrac{y}{1+x^2y^2}dx + \dfrac{x}{1+x^2y^2}dy$.

2. (1) B; (2) A; (3) D; (4) B.

3. (1) $dz = e^{-\arctan\frac{y}{x}}[(2x+y)dx+(2y-x)dy]$;

(2) $-\dfrac{1}{3}(dx+2dy)$;

(3) $-dx+2dy$.

4. 不可微.

习 题 8.6

1. (1) 6; (2) (1, 0); (3) (1, 1); (4) 30.

2. (1) A; (2) B; (3) B.

3. (1) ×; (2) ×; (3) ×.

4. (1) 极大值 $f(3,-2) = 30$;

(2) $a>0$, 极大值 $f\left(\dfrac{a}{3},\dfrac{a}{3}\right) = \dfrac{a^3}{27}$, $a<0$, 极小值 $f\left(\dfrac{a}{3},\dfrac{a}{3}\right) = \dfrac{a^3}{27}$;

(3) 极大值 $f(3, 2) = 36$; (4) 极小值 $f\left(\dfrac{1}{2}, -1\right) = -\dfrac{e}{2}$.

5. $4m^3$.

6. $x = 120, y = 80$.

习 题 8.7

1. (1) <; (2) $\dfrac{16}{3}\pi$; (3) 负号; (4) 0.

2. (1) C; (2) B; (3) B; (4) D.

习 题 8.8

1. (1) $\int_0^1 dy \int_0^{1-y} f(x, y) dx$; (2) $\int_0^1 dx \int_x^{2-x} f(x, y) dy$; (3) $\dfrac{1}{3}$; (4) $\pi\ln 5$.

2. (1) C; (2) D; (3) B.

3. (1) $\dfrac{20}{3}$; (2) $e - 2$; (3) $\dfrac{76}{3}$; (4) $\dfrac{1}{2}$; (5) $\dfrac{1}{6}$.

4. (1) $\dfrac{10}{9}\sqrt{2}$; (2) $-6\pi^2$; (3) $\dfrac{9}{4}$; (4) $\dfrac{70}{3}$; (5) $\dfrac{R^3}{3}\left(\pi - \dfrac{4}{3}\right)$; (6) $\dfrac{3}{2}\pi$.

5. $\dfrac{5}{144}$.

总 习 题 8

1. $(1 + 2\ln 2)(dx - dy)$.

2. $\dfrac{\partial^2 z}{\partial x \partial y} = f''_{11}(2, 2) + f'_2(2, 2) \cdot f''_{12}(1, 1)$.

3. $\left(1, -\dfrac{4}{3}\right)$ 为极小值点,极小值为 $-e^{-\frac{1}{3}}$.

4. $5\pi + \dfrac{32}{3}$.

5. $-\dfrac{3}{4}$.

6. $f(u) = \dfrac{e^{2u}}{16} - \dfrac{e^{-2u}}{16} - \dfrac{u}{4}$.

7. $f(x, y)$ 在 D 上的最大值为 $f(2, 1) = 4$,最小值为 $f(4, 2) = -64$.

自 测 题 8

一、1. $(x-1)^2+y^2 \leqslant 1$ 且 $x^2+y^2>1$;　　2. 0;

3. $2\cot(2x-y)$;　　4. $\dfrac{1}{2}(dx+dy)$;

5. $\dfrac{z}{y+z}$;　　6. $(0, 0)$;

7. 0;　　8. 2;

9. $\pi(e^4-1)$;　　10. $I_1 < I_3 < I_2$.

二、1. C; 2. A; 3. D; 4. C; 5. A.

三、1. $\left(\dfrac{\pi}{e}\right)^2$ 0;　2. $\dfrac{\partial z}{\partial x}=f_1'-\dfrac{y}{x^2}f_2'$; $\dfrac{\partial^2 z}{\partial y^2}=\dfrac{1}{x^2}f_{22}''$.

3. $\dfrac{3}{2}x^2\sin 2y(\sin y-\cos y)$, $x^3(\sin y+\cos y)\left(\dfrac{3}{2}\sin 2y-1\right)$;

4. $\dfrac{\pi}{8}(1-e^{-R^2})$;　5. $\dfrac{5}{2}\pi$;　6. $\dfrac{e}{2}-1$.

四、$K=32$, $L=8$ 成本最低, 最低成本是 $C=128$.

五、证明略.

习 题 9.1

1. (1) 一阶; (2) 二阶; (3) 一阶; (4) 三阶.

2. (1) 特解; (2) 不是通解也不是特解; (3) 通解.

3. $C_1=0$, $C_2=1$.

4. (1) $y'=5x$;　　(2) $y'=\dfrac{1}{xy}$.

习 题 9.2

1. (1) $y=\dfrac{1}{5}x^3+\dfrac{1}{2}x^2+C$;　　(2) $\arcsin x=\dfrac{2^y}{\ln 2}+C$;

(3) $\arctan y=\dfrac{1}{2}x^2+x+C$;　　(4) $Ce^{-\cot x}=\ln y$;

(5) $\dfrac{y}{3+y}=Ce^{\frac{3}{2}x^2}$;　　(6) $(y^2-1)(x^2-1)=C$.

2. (1) $2e^y = e^{2x} + 1$;　　　　　　　(2) $\cos y = \dfrac{\sqrt{2}}{2}\cos x$.

3. (1) $x^3 - 2y^3 = Cx$;　　　　　　　(2) $e^{\frac{y}{x}} = -\ln|x| + C$;

(3) $y^2 = x^2(2\ln|x| + C)$;　　　　　(4) $x + 2ye^{\frac{x}{y}} = C$.

4. (1) $y = x\sqrt{\ln x^2 + 4}$;　　　　　(2) $y = xe^{2x+1}$.

5. (1) $y = \dfrac{1}{3}x^2 + \dfrac{3}{2}x + 2 + \dfrac{C}{x}$;　　(2) $y = \dfrac{1}{\ln x}\left(\dfrac{1}{2}\ln^2 x + C\right)$;

(3) $x = Cy^3 + \dfrac{1}{2}y^2$;　　　　　(4) $y = (C + x)\cos x$.

6. (1) $y = \dfrac{1}{3}x\ln x - \dfrac{1}{9}x$;　　　　(2) $y = \sqrt{x}$.

7. (1) B;　(2) A.

8. $f(x) = 3e^{3x} - 2e^{2x}$.

9. $y' - y = 2x - x^2$.

习　题　9.3

1. (1) $y = \dfrac{1}{6}x^3 - \sin x + C_1 x + C_2$;　　(2) $y = xe^x - 2e^x + C_1 x + C_2$;

(3) $y = \dfrac{1}{8}e^{2x} - \sin x + C_1 x^2 + C_2 x + C_3$.

2. (1) $y = C_1 \ln|x| + C_2$;　　　　　(2) $y = \arcsin(C_2 e^x) + C_1$;

(3) $y = C_2 e^{C_1 x}$;　　　　　　　(4) $y = -\ln|\cos(x + C_1)| + C_2$.

3. (1) $y = x^3 + 3x + 1$;　　　　　　(2) $y = \sqrt{x+1}$.

习　题　9.4

1. (1) $y = C_1 e^{3x} + C_2 e^x$;　　　　　(2) $y = C_1 + C_2 e^{4x}$;

(3) $y = (C_1 + C_2 x)e^{2x}$;　　　　　(4) $y = e^{2x}(C_1 \cos x + C_2 \sin x)$.

2. $y = 3e^{-2x}\sin 5x$.

3. (1) $y = e^x(C_1 \cos x + C_2 \sin x) + e^x$;

(2) $y = c_1 e^{2x} + c_2 e^{3x} - x\left(\dfrac{1}{2}x + 1\right)e^{2x}$;

(3) $y = C_1 \cos 2x + C_2 \sin 2x + \dfrac{1}{2}x\sin 2x$;

(4) $y = C_1 e^{2x} + C_2 e^{-2x} + \frac{1}{4} x e^{2x}$;

(5) $y = C_1 \cos x + C_2 \sin x - 2x$;

(6) $y = C_1 \cos x + C_2 \sin x + x + \frac{1}{2} x \sin x$.

4. $y = -5e^x + \frac{7}{2} e^{2x} + \frac{5}{2}$.

5. (1) D; (2) B; (3) A; (4) B.

6. (1) $y = -xe^x + x + 2$; (2) $y = C_1 e^{3x} + C_2 e^x - x e^{2x}$.

习 题 9.5

1. $xy = 6$.

2. $y = \frac{1}{2}(x^2 - 1)$.

3. $e^{\frac{y}{x}} = Cxy$.

总 习 题 9

1. (1) A; (2) D; (3) D; (4) A.

2. (1) $y = Cxe^{-x}$; (2) $(y^2 - 1)(x^2 - 1) = C$; (3) $(x-4)y^4 = Cx$;

(4) $y = \frac{-x}{\ln|x| + C}$; (5) $x = Ce^{\frac{1}{2}y^2} - y^2 - 2$; (6) $x = y^2 + Cy^2 e^{\frac{1}{y}}$.

3. (1) $y = \frac{2}{x}$; (2) $y = \frac{1}{5}x^3 + \sqrt{x}$;

(3) $y = \frac{x}{\sqrt{1 + \ln x}}$; (4) $y = x\sqrt{2(1 + \ln x)}$.

4. (1) $y = C_1 x^{-2} + C_2$; (2) $y = C_2 e^{C_1 x} + 1$;

(3) $y = e^{-x}[C_1 \cos 2x + C_2 \sin 2x]$; (4) $y = C_1 e^x + C_2 e^{3x} - 2e^{2x}$;

(5) $y = C_1 e^x + C_2 e^{2x} - x\left(\frac{1}{2}x + 1\right)e^x$;

(6) $y = \frac{1}{3}x^3 - x^2 + 2x + C_1 + C_2 e^{-x}$;

(7) $y = C_1 \cos 2x + C_2 \sin 2x + \frac{1}{5}e^x + \frac{2}{3}\cos x$;

(8) $y = C_1 e^x + C_2 e^{-x} + C_3 \cos x + C_4 \sin x$.

5. $u(x) = -(2x+1)e^{-x}$, $y = C_1 e^x + C_2(2x+1)$.

6. $\alpha = -3, \beta = 2, \gamma = -1, y = C_1 e^x + C_2 e^{2x} + x e^x$.

7. $f(x) = e^x$.

8. 极大值 $y(1) = 1$；极小值 $y(-1) = 0$.

9. $y(x) = e^{-2x} + 2e^x$.

10. $y = 2x + 3x^2 \ (x \geqslant 0)$.

自 测 题 9

一、1. $y = x^2 + C$; 2. 4;
3. 1; 4. $y = 4e^x + 2e^{3x}$;
5. $y = C_1 e^{-3x} + C_2 + y^*(x)$; 6. $y'' - 3y' + 2y = 0$;
7. 1; 8. 0;
9. $Ax^2 e^{2x} + e^{2x}(B\cos 2x + C\sin 2x)$;
10. $Ae^x + e^x(B\cos 2x + C\sin 2x)$.

二、1. B; 2. A; 3. B; 4. B; 5. B.

三、1. $\dfrac{1}{3}e^{-y^3} = e^x + C$； 2. $y = \dfrac{x}{2} + \dfrac{C}{x}$； 3. $\ln|y| - \dfrac{x^3}{3y^3} = C$.

四、1. $y^* = -\dfrac{1}{4}xe^{-3x}$； 2. $y^* = -\dfrac{1}{3}x\cos 2x + \dfrac{4}{9}\sin 2x$.

五、$y = 2(e^x - x - 1)$.

六、$Q = 650 - 5p - p^2$.

七、证明略.

习 题 10.1

1. (1) 0; (2) 6; (3) $(e-1)^2 e^t$; (4) $\log_a\left(1 + \dfrac{1}{t}\right)$.

2. (1) 一阶；(2) 一阶；(3) 三阶；(4) 五阶；(5) 二阶；(6) 二阶.

3. (1) $y_{t+1} - y_t = 3$; (2) $y_{t+2} - 5y_{t+1} + 4y_t = 5$;
(3) $y_{t+1} + y_t - 3 = 0$; (4) $y_{t+3} - y_{t+2} = 5$.

习 题 10.2

1. 略. 2. $y_t = C_1(-2)^t + C_2 t \cdot (-2)^t$.

习 题 10.3

1. (1) $y_t = C5^t - 1$;

(2) $y_t = C\left(\dfrac{1}{2}\right)^t + t + 1$;

(3) $y_t = \dfrac{2}{3}t^3 - t^2 + \dfrac{1}{3}t + C$;

(4) $y_t = C3^t + \dfrac{1}{6}t \cdot 3^t$.

2. (1) $y_t = \dfrac{5}{4}(-3)^t - \dfrac{1}{4}$;

(2) $y_t = \dfrac{1}{4}\left(-\dfrac{1}{2}\right)^t + \dfrac{1}{4}$;

(3) $y_t = \left(\dfrac{1}{2}\right)^{t-2} + t$;

(4) $y_t = 4 + 2^t - t$.

习 题 10.4

1. $Y_t = \left(1 + \dfrac{\alpha}{\beta}\right)^t Y_0$; $S_t = I_t = \alpha Y_{t-1} = \alpha\left(1 + \dfrac{\alpha}{\beta}\right)^{t-1} Y_0, t = 0, 1, 2, \cdots$.

总 习 题 10

1. (1) $\Delta y_t = -3t^2 + 3t + 2, \Delta^2 y_t = -6t$;

(2) $\Delta y_t = e^{2t}(e^2 - 1), \Delta^2 y_t = e^{2t}(e^2 - 1)^2$;

(3) $\Delta y_t = \ln(t+1) - \ln t, \Delta^2 y_t = \ln(t+2) - 2\ln(t+1) + \ln t$;

(4) $\Delta y_t = 3^t(2t^2 + 6t + 3), \Delta^2 y_t = 3^t(4t^2 + 24t + 30)$.

2. (1) 是, 6; (2) 是, 2; (3) 不是; (4) 不是.

3. (1) $y_t = C2^t$; (2) $y_t = C(-3)^t$;

(3) $y_t = C\left(-\dfrac{2}{3}\right)^t$; (4) $y_t = C(-1)^t$.

4. (1) $y_t = C(-2)^t + 1$;

(2) $y_t = -3t + C$;

(3) $y_t = -9 - 6t - 3t^2 + C2^t$;

(4) $y_t = \dfrac{1}{2}t(t+1) + C$;

(5) $y_t = \dfrac{1}{2} \cdot \left(\dfrac{5}{2}\right)^t + C\left(\dfrac{1}{2}\right)^t$;

(6) $y_t = -\dfrac{1}{27} - \dfrac{2}{9}t + \dfrac{1}{3}t^2 + \dfrac{1}{6} \cdot 4^t + C(-2)^t$.

5. $y_t = \dfrac{2}{3} + \left(P_0 - \dfrac{2}{3}\right)(-2)^t$.

自 测 题 10

一、1. 2;　　　　　　　　　2. $\log_a \dfrac{t+1}{t}$;

3. $12t + 10$;　　　　　　　4. $y_{t+2} - y_t = 0$;

5. $y = C\left(-\dfrac{3}{4}\right)^t$;　　　　　6. $2e - e^2$;

7. $y_t = \dfrac{13}{4}(-2)^t + \dfrac{3}{4} \cdot 2^t$;　　8. $y_t = -2^t + 3^t$;

9. $y_t = C2^t - 3t^2 - 6t - 9$;　10. $y = C2^t - 2t^2 - 4t - 5$.

二、1. 略.　　2. $y_t = \left(\dfrac{1}{3}t - \dfrac{2}{9}\right)2^t$;　　3. $y_{t+1} - y_t = 3 + 2t$;

4. $y_t = C\left(\dfrac{3}{2}\right)^t$;　　5. $y_t = C$;　　6. $y_t = C(-1)^t$.